Gary Chapman
Arlene Pellicane

Kinderzimmer 2.0

Erziehung im digitalen Zeitalter

francke

Bibliografische Information
Der Deutschen Bibliothek
Die Deutsche Bibliothek verzeichnet diese Publikation
in der Deutschen Nationalbibliografie; detaillierte
bibliografische Daten sind im Internet über
http://dnb.ddb.de abrufbar.

ISBN 978-3-86827-533-9
Alle Rechte vorbehalten
This book was first published in the United States by
Northfield Publishing,
820 N. LaSalle Blvd., Chicago, IL 60610
with the title *Growing Up Social*
© 2014 by Gary Chapman and Arlene Pellicane
Translated by permission
© der deutschsprachigen Ausgabe
2015 by Verlag der Francke-Buchhandlung GmbH
35037 Marburg an der Lahn

Deutsch von Jokim Schnöbbe

Umschlagbild:
© iStockphoto.com / Nadezhda1906

Umschlaggestaltung:
Verlag der Francke-Buchhandlung GmbH /
Sven Gerhardt

Satz:
Verlag der Francke-Buchhandlung GmbH

Printed in Czech Republic

www.francke-buch.de

Fotos Innenteil:
© dreamstime.com:
Gabriel Blay (S. 45); Katarzyna Bialasiewicz (S. 53);
Lunamarina (S. 56); Alexander Shalamov (S. 95);
Oksun70 (S. 186); Alvera (S. 196)

© www.fotolia.com:
Oscar Calero (S. 21); Idprod (S. 24); Olesia Bilkei
(S. 39); bramgino (S. 66); Martinan (S. 80); karepa
(S. 84); Christian Schwier (S. 87); MNStudio (S. 89);
Valeriy Lebedev (S. 96); danr13 (S. 99); iriska (S. 103);
Pavel Ignatov (S. 107); Kzenon (S. 120); zorandim75
(S. 129); Konstantin Yuganov (S. 159);
contrastwerkstatt (S. 161); aleksicze (S. 137); Olesia
Bilkei (S. 171); danr13 (S. 177); contrastwerkstatt
(S. 181); Sergey Novikov (S. 188); Syda Productions
(S. 195): Dejan Ristovski (S. 202); svetamart (S. 231);
BillionPhotos.com (S. 247); Robert Kneschke (S. 257)

© iStockphoto.com:
fotostorm (S.5); Sadeugra (S. 13); Mark Bowden
(S. 29); vm (S. 30); McIninch (S. 43); PeopleImages
(S. 70); kokouu (S. 75); alvarez (S. 77); gpointstudio
(S. 82); PIKSEL (S. 108); Isabel Massé (S. 112);
FlairImages (S. 114); Ridofranz (S. 136);
Peoplemages (S. 169)

© shutterstock.com:
Monkey Business Imgages (S. 9); antos777 (S. 10);
Syda Productions (S.14); wavebreakmedia (S. 17);
marco mayer (S. 18); StockLite (S. 33); Vagengeim
(S. 34); Kamira (S. 36); Ruslan Guzov (S. 40); Be Good
(S. 42); 2xSamara.com (S. 51); PathDoc (S. 59); Twin
Design (S. 61); Adam Ziaja (S. 63); Syda Productions
(S. 65); Marcel Mooij (S. 104); Lukas Gojda (S. 125);
Tim UR (S. 126); exopixel (S. 145); anna karwowska
(S. 153); Catalin Petolea (S. 155); greenland (S. 179);
CroMary (S. 191); Kzenon (S. 214); nenetus (S. 216);
Production Perig (S. 222); Lyubov Kobyakova (S. 226);
Julia Metalova (S. 227); Oksana Kuzmina (S. 236);
Monkey Business Images (S. 238); Twin Design
(S. 240); Ermolaev Alexander (S. 243); Serhiy Kobakov
(S. 262); Sokolova Maryna (S. 263); LiAndStudio
(S. 265); 2xSamara.com (S. 267); Oleksiy Mark (S. 269)

Inhaltsverzeichnis

DIE AUTOREN

Gary Chapman lebt mit seiner Frau Karolyn in North
Carolina, arbeitet als Seelsorger seiner Gemeinde,
hält Ehe-Seminare und ist Autor zahlreicher Bücher.
Mit seinem Buch „Die fünf Sprachen der Liebe" hat er
einen neuen Schlüssel zur Kommunikation gefunden
und ein Millionenpublikum erreicht.

Arlene Pellicane arbeitete nach ihrem Journalistik-
Studium zunächst in der Fernsehbranche, bevor
sie sich auf ihre Tätigkeit als Autorin und Rednerin
konzentrierte. Sie referiert u.a. zu den Themen Familie,
Ehe und Erziehung. Arlene lebt mit ihrem Mann James
und ihren drei Kindern in Südkalifornien.

Einleitung |
Ihr Zuhause zurückerobern

BRINGT TECHNIK IHRE FAMILIE NÄHER ZUSAMMEN ODER TREIBT SIE SIE WEITER AUSEINANDER?

Joseph und Amanda haben drei Kinder im Alter von zwei, sechs und zehn Jahren. Mit Ausnahme der Zeit, wenn die älteren Kinder in der Schule sind, spielen sie den ganzen Tag lang Videospiele, sehen fern oder schauen sich DVDs an. Joseph und Amanda machen sich Sorgen, weil ihre Kinder so viel Zeit vor dem Bildschirm verbringen, fühlen sich aber machtlos, etwas dagegen zu tun.

„Wir haben keine Regeln mehr", sagt Joseph. „Wir hatten mal Regeln, konnten sie aber nicht durchsetzen."

Können Sie sich mit diesen frustrierten Eltern identifizieren? Vielleicht haben Sie schon mal versucht, die Zeit vor dem Bildschirm zu beschränken, doch die Wutanfälle waren einfach unerträglich. Wir haben von Hunderten Eltern gehört, wie schwer und frustrierend es ist, Regeln für den Gebrauch digitaler Medien durchzusetzen.

- „Wir haben keine Regeln. Unsere Kinder sehen viel fern und spielen Videospiele."
- „Regeln für die Bildschirmzeit werden mehr angedeutet als klar formuliert, und das funktioniert nicht."
- „Ich bereue, keine klaren Richtlinien gehabt zu haben, weil mein Sohn verpasst hat, mit anderen persönliche Kontakte zu knüpfen. Heute ist er Mitte 20 und ist völlig in seinem Computer versunken."

Alle Eltern wünschen sich, dass ihr Kind im Erwachsenenalter Beziehungen erfolgreich meistern kann. Doch das Training der sozialen Fähigkeiten gibt es nicht auf einem Smartphone oder einem Computerspiel. Es gibt weder eine App noch Videospiele, die den Austausch mit anderen Menschen ersetzen können.

! Sozialkompetenz muss im wirklichen Leben geübt werden, und das beginnt zu Hause.

Ein sozialkompetentes Kind zu haben bedeutet, dass Ihr Sohn oder Ihre Tochter in der Lage ist, mit Menschen zu sprechen und Menschen zu mögen. Ein solches Kind pflegt Beziehungen und hat Spaß an Aktivitäten mit Freunden und Familie. Sozialkompetenz heißt nicht nur, in der Schule ein oberflächliches Gespräch über die Hausaufgaben führen zu können. Es schließt auch mit ein, durch Augenkontakt, Gespräch und Mitgefühl anderen Menschen zu zeigen, dass sie einem wichtig sind. Der ideale Ort, an dem ein Kind Sozialkompetenz lernen kann, ist das Zuhause, wo eine liebende Mutter oder ein liebender Vater vorleben, wie gesunde Beziehungen aussehen.

Leider findet heute in vielen Familien ein fast unmerklicher Wandel statt, der die Beziehung zwischen Eltern und Kind unterhöhlt. Eine Studie aus dem Jahr 2010 zeigte, dass in Deutschland 95% der Kinder im Alter zwischen 6 und 13 Jahren täglich vor dem Fernseher sitzen, im Durchschnitt 98 Minuten pro Tag. Bei den Kindern im Alter von 12 und 13 Jahren sitzen zudem 44% täglich vor dem Computer.[1] Das heißt, Kinder verbringen erheblich mehr Zeit vor dem Bildschirm als im Austausch mit Eltern oder anderen Menschen.

> Wie soll ein heranwachsendes Kind lernen, mit anderen gut auszukommen, wenn es den Großteil seiner Zeit mit einem Bildschirm verbringt?

DER DURCHSCHNITT REICHT NICHT

Teenager sind nicht die einzige Bevölkerungsgruppe, die sich leicht dem Gruppendruck fügt. Eltern lassen sich genauso schnell dazu verleiten, ihrem Kind das neuste digitale Gerät anzuschaffen, nur um der Familie auf der anderen Straßenseite in nichts nachzustehen. Die anderen Viertklässler haben Smartphones, also besorgt man sich auch eins für die Tochter. Wenn die anderen Gewaltspiele spielen, warum sollte der eigene Sohn denn da nicht auch mitmachen? Man möchte ja nicht, dass er sich außen vor fühlt. Oder vielleicht hat man zwar Gewissensbisse, das eigene Kindergartenkind jeden Tag mehrere Stunden lang vor einem Bildschirm zu parken, aber zumindest schauen all die anderen Kinder ja die gleichen Sendungen.

Es erfordert nicht viel Mühe, sich der digitalen Menge anzuschließen und seine Kinder mit etwas zu unterhalten, was sie zufriedenstellt (und ruhigstellt). Wir haben Hunderte Eltern über den Umgang mit Bildschirmen in ihren Familien befragt. Viele berichteten, dass Bildschirme zwar durchaus das Leben ihrer Kinder bestimmen, sie sich deswegen jedoch keine Sorgen machen. Ein Vater sagte: „Meine Kinder können sich so viel ansehen, wie sie wollen. Meist sind das so vier oder fünf Stunden am Tag. Das macht mir keine Sorgen und ich glaube nicht, dass das unsere Familiendynamik negativ beeinflusst hat."

Die Gegenwart von Bildschirmen zu Hause ist mittlerweile so selbstverständlich, dass viele Eltern sie gar nicht als Bedrohung für starke Familienbeziehungen sehen. Wir möchten aber betonen, dass das hier kein Buch gegen Technik an sich ist. Technik ist unausweichlich und wir glauben, dass sie sogar förderlich für Beziehungen sein kann.

> **!** Es gehört zu unserer heutigen Welt – und damit zu der Welt, in der Ihr Kind heranwächst –, dass es auch E-Mails, SMS und Smartphones gibt.

Wir leben in einer erstaunlichen Zeit, in der man eine Videokonferenz mit der Oma haben kann, die vielleicht in einem ganz anderen Land lebt. Doch wenn Sie die Zeit, die die Bildschirme im Leben Ihres Kindes präsent sind, nicht sinnvoll begrenzen und überwachen, weiß Ihr Sohn vielleicht gar nicht, wie er sich verhalten soll, wenn er schließlich die Oma persönlich besucht.

Die Bildschirme an sich sind nicht das Problem; das Problem ist, wie wir sie benutzen. Womit füllt Ihr Kind seine freie Zeit? Für viele Familien ist Freizeit gleichbedeutend mit Bildschirmzeit. Es ist eine Sache, sich als Familie vor dem Fernseher zu versammeln, um sich gemeinsam eine DVD anzuschauen. Es ist etwas ganz anderes, Tag für Tag gedankenlos durch die Kanäle zu zappen. Bildschirmzeit, die nicht bewusst geplant ist, wird leicht zur Zeitverschwendung und kann uns negativ beeinflussen.

Wenn die Durchschnittsfamilie im Restaurant damit beschäftigt ist, SMS zu schreiben oder mit dem Smartphone im Internet zu surfen, anstatt gemeinsame Zeit und ein gutes Essen zu genießen – wer möchte dann eine Durchschnittsfamilie sein? Der inflationäre Umgang mit den digitalen Medien trägt nicht dazu bei, dass Kinder heranwachsen, die gesunde Beziehungen pflegen können. Bildschirme an sich sind nichts Neues; die Eltern von heute haben im Kindheitsalter vielleicht auch viel ferngesehen. Aber unsere Fernseher waren groß und sperrig, unverrückbar auf ein Möbelstück gestellt. Telefongespräche waren auf das Haus beschränkt, weil Telefone entweder an einem Kabel hingen oder die Reichweite der kabellosen Telefone nicht weiter reichte als bis zur Garage.

Heute tragen wir die Bildschirme in unserer Hosentasche mit uns, wo immer wir hingehen. Bildschirme sind vom Hintergrund in den Vordergrund gerückt – für Erwachsene genauso wie für Kinder. Pixel statt Personen stehen im Mittelpunkt der Durchschnittsfamilie.

> Kinder sind wie weicher Zement und heutzutage erhalten die meisten ihre Prägung von Bildschirmen statt von ihren Eltern.

!

So muss es jedoch nicht sein.

MEHR ALS NUR GUTE VORSÄTZE

Viele Eltern, die sich wirklich Gedanken um die Erziehung ihrer Kinder machen, sagen Dinge wie:

- „Ich habe so viel zu tun; ich habe keine Zeit, Bildschirmregeln durchzusetzen."
- „Ich könnte meinen Ehepartner nie dazu bringen, mich darin zu unterstützen."
- „Meine Kinder sind total ausgeflippt, als ich versucht habe, etwas zu ändern."
- „Es ist so schwierig, das konsequent durchzuziehen."

PRAXISBEISPIEL

Nina hat drei Töchter im Alter von zwei, vier und sechs Jahren. Die Mädchen sahen sich jeden Tag fünf Stunden lang Zeichentrickfilme an. Das Abendessen fand vor dem Fernseher statt und Nina wusste, dass das auf Dauer nicht gut war. Sie versuchte, den Fernseher zumindest bei den Mahlzeiten und am frühen Abend abzuschalten.

Doch nach nur wenigen erfolgreichen Abenden hatte Nina wieder einmal besonders viel zu tun und tat so, als bemerke sie es nicht, als die Mädchen den Fernseher gleich nach dem Abendessen wieder einschalteten. Binnen kurzer Zeit saßen die Mädchen wieder wie vorher auf der Couch und verbrachten die meisten Abende vor dem Fernseher.

Gute Vorsätze reichen nicht. Der Autor Andy Andrews schreibt:

> Entgegen der landläufigen Meinung bringen gute Vorsätze absolut gar nichts. Eine Möwe mag den Vorsatz haben, zu fliegen; sie mag sich entschließen, es zu tun, mag mit anderen Möwen darüber reden, wie wunderbar es ist zu fliegen, doch sie sitzt immer noch auf dem Kai, bis sie die Flügel schwingt und abhebt. Es besteht kein Unterschied zwischen dieser Möwe und all den anderen. Genauso besteht kein Unterschied zwischen einer Person, die den Vorsatz hat, sich anders zu verhalten, und der Person, die überhaupt nicht darüber nachdenkt. Haben Sie sich schon mal überlegt, wie oft wir uns selbst aufgrund unserer guten Vorsätze bewerten und andere aufgrund ihrer Taten? Vorsätze ohne Taten sind eine Beleidigung derer, die das Beste von Ihnen erwarten.[2]

Wir zitieren diese eindringlichen und überführenden Worte über den Unterschied von guten Vorsätzen und Taten, um Sie zu ermutigen, in diesem Buch nach ganz praktischen Ideen zu suchen. Wir erwarten nicht, dass Sie mit allem übereinstimmen, was Sie in diesem Buch lesen. Aber wir hoffen, dass Sie die Ideen, die Anklang bei Ihnen finden, auch in die Tat umsetzen.

Ganz gleich, wie „smart" Bildschirme werden: Die natürliche Neugier Ihres Kindes wird am besten von fürsorglichen Eltern gestillt, die ihm helfen können, seine Welt zu verstehen. Lassen Sie uns auf die Frage zurückkommen, mit der wir angefangen haben: Bringt Technik Ihre Familie enger zusammen oder treibt sie Ihre Familie weiter auseinander?

> Ob Sie es glauben oder nicht: Sie können positive Veränderungen bewirken, die sich auf Ihr Kind den Rest seines Lebens auswirken.
>
> **!**

Die Aufgabe, Ihr Zuhause von den Bildschirmen zurückzuerobern, fängt jetzt an.

FRAGEN ZUM NACHDENKEN UND DISKUTIEREN

- Bringt Technik Ihre Familie näher zusammen oder treibt sie sie auseinander?

- Was hoffen Sie, von diesem Buch zu lernen?

- Was für Bedenken haben Sie in Hinblick auf den Bildschirmgebrauch Ihres Kindes?

- Reden Sie über den Unterschied zwischen guten Vorsätzen und Taten.

„Je mehr Zeit ein Kind mit dem Bildschirm verbringt,
umso weniger Zeit hat es für den Umgang mit Eltern,
Geschwistern und Freunden."
Dr. Gary Chapman

1 | Bildschirmzeit: Zu viel, zu früh?

Die 15 Monate alte Lily sitzt im Einkaufswagen, die Augen auf das iPad fixiert. Ihre Mutter schiebt den Wagen den Gang entlang und kauft ungestört ein. Lily schaut nicht einmal auf, um die glänzend roten Äpfel oder das Regal zu sehen, wo ihre geliebten Cornflakes stehen.

An jedem Wochentag schaltet Jason, acht Jahre alt, gleich nach der Schule den Fernseher ein, der dann fünf Stunden lang an bleibt, bis Jason ins Bett geht.

Melissa ist eine Siebtklässlerin. Letzten Monat hat sie 3.500 SMS verschickt (das sind ungefähr 110 pro Tag).

Das sind keine ungewöhnlichen Szenarien. Für viele Kinder ist das ganz normal geworden. Kein Wunder, dass Eltern überlegen, wie sie den Technikgebrauch mit ihrem täglichen Leben ins Gleichgewicht bringen können. Mütter, Väter und Großeltern fragen: „Dr. Chapman, meine Kinder hängen ständig an ihrem Smartphone oder spielen Playstation. Wir haben keine Familienzeit mehr. Wenn wir ihnen sagen, dass wir zusammen als Familie etwas tun wollen, protestieren sie und wenden sich wieder ihren Bildschirmen zu.“

Wissen Sie noch, wie das Leben war, bevor Smartphones, Flachbildschirme und Tablets Einzug hielten? Damals gingen die Kinder zum Spielen nach draußen. Sie dachten sich eigene Spiele aus oder spielten endlose Runden Fangen oder Verstecken. Kinder lernten den Umgang mit anderen. Sie mussten damit zurechtkommen, zu gewinnen oder zu verlieren, von einem Nachbarskind getreten zu werden oder einem Freund, der sich verletzt hat, Mitgefühl zu zeigen. Durch das gemeinsame Spiel lernten Jungen und Mädchen, wie die wirkliche Welt funktioniert.

Heute dagegen verbringen viele Kinder den Großteil ihrer Zeit hinter verschlossenen Türen. Ihnen wird nicht mehr gestattet, draußen frei herumzustreifen, weil man Angst hat, sie könnten gekidnappt werden oder sich verletzen oder anderen Gefahren ausgesetzt sein. Also bleiben sie drinnen, wo sie sich häufig mit einem Bildschirm statt mit einer anderen Person beschäftigen.

> Und je mehr Zeit ein Kind mit dem Bildschirm verbringt, umso weniger Zeit hat es für den Umgang mit Eltern, Geschwistern und Freunden.

ZU FRÜH? BILDSCHIRMZEIT FÜR KLEINKINDER

Die Versuchung, Babys und Kleinkinder mithilfe von Bildschirmen zu unterhalten, ist größer denn je. Im Haus, Auto und am Telefon – überall sind wir von Medien umgeben. Nicht nur, dass die Bildschirme allgegenwärtig sind – sondern die Eltern fühlen sich nahezu verpflichtet, Gebrauch von der neuesten, besten, pädagogisch wertvollen Spielsoftware zu machen.

Forschungen und unsere persönlichen Erfahrungen zeigen jedoch: Je weniger Ihr Kleiner dem Bildschirm ausgesetzt ist, desto besser. Das Bundesministerium für Familie, Senioren, Frauen und Jugend empfiehlt, Kleinkinder bis zum Alter von eineinhalb Jahren nicht dem Fernsehen auszusetzen; bis zum Alter von drei Jahren sollten Kinder nur sehr selten und kurze, altersgerechte Sendungen sehen.[3] Negative Auswirkungen von Medien können bei kleinen Kindern mögliche positive Auswirkungen bei Weitem in den Schatten stellen. Den strahlenden Behauptungen pädagogisch wertvoller Videos und Software zum Trotz gibt es kaum Beweise, dass Kinder unter zwei Jahren irgendwelche Entwicklungsvorteile durch Medienkonsum haben. Die Fülle von elektronischen Pädagogikprodukten, die Babys und Kleinkinder angeblich klüger machen sollen, erweckt ein anderes Bild!

> **!**
>
> Kleine Kinder entwickeln sich, indem sie die Welt entdecken. Sie müssen eine dreidimensionale Welt erleben, bestehend aus Menschen und Dingen, die sie schmecken, berühren, sehen, hören und riechen können.

Doch diese fundamentale Entdeckungsreise kann nicht stattfinden, wenn ein Baby oder Kleinkind zu viel Zeit mit elektronischen Geräten verbringt. Mit zwei Jahren können Kinder laufen, was bedeutet, dass sie auch das eine oder andere anstellen – das ist normal und gesund. Sie lernen, welche Türen sie öffnen dürfen und welche geschlossen bleiben müssen. Sie erwerben motorische Geschicklichkeit, während sie die Treppe rauf und runter krabbeln. Während dieser wichtigen Entwicklungsphase sind Bildschirme eher ein Hindernis als eine Hilfe.

Sogar Medienkonsum der Eltern (Hintergrundmedien) kann bei kleinen

Kindern gesundheitsschädlich sein. Aufgrund des frühen Stadiums in der kognitiven Entwicklung verarbeiten Kleinkinder Informationen anders als ältere Kinder. Forschungen haben ergeben, dass sich eine Sendung wie „Sesamstraße" negativ – nicht positiv – auf die Sprachentwicklung eines Kindes unter zwei Jahren auswirkt.[4] Vielleicht denken Sie, dass eine Fernsehsendung oder eine App Ihrem Kleinkind das ABC beibringt, doch die Forschungen haben nicht bestätigt, dass der Medienkonsum das Sprachvermögen kleiner Kinder fördert.

> Kleinkinder lernen Sprechen am besten, wenn sie im persönlichen Austausch von einem anderen Menschen vermittelt wird, nicht von einem Bildschirm.

Eine Studie von 2007 berichtet, dass 90 Prozent aller US-amerikanischen Eltern ihren Kindern, die unter zwei Jahren sind, irgendeine Form elektronischer Medien gestatten.[5] 39 Prozent aller Familien mit Säuglingen und Kleinkindern hat mindestens sechs Stunden am Tag den Fernseher laufen[6] – mit negativen Folgen. Forschungen haben gezeigt: Auch wenn das Fernsehen für das Kind nur im Hintergrund läuft, zieht es die Aufmerksamkeit der Eltern auf sich. Die Sprachfähigkeit eines Kindes steht im direkten Verhältnis zu der Zeit, die es mit einem Elternteil reden kann. Wenn der Fernseher läuft, sind Mama und Papa nicht sehr geneigt, sich auf ein Gespräch einzulassen, was zu einem kleineren Wortschatz beim Kind führt.

Forscher haben 12, 24 und 36 Monate alte Kinder untersucht und festgestellt, dass ein im Hintergrund laufender Fernseher nicht nur die Zeit verringert, die das Kind spielt, sondern auch die Konzentration beim Spielen mindert.[7] Andere Forschungen legen nahe, dass Hintergrundmedien die Wahrnehmungsfähigkeit, das Gedächtnis und das Leseverständnis beeinträchtigen. Trotz dieser negativen Auswirkungen werden viele Kleinkinder dem Einfluss der Medien ausgesetzt, z.T. sogar durch Bildschirme im eigenen Kinderzimmer. Generell ist es – unabhängig vom Alter – keine gute Idee, dass ein Kind einen Fernseher im eigenen Zimmer hat (mehr dazu in Kapitel 11). Viele Kinder benutzen den Fernseher als Einschlafhilfe, obwohl Fernsehkonsum vor dem Einschlafen mit unregelmäßi-

gem Schlafen und schlechten Schlafgewohnheiten in Verbindung steht, die
sich negativ auf Stimmung, Verhalten
und Lernen auswirken.

Die beste Alternative zum Medienkonsum ist, sich mit Ihrem
kleinen Kind zusammenzuku-
scheln und ein Buch zu lesen.

Durch Bücher wächst das Vokabular Ihres Kindes. Dass Ihr Kind ein fleißiger
Leser wird und Bücher liebt, fängt mit
dem Zuhören an, also lesen Sie Ihrem
Sohn oder Ihrer Tochter häufig vor.

Was ist jedoch, wenn Sie Ihrem Kind
bisher erlaubt haben, unbegrenzt fernzusehen, es jetzt aber einschränken
wollen?

Melissa, Mutter von zwei Kindern im Alter von zwei und vier Jahren, möchte das Richtige für die Entwicklung ihrer Kinder tun, aber sie fragt sich, wie sie ohne den Fernseher, der ihre Kinder beschäftigt, das Abendessen auf den Tisch bringen soll.

Hier finden Sie einige Ideen, wie man Bildschirmzeit mit anderen Beschäftigungen ersetzen kann.

Es erfordert schon etwas Anstrengung, von der Bequemlichkeit der Bildschirmzeit zu einer Beschäftigung für das Kind zu wechseln, bei dem Ihr Kind – oder auch Sie selbst – aktiv werden müssen, doch die Vorteile für die Entwicklung Ihres Sohnes oder Ihrer Tochter sind es allemal wert. Sie werden überrascht sein, wie schnell sich Ihr Kind an die neuen bildschirmfreien Routinen anpasst.

Kritzeleien. Legen Sie einen großen Malblock oder ein Stück Tapetenrolle auf den Boden und geben Sie Ihrem Kind eine Schachtel Buntstifte. Schon ein 18 Monate altes Kind kann einen Buntstift halten und damit kritzeln. Kritzeleien helfen Ihrem Kleinkind, den richtigen Griff fürs Zeichnen und Schreiben zu üben, eine notwendige Fertigkeit, die Ihr Kind nicht durchs Wischen am Bildschirm lernt.

Karton. Halten Sie einen großen Karton parat, in den Ihr Kleinkind klettern und wieder hinaussteigen kann. Legen Sie Buntstifte bereit, falls Ihr Kind den Karton gestalten möchte.

Besonderer Schrank. Füllen Sie einen Schrank oder eine Schublade in Reichweite Ihres Kindes mit Plastikbechern und -tellern, Messbechern, Vorratsdosen, Löffeln und Schälchen. Lassen Sie Ihr Kind nur an den Schrank heran, wenn Sie in der Küche arbeiten, dann bleibt der Schrank etwas Besonderes.

Spaß mit Wasser. Füllen Sie eine Schale mit wenigen Zentimetern Wasser, die Sie entweder auf einen unempfindlichen Fußboden oder auf ein Backblech oder in eine große Schüssel stellen. Geben Sie Ihrem Kind einige Messbecher oder Löffel, zusammen mit ein paar Spielsachen, die schwimmen oder sinken können.

Magische Spielzeugkiste. Füllen Sie einen Plastikbehälter mit Spielsachen, mit denen Ihr Kind schon eine Zeit nicht mehr gespielt hat. Überreichen Sie den Behälter mit großem Trara. Wechseln Sie den Inhalt jede Woche aus, um einen Überraschungseffekt zu erreichen. Auf diese Weise wird Ihr Kind immer wieder aufs Neue auf ungenutzte Spielsachen aufmerksam gemacht.

Springende Bohnen. Das erzeugt etwas mehr Unordnung, macht aber sehr viel Spaß! Geben Sie Ihrem Kind eine große Schüssel voller trockener Bohnen, Messbecher und Trichter. Legen Sie ein Backblech aus, auf dem Ihr Kind Formen mit den Bohnen machen kann.

ZU LANGE VOR DEM BILDSCHIRM?

Der achtjährige Thomas fragte zum hundertsten Mal: „Mama, alle meine Freunde haben eine Videokonsole. Warum darf ich denn keine haben?"

„Nur weil alle deine Freunde eine haben, ist das noch lange keine gute Idee für dich", antwortete seine Mutter.

Obwohl Daniela in der Lage war, den Bitten ihres Sohnes zwei Jahre lang zu widerstehen, fragte sie sich irgendwann, ob vielleicht die richtige Zeit gekommen war, seinen sehnlichen Wunsch zu erfüllen. Immerhin war Thomas doch ein guter Schüler. Sie beschloss, ihn Weihnachten mit einer tragbaren Videokonsole zu überraschen.

Es dauerte nicht lange, bis Thomas sich daran gewöhnte, seine eigene Spielkonsole immer sofort greifbar zu haben. Er verbrachte den Großteil seiner Freizeit mit Videospielen. Auf dem Nachhauseweg von der Schule gab er nur kurze Antworten, wenn sich seine Mutter im Auto nach seinem Tag erkundigte, weil er die ganze Zeit in seine Videospiele vertieft war. Daniela fing sich an zu fragen, ob sie einen Fehler gemacht hatte.

„Ich war mir nicht im Klaren darüber gewesen, dass es so viel seiner Zeit auffressen würde", sagte Daniela. „Wenn ich ihn jetzt auffordere, die Konsole beiseitezutun, gibt es sofort Streit. Er schafft es kaum, beim Abendessen oder fürs Klavierüben mit dem Spielen aufzuhören. Es tut mir leid, dass ich ihm das Ding gegeben habe, ohne von Anfang an Regeln aufzustellen."

Thomas ist nicht der Einzige, der an seinem elektronischen Gerät klebt. Laut einer Umfrage verbringen Jugendliche in Deutschland mehr als eineinhalb Stunden täglich mit Videospielen. Bei den 16- bis 18-Jährigen ist mehr als ein Fünftel sogar drei Stunden oder länger pro Tag mit Videospielen beschäftigt.[8]

Dass Kinder so viel Zeit mit Videospielen verbringen, ist besonders besorgniserregend, weil es leicht zur Sucht werden kann. Videospiele sind so konzipiert, dass sie dem Gehirn Befriedigung vermitteln. Spieler sammeln Punkte, bekommen ständig Belohnungen und erreichen höhere Levels. Visuell ändert sich das Spiel ständig, um den Spieler wieder neu zu fesseln. Beim Spiel belohnt das Gehirn das Kind mit Dopamin-Spritzern, die ein Gefühl der Euphorie schaffen (mehr dazu in Kapitel 9). Je mehr man spielt, umso mehr will man spielen.

Die Symptome von Videospielsucht ähneln der von Alkohol-, Drogen- und Spielsucht. Videospiele fangen an, den Tagesablauf zu stören. Man vernachlässigt sich. Aufgaben, Arbeiten und Verantwortungen bleiben unerledigt. Familienbeziehungen leiden. Nichts ist so stimulierend oder lohnend wie ein Videospiel.

Für Michael, einen Oberstufenschüler, waren Videospiele alles. Ihm zur Ehre veranstalteten seine Eltern eine Abschlussfeier mit Freunden und Familie. Michael hielt das jedoch nur zehn Minuten aus, bevor er sich auf sein Zimmer verzog, die Tür abschloss und die Spielekonsole anschaltete. Niemand konnte ihn aus seinem Zimmer locken. Eine Stunde später hatten alle die Party verlassen.

Auch wenn das sicher ein extremes Beispiel ist, veranschaulicht Michaels Geschichte, was passieren kann, wenn Kinder von Videospielen und dem Internet großgezogen werden. Als junge Erwachsene verharren sie häufig in einer verlängerten Unmündigkeit, die sie davon abhält, in die wirkliche Welt hinauszugehen, eine Ausbildung zu machen, eine Arbeit zu suchen, Kontakt mit Menschen zu pflegen und unabhängig zu werden.

Übermäßige Zeit am Bildschirm ist nicht nur ein Problem für Jungen. Mädchen sehen genauso viel fern wie Jungen. Amerikanische Mädchen im Highschool-Alter schreiben im Durchschnitt 4.300 SMS pro Monat, während Jungen mit 2.600 SMS etwas hinterherhängen.[9]

Wie viel Bildschirmzeit ist also zu viel für Ihre Familie? Viele Medienpädagogen empfehlen folgende Richtwerte: Kinder im Grundschulalter 30 Minuten pro Tag, Kinder bis 13 Jahre bis 60 Minuten täglich und Jugendliche bis zu 90 Minuten pro Tag.[10] Da auch die Schulen verstärkt PCs und iPads im Klassenzimmer einsetzen, wird es noch wichtiger (und schwieriger), die Bildschirmzeit zu Hause zu beschränken.

Kinder brauchen Zeiten ohne Bildschirm, um zu entspannen, zu lesen, zu spielen und mit Eltern und Geschwistern zu reden.

Die Frage, wie viel Bildschirmzeit Sie Ihrem Kind genehmigen, können nur Sie beantworten. Wie viel ist zu viel? Die oben genannten Zeiten sind nur ein Richtwert. Für viele Eltern mag das nicht machbar sein und sie sind der Meinung, ihr Kind brauche mehr Zeit. Für andere sind diese Angaben zu viel.

Obwohl jede Familie die Bildschirmzeit für sich selbst entscheiden muss, sollten auf jeden Fall klare Grenzen gesetzt werden. Kinder können sich immer besser orientieren, wenn sie klare Grenzen haben.

Bildschirmzeit erfordert Zeitgrenzen und Rahmenbedingungen, sonst frisst sie die Freizeit Ihres Kindes auf.

MEIN ERSTES SMARTPHONE UND LUCY

Ob Sie es glauben oder nicht, aber ich (Arlene) habe mir erst ein Smartphone gekauft, bevor ich mit dem Schreiben dieses Buches begann. Warum habe ich so lange an meinem Dinosaurier-Handy festgehalten? Da ich bereits Stunden zu Hause an meinem PC sitze, sah ich keine Notwendigkeit, immer und überall Zugang zu meinen Mails und sozialen Netzwerken zu haben. Doch als ich dann anfing, mehr zu reisen, musste ich eingestehen, dass ein Smartphone eigentlich doch ganz smart wäre. Widerstrebend stellte ich mich um.

Zunächst war ich entzückt. Ständig checkte ich mein Smartphone mehrmals in der Stunde. Hatte ich eine neue Mail bekommen? Schnell mal ein Foto auf Facebook posten. Wer hat mir gerade eine SMS geschickt? Es war lächerlich. Ich begriff schnell, dass ich das Smartphone beiseitelegen musste, wenn ich mich nicht ständig ablenken lassen wollte. Ich beschloss, es nur noch wenige Male am Tag zur Hand zu nehmen.

Und dann war da noch die Sache mit meiner vierjährigen Tochter Lucy. Sie wusste von ihren Freunden schon, wozu das kleine Ding in der Lage war. Es zog sie an wie ein Magnet und ihre kleinen Finger tippten auf die farbenfrohen Apps. Einem brillanten Geistesblitz folgend sagte ich ihr: „Lucy, das ist Mamas Handy, nicht deins. Das darfst du nicht anfassen. Wenn wir im Flugzeug sitzen, darfst du es benutzen."

Ich hatte vorher nicht lange über die Regel nachgedacht, die ich gerade aufgestellt hatte, aber ich wusste: Wenn Lucy das Smartphone frei zur Verfügung stand, würde sie ständig danach fragen. Das wäre ein täglicher Kampf gewesen, den ich mir lieber sparen wollte.

Lucy dachte einen Moment lang nach, dann sagte sie: „Letzten Monat war ich im Flugzeug, um Oma zu besuchen."

Ich lachte und erwiderte: „Ich weiß. Letzten Monat hatte ich das Smartphone aber noch nicht."

Lucy fasst mein Smartphone nie an, obwohl Sie mir glauben können, dass es ihr förmlich in den Fingern juckt, lustige Fotos damit zu machen. Das Smartphone liegt auf meinem Schreibtisch, wo es nicht in der Lage ist, seine magische Anziehungskraft auf meine Vierjährige auszuüben. Lucy das Smartphone grundsätzlich zu verbieten, war eines meiner besten Technik-Entscheidungen. Jetzt ist es für Notsituationen reserviert. Ganz zu schweigen davon, dass es nicht unbedingt weise ist, einer Vierjährigen ein „Spielzeug" in die Hand zu geben, das mehrere Hundert Dollar kostet. Natürlich freut sich Lucy schon auf ihren nächsten Flug.

ANGESCHLOSSEN – ABER WORAN?

Als meine (Garys) Kinder klein waren, hatten wir noch keinen Computer, aber wir hatten Fernsehen. Wir wählten ungefähr fünf Sendungen aus, die für unsere Kinder geeignet waren. Wir sagten ihnen: „Ihr könnt jeden Tag eine halbe Stunde eine dieser Sendungen anschauen."

> Auf diese Weise entwickelten unsere Kinder die Fähigkeit, innerhalb gesunder Parameter, die wir als Eltern gesteckt hatten, Entscheidungen zu treffen.

Beides ist wichtig: Kindern beizubringen, Entscheidungen zu treffen, und ihnen beizubringen, innerhalb von Grenzen zu leben.

Der Fernseher der Vergangenheit war ein sperriges Möbelstück, das mitten ins Wohnzimmer gepflanzt wurde, wo das Familienleben stattfand. Eltern wussten, welche Sendungen gut für die Kinder waren und welche nicht. Eltern waren die Torwächter, die vollständig Kontrolle darüber hatten, welche Sendungen zu Hause gesehen wurden und welche nicht infrage kamen. Dann wurden Fernseher kompakter und günstiger. Nach und nach hatten Familien mehr als einen Fernseher zu Hause, wodurch es schwieriger wurde, darauf zu achten, was sich die Kinder ansahen.

Schnellvorlauf nach heute: Die Technik ermöglicht uns sofortige Information und Unterhaltung durch Fernsehen, PC, Tablets und Smartphones. Wir haben nicht mehr nur einen Fernseher, um den sich die Familie versammelt. Der Familienfernseher der Vergangenheit findet sich jetzt in der Hosentasche, Handtasche oder dem Rucksack eines jeden Familienmitglieds wieder. Und obwohl Fernsehen auch damals nicht unbedingt gesund war, ist es inzwischen definitiv noch vulgärer, sexueller und gewalttätiger geworden.

> Wenn Ihr Kind leichten Zugang zu einem Fernseher oder dem Internet hat, wartet eine ganze Welt unguter Inhalte nur darauf, von ihm konsumiert zu werden.

Ich (Arlene) erinnere mich, wie ich mit meinem Mann ins Kino ging, um uns den Superman-Film *Man of Steel* anzusehen. Der Film war freigegeben ab 12, „wegen intensiver Sequenzen von

Sci-Fi-Gewalt, Action und Zerstörung, sowie zum Teil wegen des Sprachgebrauchs", wie es hieß. Ich war schockiert, als ich sah, wie viele Kinder im Kino saßen, und das neben ihren Eltern. Filme, für die elterliche Begleitung empfohlen wird oder die erst ab 12 Jahren frei sind, tragen diese Warnungen aus gutem Grund. Superhelden-Filme sprechen zwar jüngere Kinder an, aber täuschen Sie sich nicht: Die meisten dieser Filme sind nicht für Kinder geeignet.

Es gibt keine allgemeingültigen Richtlinien, um zu entscheiden, was für Ihr Kind angebracht ist und was nicht.

Doch hier sind vier Fragen, die Ihnen helfen können zu entscheiden, ob es ratsam ist, dass Ihr Kind sich etwas Bestimmtes ansieht oder ein Videospiel spielt:

Was sind die Fakten, die mein Kind daraus zieht? Und wenn es Fakten enthält: Sind sie korrekt? Die Gedanken Ihres Kindes sollten mit Wahrheit gefüllt werden. Wenn ein Film oder Videospiel nicht zeigt, wie das Leben in der wirklichen Welt funktioniert, sondern ein verzerrtes Bild der Wirklichkeit darstellt, dann ist es keine ratsame Beschäftigung für Ihr Kind. Ihr Kind sollte der Realität ausgesetzt sein, nicht einer Verzerrung der Realität.

Was für Charakterzüge vermittelt diese Sendung Ihrem Kind? Ist die Hauptfigur jemand, den mein Kind ruhig nachahmen darf? Wenn der Film deshalb lustig ist, weil andere Menschen niedergemacht werden, wenn es um Unhöflichkeit und Respektlosigkeit geht, dann ist das ein Warnsignal. Positive Sendungen zeigen Ihrem Kind, wie man sich um andere kümmert, Konflikte löst und Hindernisse überwindet.

Wie geht die Sendung mit Familienmitgliedern um? Fernsehkomödien entwürdigen häufig Männer und Väter, indem diese als faul, fett oder dumm dargestellt werden. Was wird dem Kind über Männer, Frauen, Ehe und Eltern vermittelt? Wie wird die Familie dargestellt?

Entspricht diese Sendung unseren Familienwerten? Ein Kind wird mit allen möglichen Werten konfrontiert. Eltern haben keine Kontrolle darüber, was in der Schule oder woanders vermittelt wird, aber sie haben die Kontrolle darüber, welchen Inhalten das Kind zu Hause ausgesetzt ist. Was auf Bildschirmen angeschaut wird, sollte mit Ihren Familienwerten übereinstimmen, ansonsten sollte es nicht erlaubt sein.

Ihre Aufgabe als Mutter oder Vater ist es, Ihrem Kind beizubringen, zwischen angebrachten und unangebrachten Inhalten unterscheiden zu können. Überlassen Sie diese Aufgabe nicht einem Lehrer, Pastor oder Freund. Genauso wie Sie Ihrem Kind nicht gestatten würden, jeden Abend Süßigkeiten zum Abendbrot zu essen, dürfen Sie Ihrem Kind nicht gestatten, Schädliches über den Bildschirm aufzunehmen. Sie sind für die geistige Ernährung Ihres Kindes verantwortlich.

SCHON WIEDER WAS VERPASST?

Meine (Arlenes) Familie fuhr mit Freunden zum Strand. Unsere Familie saß in einem Minivan, die andere Familie in einem anderen. Beide Wagen blieben nah beieinander, während wir den Highway entlangfuhren. Plötzlich überholten uns drei Motorräder. Unmittelbar vor unseren Augen hob das eine Motorrad vorne ab und fuhr auf dem Hinterrad. Eines der anderen Motorräder, das mit zwei Mann besetzt war, nahm die Herausforderung an und machte es dem ersten gleich. Wir bekamen eine tollkühne Show geboten, und das bequem von unserem Minivan aus! Die Autobahn war noch nie so aufregend gewesen! Wir folgten den Motorrädern mehrere Kilometer lang in der Hoffnung, noch mehr geboten zu bekommen. Wir wurden nicht enttäuscht. Sie fuhren noch mehrmals auf den Hinterrädern, bis sie mit großem Trara die Ausfahrt nahmen und davondüsten.

Als wir am Strand ankamen, sagten wir begeistert zu unseren Freunden: „Wow, das war was, oder? Die Motorräder – was für eine Show die da abgeliefert haben!"

1 | Bildschirmzeit: Zu viel, zu früh?

Die Kinder starrten uns mit leeren Blicken an. Sie hatten alles verpasst. Sie waren zu sehr damit beschäftigt gewesen, sich DVDs anzuschauen, sodass sie die Motorräder gar nicht bemerkt hatten.

Ein anderes Mal nahmen wir als Familie an einer Walbeobachtungstour teil. Als die Walflosse schließlich aus der Wasseroberfläche hervorbrach, sahen wir sie. Doch Dutzende Kinder verpassten diesen Augenblick. Sie waren zu sehr mit den elektronischen Geräten in der Kabine beschäftigt.

Es gibt so vieles, das man verpasst, wenn man auf einen Bildschirm fixiert ist. Dabei geht es nicht nur um jene besonderen Momente, in denen man eine Walflosse sieht oder Motorrad-Kunststücke bewundert.

> **!** Es geht um die täglichen Momente und die Chancen, Augenkontakt mit Ihrem Kind aufzunehmen und zu lächeln.

Emotionen haben mit Beziehungen zu tun. Sie sind die Reaktion auf das, was in unserem Leben passiert, Angenehmes wie Unangenehmes. Kinder müssen lernen, Emotionen zu verarbeiten, und das lernt man nicht vor einem Bildschirm, sondern durch den Austausch mit Eltern, Geschwistern und anderen Menschen in Echtzeit, im direkten Gegenüber.

Eine von Bildschirmen bestimmte Welt ist eine falsche, kontrollierte Welt, die sich darum dreht, Ihrem Kind zu gefallen. Wenn Ihrem Kind etwas auf seinem Gerät nicht zusagt, kann es einfach weiterschalten, bis es etwas findet, das es interessiert. Hier müssen die Kinder nicht lernen zu warten, weil Befriedigung immer sofort zur Verfügung steht. Was lernt Ihr Kind daraus? Das wirkliche Leben besteht nicht aus endlosen Optionen, Auswahlmenüs und ständigem Vergnügen.

Als Eltern können wir so viel verpassen. Zu viel Bildschirmzeit beraubt Sie lehrreicher Momente mit Ihrem Kind; Sie versäumen, Familienerinnerungen zu sammeln und emotionale Nähe aufzubauen. Es mag leichter sein, Ihr Kind stundenlang vor dem Bildschirm sitzen zu lassen – aber haben Sie schon mal daran gedacht, wie viel persönliches Wachstum Sie als Mutter oder Vater dadurch verpassen?

Maria, Mutter einer Sechs- und einer Vierjährigen, war besorgt, weil ihre Töchter so am Fernsehen hingen. Immer wenn Maria ihnen sagte, dass in fünf Minuten Schluss sei, gab es großes Theater. Wenn der Fernseher aus war, nörgelten die Mädchen und bettelten unaufhörlich, dass der Fernseher doch wieder angeschaltet werden soll. Entnervt gab Maria nach, obwohl die Mädchen bereits ihre Zeit überschritten hatten.

Aber was wäre gewesen, wenn Maria ihre Regeln konsequent durchgesetzt hätte? Dann hätten ihre Töchter nicht nur wertvolle Lektionen über das Einhalten von Grenzen gelernt, sondern auch Maria hätte ihre Entschlossenheit, Geduld und Problemlösungskunst geübt. Wenn wir uns als Eltern und Großeltern für den leichten Weg entscheiden, betrügen wir uns häufig selbst, was die Entwicklung unseres eigenen Charakters betrifft.

IST ES ZU SPÄT FÜR VERÄNDERUNG?

Es ist nie zu spät, einen anderen Weg einzuschlagen. Das gilt für die persönliche Ebene genauso wie für das Elternsein. Jedes Leben kann eine positive Wende erfahren. Solange Ihre Kinder noch bei Ihnen zu Hause leben, ist es nicht zu spät, Ihre Kinder aktiv in eine gesunde Richtung zu lenken.

Steve und Tina kamen im Anschluss an eine Konferenz auf mich zu, weil sie eine Frage wegen ihres zehnjährigen Sohnes hatten. „Dr. Chapman, unser Sohn ist eigentlich kein Problemkind. Er hat zwar nicht nur Einsen im Zeugnis, aber er macht seine Hausaufgaben und gibt sein Bestes. Seit der zweiten Klasse erlauben wir ihm, Videospiele zu Hause zu spielen. Früher hat er nach der Schule immer nur eine halbe Stunde gespielt, doch in letzter Zeit ist uns aufgefallen, dass es erheblich mehr wird. Wir sind beide berufstätig und haben es einfach so durchgehen lassen. Letzte Woche haben wir uns das Spiel angeschaut, das er spielte, und wir waren schockiert, wie viel Gewalt es enthielt. Wir würden gerne eine Grenze ziehen, wissen aber nicht wie."

Wenn unsere Kinder nicht tun, was wir für richtig halten, tendieren wir dahin, mit der Faust auf den Tisch zu schlagen. Statt unsere Verantwortung zu akzeptieren, nehmen wir sie hart ran. Ich schlug Steve und Tina vor, mit ihrem Sohn zu reden und etwa Folgendes zu sagen: „Wir haben das nicht sehr gut gehandhabt, was Bildschirmzeit und Videospiele betrifft. Wir haben nicht darauf geachtet, was du spielst. Das tut uns leid. Wir haben dich in diesem Bereich im Stich gelassen. Aber das wollen wir jetzt besser machen. Ab jetzt werden wir dir helfen zu entscheiden, welche Videospiele gut sind und welche schädlich für dich wären. Kannst du uns vergeben, dass wir nicht für dich da gewesen sind, wenn wir dir hätten helfen sollen?"

Die meisten Kinder sind bereit, Eltern zu vergeben, die um Vergebung bitten.

> **!** Unsere Verantwortlichkeit als Eltern einzugestehen ist viel effektiver, als dem Kind schlechte Entscheidungen anzukreiden.

In jedem Zuhause muss eine gesunde Kommunikation zwischen Eltern und Kind stattfinden, die über das rein Organisatorische hinausgeht. Gespräche sollten nicht nur darauf beschränkt sein, die Schlafenszeit zu diskutieren oder die Abholzeit von der Schule zu koordinieren. Reden Sie mit Ihrem Kind über jedes Thema, das aufkommt. Und Bildschirmzeit ist definitiv ein heißes Thema, auf das man häufig zurückkommen kann.

Falls Sie so eine offene Kommunikation bisher nicht mit Ihrem Kind gehabt haben, ist es trotzdem nicht zu spät, damit zu beginnen. Wenn Sie entscheiden, was für Ihre Familie gesund ist, und eine klare Strategie für den Medienkonsum kommunizieren, wird Ihre Familie innerhalb der von Ihnen gesetzten Grenzen aufblühen.

JETZT MAL EHRLICH

FRAGEN ZUM NACHDENKEN UND DISKUTIEREN

- Wie haben Sie als Kind Ihre Freizeit verbracht?

- Wie alt sind Ihre Kinder? Wie viel Zeit verbringen sie im Durchschnitt am Bildschirm? Was tun/sehen sie an den Bildschirmen?

- Was halten Sie davon, wenn ein Kind seinen eigenen Fernseher im Zimmer hat?

- Welche Aktivitäten haben Sie gegen Bildschirmzeit eingetauscht?

- Haben Sie derzeit Medienrichtlinien bei sich zu Hause? Wenn ja, wie lauten sie? Wenn nicht, würden Sie gerne Richtlinien festlegen, während Sie dieses Buch lesen?

- Kennen Sie jemanden wie Michael, der auf seiner Abschlussfeier allein Videospiele gespielt hat? In welcher Hinsicht dient Michaels Beispiel als Warnung?

- Wie bringen Sie Ihren Kindern bei, zwischen angebrachten und unangebrachten Inhalten zu unterscheiden? Nennen Sie ein Beispiel, wo Sie das kürzlich tun mussten.

Wenn wir nicht aufpassen, könnte das Informationszeitalter unsere Entwicklung hemmen und dafür sorgen, dass wir geistig für immer in der Pubertät bleiben.

Shane Hipps

2 | Die „1+"-Methode für beziehungs-
fähige Kinder

Dr. Holden ist seit 20 Jahren Zahnarzt. Seit dem Aufkommen der neuen Technik hat er viele Veränderungen in seiner Arbeit mit Kindern erlebt.

„Wenn ich in das Untersuchungszimmer komme, haben ungefähr ein Viertel der Kinder ein Smartphone oder iPad in der Hand, während sie auf dem Stuhl warten", erzählt er. „Ich muss erst einmal ihre Aufmerksamkeit von dem Gerät weglenken, ehe ich mit ihnen reden kann. Ihre Augen schauen nicht von dem Bildschirm auf, wenn ich in das Zimmer trete. Ich muss mit den Bildschirmen um ihre Aufmerksamkeit konkurrieren."

Dr. Holden hat keinen Fernseher im Wartezimmer oder den Untersuchungszimmern seiner Zahnarztpraxis. Stattdessen hat er Zeitschriften, Bücher und Spielzeug wie beispielsweise Bausteine und Puppenhäuser. Andere Zahnarztpraxen bieten hingegen in jedem Zimmer Bildschirmunterhaltung an und Dr. Holden fühlt sich unter Druck gesetzt, da mitzuziehen, um noch konkurrenzfähig zu sein.

Keine Frage: Die Ablenkung eines iPads kann nützlich sein, wenn ein Kind eine Zahnfüllung bekommt oder man eine lange Autofahrt vor sich hat. Aber müssen Kinder wirklich ständig unterhalten werden? Zu oft wird ihnen ein Bildschirm vor die Nase gesetzt, um sie zu beruhigen oder zu beschäftigen, selbst wenn es sich nicht um eine Notsituation oder besondere Gelegenheit handelt. Statt zu lernen, in der wirklichen Welt zu leben, in der man mit Menschen kommuniziert und in der es auch gelegentlich mal langweilig ist, wird ihnen eine Bildschirmwelt serviert, die ihnen ein beständiges Unterhaltungsvergnügen bereitet. Immer mehr Forschungen zeigen, wie negativ sich die Zeit vor dem Bildschirm auf die Entwicklung des Gehirns sowie der sozialen und emotionalen Kompetenz Ihres Kindes auswirkt.

Im Jahr 2000, bevor Handys, Smartphones und Computer-Apps populär wurden, lag die durchschnittliche Aufmerksamkeitsspanne von Menschen bei zwölf Sekunden. Seitdem ist unsere Aufmerksamkeitsspanne um 40 Prozent gesunken.[11] Wie sollen Kinder Beziehungsfähigkeiten lernen, die man für ein erfolgreiches Leben braucht, wenn sie noch nicht einmal die Grundfertigkeit dazu besitzen, nämlich aufmerksam zu sein? Kinder vor Bildschirme zu setzen, die ständig Veränderung und Entertainment bieten, die abwechslungsreich und spannend sind, befähigt sie nicht, die Wirklichkeit erfolgreich zu bewältigen.

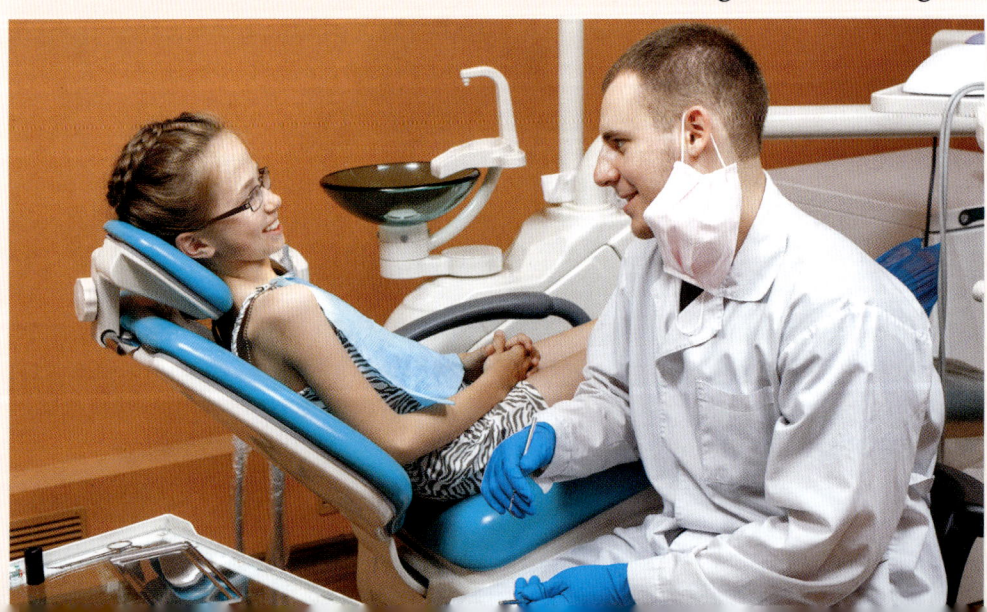

DAS WIRKLICHE LEBEN FUNKTIONIERT ANDERS

Haben Sie sich das auch schon mal gefragt:

- Wie sind unsere Kinder und Teenager dazu gekommen, so viele Ansprüche zu stellen?

- Warum können Kinder oder Teenager nicht richtig buchstabieren oder in vollständigen Sätzen schreiben? Warum beklagen sich meine Kinder so viel und streiten ständig?

- Warum muss ich mein Kind jedes Mal auffordern, bitte oder danke zu sagen?

In früheren Generationen waren Kinder häufig respektvoller gegenüber Eltern und anderen Erwachsenen, wussten sich in verschiedenen Situationen des Alltags zu behaupten und waren höflicher. Warum die Veränderung? Technik hat zwar nicht die alleinige Schuld, aber ihr Einfluss auf die Köpfe und Herzen von im Wachstum befindlichen Kindern ist unübersehbar.

> Immer mehr Kinder lernen nicht mehr im „Klassenzimmer" des wirklichen Lebens, wie das Leben funktioniert – dort, wo es Verantwortung, Aufgaben und Familienbeziehungen gibt –, sondern von Bildschirmen.

Zum Beispiel werden Kinder heute weniger persönlichen Herausforderungen ausgesetzt. Technik macht für uns alle alles leichter. Wenn man nicht weiß, was ein Wort bedeutet, kann man es einfach am Computer nachschauen, statt es im Wörterbuch nachschlagen zu müssen. Wenn man nicht weiß, wie man eine Matheaufgabe lösen soll, steht immer der Taschenrechner zur Verfügung. Wenn einem langweilig ist, kann man sich ganz leicht mit seinem Lieblingsspiel oder einer Website ablenken.

Wenn meine (Arlenes) Kinder über Dinge reden, die sie gerne hätten, seien es Legos oder ein Prinzessinnen-Kleid, sagen sie mit größter Selbstverständ-

lichkeit: „Kauf es einfach im Internet." In ihren Köpfen macht Technik alles ganz leicht zugänglich. Alles kann mit einem Mausklick gekauft werden. Ein von Technik übersättigtes Kind hat nicht die Geduld, irgendetwas zu tun, was schwierig ist. Technik zeigt dem Kind, wie es alles, was es braucht, blitzschnell finden kann. Die Kunst der Geduld geht verloren.

BILDSCHIRMKINDER

Als die siebenjährige Sophia ihre Hausaufgaben nicht schafft, weil sie das Buch, das sie aus der Schulbücherei bekommen hat, nicht lesen kann, ruft ihre Mutter die Lehrerin an. „Ich habe mir das Buch angeschaut, das Sophia von der Schule nach Hause gebracht hat. Das ist zu anspruchsvoll für die zweite Klasse. Können Sie Sophia bitte etwas anderes zum Lesen aufgeben?"

Obwohl Sophias Mutter gute Absichten hat, tut sie ihrer Tochter keinen Gefallen. Sie schirmt sie in Wirklichkeit dagegen ab, Erfahrungen zu machen, die sie braucht, um als Persönlichkeit zu wachsen. Die Bildschirmkinder von heute haben eine sehr niedrige Schmerzgrenze. Wenn die Hausaufgaben oder das Fußballtraining zu schwierig sind, wollen sie gleich das Handtuch werfen. Leider fördern viele Eltern diese Verhaltensweise noch, statt ihren Kindern zu helfen, Hindernisse zu überwinden. Es ist in Ordnung – ja, sogar wünschenswert –, dass ein Kind Stress empfindet, wenn es etwas Neues lernt. Geht es Ihnen als Erwachsener denn anders?

> **!**
>
> Wichtig ist, dass Sie Ihrem Kind Ihre Liebe vermitteln, es ermutigen und unterstützen. Dann blüht es durch Herausforderungen erst so richtig auf.

Bildschirmkinder sind es gewöhnt, ständig belohnt zu werden, und entwickeln sich nicht mehr, wenn sie nicht schnell oder oft genug gelobt werden. Bei Videospielen verdient man sich ständig Punkte, Sterne oder zusätzliche Leben. Man erreicht schnell einen neuen Level. Mühen werden sofort belohnt.

PRAXISBEISPIEL

Die Bildungsexpertin Dr. Kathy Koch erzählte die Geschichte eines vierjährigen Jungen, der gerne mit einer Basketball-App auf dem Smartphone spielte. Jedes Mal, wenn er den Korb traf, leuchtete das Smartphone auf und vibrierte. Da er diese App so liebte, dachten seine Großeltern, dass es eine super Idee wäre, ihm einen echten Basketballkorb zu kaufen. Als der kleine Junge seinen ersten richtigen Treffer erzielte, wartete er darauf, dass irgendetwas passierte. Nichts geschah – keine Lichter, keine Vibration. Er erzielte noch einen Treffer. Wieder nichts. Enttäuscht griff er zum Smartphone und spielte weiter Basketball auf dem Bildschirm.

Er hatte gelernt, dass alles, was man richtig macht, immer sofort belohnt wird. Als bei dem echten Basketballkorb nichts geschah, hörte er auf zu spielen.

Kinder werden heute immer belohnt, selbst wenn sie keine gute Leistung erbringen. Es ist gang und gäbe, dass Sportteams jedem Kind eine Medaille aushändigen. Ganz gleich, ob das Team gewinnt oder verliert – man bekommt trotzdem eine Medaille. Man muss sich nur blicken lassen, dann bekommt man schon was. Wie wirkt sich das auf die Motivation des Kindes aus, etwas zu erreichen? Es wächst mit der falschen Erwartung auf, dass alles belohnt wird, ganz gleich, ob es sich viel Mühe gibt oder nur wenig.

Mein (Arlenes) Sohn Ethan spielte in seinem ersten Basketballverein, als er in der dritten Klasse war. Sein Team, die „Magic", gewann während der ganzen ersten Saison kein einziges Mal. Bei einigen Spielen war der Punktestand so einseitig, dass die Anzeigetafel ausgeschaltet wurde. Doch die Jungs wussten, wie es stand.

Wir können versuchen, unsere Kinder darüber hinwegzutäuschen, dass sie verlieren, aber Ethan hat eine Menge von jener Saison mit den „Magic" gelernt. Auch im wahren Leben versagen Menschen und man gewinnt nicht immer.

> Wir sollten unseren Kindern helfen, das Leben mit realistischen Erwartungen anzugehen.

Beim Sport gibt es einen Gewinner und einen Verlierer. Wer verliert, ist dadurch kein schlechter Mensch. Alle gefeierten

Sporthelden haben häufiger verloren als gewonnen. Das gehört zum Lernprozess dazu.

Verlieren bietet die Chance, wichtige Fragen zu stellen. „Was können wir daraus lernen? Was können wir anders machen, um besser zu werden?" Es gibt wichtige Lebenslektionen, die ein Kind nur durch Misserfolge lernen kann. Bildschirmzeit bietet nicht viele Chancen zum Versagen; das wirkliche Leben hingegen ermöglicht es, im sicheren häuslichen Rahmen zu üben, mit Niederlagen umzugehen.

DAS „1+"-KIND

Was ist der größte Erfolg, den Ihr Kind in der Schule erreichen kann? Ein Zeugnis voller Einsen? Obwohl schulische Leistungen durchaus ein erstrebenswertes Ziel sind, gibt es doch noch etwas Wichtigeres als die akademische Laufbahn Ihres Kindes.

> Wichtiger ist die Frage: Zu was für einem Menschen wächst Ihr Kind heran?

!

Mehr als ein Zeugnis voller Einsen ist ein starker moralischer Charakter die Voraussetzung für ein erfolgreiches Erwachsenenleben. Ich (Arlene) hatte die Gelegenheit, der dritten Klasse meines Sohnes etwas vorzulesen. Als ich mich mit William Bennetts Buch *The Book of Virtues* („Das Buch der Tugenden") zu den Kindern setzte, fragte ich die Klasse: „Was ist eine Tugend?"

Ausdruckslose Blicke. Die Schüler schauten auf das große Buch in meiner Hand und schlossen daraus, dass eine Tugend eine Geschichtensammlung sein müsste. Abgesehen von Ethan konnte mir kein einziges Kind sagen, was eine Tugend ist.

Kinder wissen alles Mögliche über Videospiele, Trickfilme und die neuesten Apps. Doch ihnen fehlt Charakterunterweisung. Tugenden sind Verhaltensweisen, die hohe moralische Maßstäbe verkörpern. Verantwortlichkeit. Mitgefühl. Beharrlichkeit. Glaube. Es gibt keine Tugend-App, die Sie Ihrem Kind in den Kopf oder ins Herz downloaden können.

> Tugenden müssen vermittelt und aufgenommen werden, während die Kinder ihre Eltern beobachten und zuhören, wie sie darüber reden, was richtig und falsch ist.

In den nächsten fünf Kapiteln werden wir fünf „1+"-Kompetenzen skizzieren, die Ihr Kind entwickeln sollte, um im Leben und der Liebe Erfolg zu haben. Geben Sie Ihre Mühen nicht auf, dass Ihr Kind auch in der Schule viele Einsen erreicht, aber halten Sie die „1+"-Beziehungskompetenzen im Vordergrund der Erziehung Ihres Kindes.

DIE 1+ DER ZUNEIGUNG

Nach einem anstrengenden Tag bei der Arbeit kommt Rahel nach Hause, ihre Kinder im Schlepptau: Leah, neun Jahre alt, und Simon, sieben. Sie stellt ihre Sachen ab und macht sich daran, Essen zum Abendessen aufzuwärmen. Simon setzt sich vor den Fernseher. Leah fängt an, ihr Lieblingsspiel am iPad zu spielen. Rahels Mann kommt nach Hause und setzt sich zu den anderen für ein kurzes Essen. Niemand ist unhöflich, aber es sagt auch niemand *Bitte* oder *Danke*. Nach der Mahlzeit sieht Simon weiter fern und Leah macht dort weiter, wo sie mit dem Videospiel aufgehört hat. Rahels Mann arbeitet an seinem Laptop, während Rahel ihre Textnachrichten auf ihrem Smartphone checkt.

Als Rahel am Ende des Abends vor dem Einschlafen die Augen schließt, macht sie sich Sorgen, weil sie sich in letzter Zeit mit niemandem in der Familie so richtig verbunden fühlt. Die Kinder scheinen mehr Interesse daran zu haben, fernzusehen oder am Computer zu spielen, als Zeit mit ihr zu verbringen. Ihr Mann kuschelt kaum noch mal auf der Couch mit ihr, um miteinander zu reden. Was passierte nur mit ihrer einst so eng verbundenen Familie?

Zuneigung ist ein ganz wichtiger Bestandteil, ohne den eine Familie nicht gedeihen kann: Augenkontakt, Umarmungen, angemessene körperliche Berührungen und bestätigende Worte.

Beziehungen zu Hause, die nur aus wenigen Worten und Textnachrichten bestehen, genügen nicht.

> Seelisch gesunde Kinder lernen in der Familie, Zuneigung zu bekommen und zu geben.

Mein (Arlenes) Sohn Ethan hatte die einmalige Gelegenheit, einen Tag lang auf einem Schiff der Marine mitzufahren, als eine Schifffahrt für Freunde und Familie angeboten wurde. Ich winkte zum Abschied, als mein Mann zusammen mit Ethan und seinem Freund Noah zum Hafen fuhr. Als Ethan am Ende des Tages zurück-kam, hatte er eine schicke Baseballmütze auf, bestickt mit dem Namen des Schif-fes. Noah hatte sie ihm im Souvenirladen des Schiffes gekauft, um sich dafür zu bedanken, dass er ihn eingeladen hatte.

Später fragten wir Noahs Mutter, ob sie ihrem Sohn vorgeschlagen hatte, dass er Ethan das Geschenk kaufte. „Nein, wir hatten ihm nichts dergleichen gesagt. Das war Noahs eigene Entscheidung und sein Taschengeld, das er dafür ausgegeben hat."

Noahs Mutter freute sich sehr zu hören, dass ihr Sohn von ganz allein seine Wertschätzung gegenüber einem Freund ausgedrückt hatte.

Obwohl er erst zehn Jahre alt war, verstand Noah bereits, welche Kraft in Wertschätzung liegt. Wenn jemand etwas Nettes für einen tut, ist die richtige Reaktion darauf, Dankbarkeit zu zeigen. Kinder denken häufig: „Na, das hatte ich aber auch verdient!"

Doch als Eltern möchten wir dankbare Kinder erziehen, aus denen dankbare Erwachsene werden, nicht Kinder mit falschen Ansprüchen, aus denen Erwachsene mit falschen Ansprüchen werden.

DIE 1+ DER BEHERRSCHUNG

Von dem Augenblick an, als sie an diesem Morgen aufwachten, gingen sich die Geschwister Joe (7 Jahre) und Kate (9 Jahre) nur auf die Nerven.

Der erste Streit eskalierte im Badezimmer, als sie sich uneinig waren, wer zuerst das Waschbecken benutzen durfte. „Hör auf!", schrie Kate, was Joe nur dazu brachte, sie noch stärker zu schubsen.

Beim Frühstück hatte Kate ständig etwas an Joe auszusetzen: „Du hast dein Müsli verschüttet. Du bist so ein Tollpatsch. Dein T-Shirt passt nicht zu deiner Hose."

Während sie darauf warteten, dass ihre Mutter sie zur Schule brachte, saß Joe auf der Couch und spielte Videospiele. Kate beugte sich zu ihm hinüber, wobei sie zwischen ihn und den Bildschirm kam. „Geh weg!", brüllte er und schubste sie weg.

„Mama, Joe hat mich gehauen!", schrie Kate.

Geschwister haben eine besondere Gabe: Sie können sich gegenseitig innerhalb von Sekunden auf die Palme bringen. Lässt man sie allein, kann aus all diesen Ärgernissen leicht eine unangemessene Wut zwischen Geschwistern wachsen. Wut ist nicht auf das Zuhause beschränkt; auch auf dem Spielplatz und im Klassenzimmer ist sie häufig anzutreffen.

Eltern tun ihren Kindern einen gewaltigen Gefallen, wenn sie ihnen beibringen, zwischen „schlechter" Wut und „guter" Wut zu unterscheiden und ihre Gefühle der Wut positiv zu bewältigen.

PRAXISBEISPIEL

DIE 1+ DER ENTSCHULDIGUNG

Ich (Gary) erinnere mich noch an einige Diskussionen mit meinem sechsjährigen Sohn. Als ich ihn beschuldigte, ein Glas vom Tisch gestoßen zu haben, das nun zerbrochen auf dem Boden lag, erklärte er: „Das ist einfach passiert." Als die Wand mit Filzstift bemalt war, sagte er wieder: „Das ist einfach passiert." Wir mussten lange und hart daran arbeiten, um ihn dahin zu bringen, dass er zugeben konnte: „Ich habe das Glas aus Versehen vom Tisch gestoßen" und „Ich habe die Wand angemalt."

Selbst heute noch sagen meine Frau und ich scherzend zueinander, wenn wir irgendetwas Unverantwortliches getan haben: „Das ist einfach passiert." Wir wissen natürlich, dass wir nur scherzen, aber es fühlt sich trotzdem gut an, die Schuld auf dieses mysteriöse „ist" zu schieben, statt sie selbst zu übernehmen.

Wenn wir wollen, dass unsere Kinder zu verantwortungsvollen Erwachsenen heranreifen, dann müssen wir ihnen beibringen, Verantwortung für ihr Verhalten zu übernehmen.

Unreife Erwachsene verharren in kindischem Verhalten und neigen dazu, anderen die Schuld für ihre Fehler zu geben, statt sie einzugestehen.

Verantwortung für die eigenen Worte und Taten zu akzeptieren ist der erste Schritt, um zu lernen, sich zu entschuldigen. Typischerweise akzeptieren Kinder nur zu gern die Verantwortung für das, was sie gut machen. „Ich habe einen Smiley für meine Arbeit bekommen." – „Ich bin am schnellsten gelaufen." Das sind alles Aussagen, durch die das Kind sich seinen Erfolg selbst zuschreibt.

Sich weniger erfolgreiche Taten zuzuschreiben, ist hingegen etwas, das Kinder nicht nur ansatzweise so schnell machen. Wann war das letzte Mal, dass Ihr Kind zugegeben hat: „Es tut mir leid. Ich habe den Keks gegessen, von dem du gesagt hast, dass ich ihn nicht essen soll"? Oder: „Ich habe bei meinen Mathe-Hausaufgaben gemogelt, weil ich nicht wusste, wie ich sie lösen sollte"? Solche direkten Entschuldigungen erfordern viel mehr elterliche Führung und Mühe. Doch die gute Nachricht ist, dass man von klein auf lernen kann, sich auf diese Weise zu entschuldigen, was einem als Erwachsenen immer noch zugutekommt. Dadurch geben Sie Ihrem Kind einen enormen emotionalen Vorteil.

DIE 1+ DER BETEILIGUNG

Der vierjährige Adrian geht zu einem wöchentlichen Mutter-Kind-Musikunterricht. Zwölf Kinder sitzen in einem Kreis und die Lehrerin teilt Instrumente an alle aus. Während die anderen Kinder auf ihren Matten sitzen, singen und sich mit ihren Instrumenten begleiten, steht Adrian auf, legt sein Instrument zurück in den Eimer und nimmt sich ein Tamburin. Seine Mutter gibt ihm ein Zeichen, zurück zu seinem Platz im Kreis zu kommen.

„Adrian, setz dich hin", bittet sie mit einem eindringlichen Tonfall. Doch er ignoriert sowohl seine Mutter als auch die Lehrerin, schnappt sich ein anderes Instrument und rennt zu einer anderen Ecke des Unterrichtsraumes. Der Musikunterricht wird zu einem frustrierenden Ereignis, für Adrians Mutter genauso wie für die Lehrerin. Nach einigen Wochen hört die Mutter mit dem Unterricht auf.

Adrians fehlende Konzentration ist nichts Ungewöhnliches. Rose, die seit vielen Jahren in ihrer Gemeinde für die Kinderstunden verantwortlich ist, hat eine dramatische Veränderung erlebt, was die Aufmerksamkeit der Kinder in der Kirche betrifft.

„Die Kinder von heute sind auf das Unerreichbare, das Sensationelle, das Mega-Aufregende aus", berichtet Rose. „Sie sind an die Stimulation durch Videospiele oder Filme gewöhnt. Sie wollen etwas Mitreißendes sehen. Wenn nichts dergleichen läuft, schalten sie ab. Die meisten Kinder haben damit zu kämpfen, im Kindergottesdienst aufmerksam zu bleiben. Wenn ich sie auffordere, einen Kreis zu bilden, dauert das lange, weil die Kinder so abgelenkt sind. Statt sich einfach dem Kreis anzuschließen, flitzen sie herum.

Man kann leicht sehen, wer zu Hause viel vor dem Bildschirm sitzt, weil sich das in schlechter Aufnahmefähigkeit und dem Bedarf für klare Anweisungen widerspiegelt."

Wir nennen diese Kompetenzen „1+". Das sind keine Eigenschaften, mit denen einige Kinder geboren werden und andere nicht. Das sind Fähigkeiten, die man lernen kann und die sich selten von allein entwickeln. Das ist ermutigend, weil es heißt, dass die Charakterbildung Ihres Kindes nicht wie Lottospielen ist. Sie können einen anhaltenden Einfluss auf Ihr Kind ausüben, indem Sie ihm beibringen:

- **Zuneigung** zu zeigen
- andere **wertzuschätzen**
- **Wut** zu bewältigen
- sich zu **entschuldigen**
- **aufmerksam** zu sein

Vielleicht haben Sie bisher in der Erziehung nicht sehr auf diese fünf „1+"-Kompetenzen geachtet.

An dem, was gestern war, können Sie nichts mehr ändern, aber Sie können beeinflussen, wie es morgen läuft.

Abraham Lincoln hat gesagt: „Die Zukunft lässt sich am besten dadurch vorhersagen, dass man sie gestaltet." Wenn Sie sich eine gute, hoffnungsvolle Zukunft für Ihr Kind wünschen, dann liegt es an Ihnen, sie zu gestalten. Dazu gehört leider auch, dass Sie Maßnahmen ergreifen müssen, die Ihrem Kind nicht gefallen.

„Wieso soll ich mich bei meiner Schwester entschuldigen?" – „Ich will meine Hausaufgaben aber nicht machen." – „Muss ich Opa wirklich einen Brief schreiben, um mich für das Geschenk zu bedanken?"

Sie sind die Mutter oder der Vater in Ihrer Familie. Es ist nicht Ihr Kind, das das Sagen bei Ihnen zu Hause hat, auch nicht über die elektronischen Geräte. Wenn Ihr Kind mit den anderen Familienmitgliedern nicht auf eine Weise umgeht, die Sie für angemessen und gut halten, dann liegt es an Ihnen, daran etwas zu ändern. Wenn Sie ein Kind zur Verantwortung erziehen, wird es entsprechend reagieren.

> Die Eltern sollen ihren Kindern den Weg zeigen, den sie zu gehen haben – nicht anders herum. Sie müssen eine klare Vorstellung davon haben, was Sie erreichen wollen und was Sie von Ihren Kindern erwarten.

!

Jennifer hatte für ihre elfjährige Tochter ein E-Mail-Konto eingerichtet. Sie kannte das Passwort und konnte die E-Mails sehen. Sie enthielten nichts Fragwürdiges und Jennifer hatte auch kein Problem mit den Mails, die ihre Tochter ihren Freunden schrieb oder von ihnen bekam. Das Problem war nicht deren Inhalt; das Problem war, wie sehr das Mailen das Leben ihrer Tochter störte.

„Sie wollte ständig ihre Mails abrufen. Nach der Schule fragte sie gleich mehrfach hintereinander, ob sie den Familiencomputer benutzen durfte. Wie viele dringende Mails kann eine Elfjährige denn schon bekommen? Nachdem sie ihr E-Mail-Konto bekommen hatte, nahm ihr Interesse an ihren Büchern und Spielsachen ab."

Jennifer merkte, dass sie dem Computergebrauch ihrer Tochter Grenzen setzen musste. Sie teilte ihr die Grundregeln fürs Mailen mit: Mails durften erst gecheckt werden, nachdem die Hausaufgaben und andere Arbeiten erledigt waren; nicht länger als zehn Minuten am Tag; und auf Links durfte erst geklickt werden, wenn Jennifer sicher war, dass sie bedenkenlos waren. Wenn ihre Tochter mehr als einmal bettelte, ihre Mails checken zu dürfen, gab es an dem Tag gar keine E-Mail-Zeit.

Jennifer warnte ihre Tochter vor Spams und sagte ihr, dass sie online nicht mit Fremden Kontakt aufnehmen sollte. Sie machte deutlich, welche Konsequenzen es gäbe, wenn die Regeln gebrochen würden. Zu guter Letzt erklärte sie, dass Technik am besten funktioniere, wenn es ein Hilfsmittel im Leben bleibe. Wenn die Technik sich in den Mittelpunkt schiebt und den Großteil des Lebens bestimmt, wird sie destruktiv.

Wir können leicht wie Jennifers Tochter werden – ständig SMS und Mails checken und dabei alles andere beiseiteschieben, einschließlich unserer Kinder. Sie können den ganzen Tag mit Ihrem Computer in Verbindung stehen, ohne persönlichen Kontakt mit echten Menschen zu haben, die man sehen und anfassen kann. Haben Sie schon mal Teenager auf dem Rücksitz eines Autos gesehen, die sich gegenseitig SMS schreiben, anstatt miteinander zu reden? Das kommt durchaus auch bei Erwachsenen vor.

> Wir stehen in großer Gefahr, die Kunst des persönlichen Gesprächs zu verlernen.

Doch Sie können Ihren Kindern ganz bewusst beibringen, den persönlichen Kontakt mit anderen Menschen wertzuschätzen.

Gemeinsame Essenszeiten als Familie sind die perfekte Gelegenheit, die „1+"-Kompetenzen mit Ihren Kindern zu üben. Stellen Sie ihnen Fragen wie:

- Mit wem warst du heute in der Schule zusammen? Was gefällt dir an ihm oder ihr?

- Gibt es etwas, was du heute erlebt hast, wofür du dankbar bist?

- Ist heute etwas passiert, was dich wütend gemacht oder dich verletzt hat?

- Wann war das letzte Mal, dass du dich bei jemandem entschuldigt hast oder jemand sich bei dir entschuldigt hat? Was war vorgefallen?

- Welche Schulfächer fallen dir am leichtesten? Welche am schwersten?

Achten Sie aber darauf, dass das Gespräch nicht Züge eines Verhörs annimmt oder Ihr Kind das Gefühl bekommt, Sie wollten es kontrollieren. Denken Sie daran: Das gemeinsame Essen soll Spaß bringen und bereichernd sein. Schalten Sie die Handys und Smartphones auf stumm und machen Sie den Fernseher aus. Wenn Sie sich um den Tisch versammeln, nutzen Sie diese besondere Zeit für Gespräche – nicht mit Bildschirmen, sondern miteinander.

Ihr Zuhause ist das Trainingsfeld für die „1+"-Kompetenzen der Zuneigung, Wertschätzung, Beherrschung, Entschuldigung und Beteiligung. Die nächsten fünf Kapitel geben Ihnen praktische Hilfen, damit Sie diese „1+"-Kompetenzen an Ihr Kind weitergeben können.

JETZT MAL EHRLICH

FRAGEN ZUM NACHDENKEN UND DISKUTIEREN

- Stimmen Sie damit überein, dass Kinder vergangener Generationen respektvoller gegenüber Eltern und Erwachsenen waren? Welche Rolle hat Technik Ihrer Meinung nach bei möglichen Veränderungen gespielt?

- Folgender Satz steht in diesem Kapitel: „Technik zeigt dem Kind, wie es alles, was es braucht, blitzschnell finden kann. Die Kunst der Geduld geht verloren." Haben Sie bei Ihrem eigenen Kind bzw. Ihren eigenen Kindern festgestellt, dass diese Behauptung zutrifft? Wenn ja, nennen Sie ein Beispiel, wann Ihr Kind ungeduldig war.

- Bei welchen der „1+"-Kompetenzen (Zuneigung, Wertschätzung, Beherrschung, Entschuldigung und Beteiligung) hat Ihr Kind am meisten Lernbedarf?

- Besprechen Sie das Thema Familienmahlzeiten. Wie oft essen Sie als Familie in einer typischen Woche zusammen? Gibt es viele Gespräche? Wer ist am gesprächigsten? Nehmen Sie während der Mahlzeit Anrufe entgegen? Ist der Fernseher an? Ist die Mahlzeit gehetzt oder gemütlich?

- Hat Ihr Kind ein E-Mail-Konto, und wenn ja, haben Sie Richtlinien für den E-Mail-Gebrauch festgelegt? Wenn Sie jüngere Kinder haben: Ab welchem Alter halten Sie es für sinnvoll, dass Ihr Kind eine eigene E-Mail-Adresse hat?

„Zuneigung ist für neun Zehntel von dem verantwortlich,
was es an solidem und beständigem Glück in unserem Leben gibt."
C. S. Lewis

3 | Die 1+ der Zuneigung

Eine Gruppe Zweitklässler wartete auf den Beginn ihrer Sonntagsschulgruppe. Andrew und Carl spielten zusammen, während sich einige Mädchen um einen Tisch mit Bastelsachen scharten. Ein anderer Junge kam in den Raum. Er hielt ein Tablet hoch und machte Fotos von der Gruppe. Die Jungen hörten auf zu spielen. Die Mädchen hörten auf, sich um die besten Filzstifte zu streiten. Alle versammelten sich um den Jungen mit dem Tablet. Er fing an, Computerspiele zu spielen, und aller Augen hingen am Bildschirm. Der Raum, davor noch voller Kinderstimmen, wurde still, mit Ausnahme des Piepens des Computerspiels.

Eine der Mitarbeiterinnen schritt ein. „Hier wollen wir keine elektronischen Geräte haben", sagte sie und beschlagnahmte das Tablet. „Du bekommst es zurück, wenn du nach Hause gehst."

Der digitale Magnet wurde beiseitegelegt. Die Kinder wandten sich wieder ihrem Spielen und Malen zu. Stimmen füllten wieder den Raum.

Die Anziehungskraft elektronischer Geräte ist nahezu unwiderstehlich – für Kinder ebenso wie für Erwachsene. Mit einem Knopfdruck nehmen uns Videospiele und virtuelle Welten gefangen. Wenn ihnen keine Alternativen geboten werden, können Kinder mehr an ihren Geräten hängen als an echten Menschen wie Freunden, Lehrern, Tanten oder Opas.

> **!**
>
> Es ist paradox, dass elektronische Geräte, die uns mit Menschen auf der ganzen Welt verbinden, uns gleichzeitig auch von den Menschen in unserer unmittelbaren Umgebung trennen können.

Man kann mit seiner Oma Auge in Auge sprechen, selbst wenn sie an einem anderen Ort oder sogar in einem anderen Land lebt; Computer ermöglichen uns, enge Verbindungen aufrechtzuerhalten. Doch die meiste Zeit benutzen Kinder ihre Geräte nicht, um mit der Oma zu skypen. Sie benutzen sie, um sich ihre Lieblingscartoons anzuschauen, ein neues Spiel zu spielen oder im Web zu surfen. In vielen modernen Haushalten ersetzt die Bildschirmzeit rapide die „Gesichtszeit".

Fernsehbildschirme sind im familiären Rahmen nichts Neues. 1948 hatten in den Vereinigten Staaten bereits eine Million Haushalte einen Fernseher zu Hause.[12] In Deutschland wurden 1952 die ersten Fernsehsendungen nach dem Krieg ausgestrahlt.[13] Überlegen Sie einmal, wie Sie den Fernseher mit Ihren Kindern nutzen. Zweifellos würden Ihre Kinder Ihre Zuwendung spüren, wenn Sie sich während ihrer Lieblingssendung neben sie kuscheln würden. Die Realität sieht jedoch anders aus. Mit Ausnahme eines gelegentlichen gemeinsamen Filmabends schauen sich Eltern und Kinder verschiedene Sendungen an – getrennt. Viele Eltern nutzen die Medienzeit ihrer Kinder als Freiraum für sich.

Werbung vermarktet die romantische Vorstellung, dass sich Familien näherkommen, wenn sie sich einen Film auf einem nagelneuen 150 cm großen Flachbildfernseher anschauen. Und mit dem neuesten Smartphone kann man jeden auf der Welt mit kristallklarer Schärfe sehen. Ein realistischeres Bild wäre jedoch vielleicht das einer Familie, deren Mitglieder zwar an der gleichen Adresse wohnen, jedoch in ihren eigenen, voneinander getrennten elektronischen Welten leben.

PERSÖNLICHE PRÄSENZ IST WICHTIG

Mehr als alles andere möchte Ben ein guter Vater sein. Er ist jeden Abend um sechs zu Hause. Nach dem Abendessen sitzt er auf der Couch mit seinen Kindern, der achtjährigen Mathilda und dem neunjährigen Richard. Ben fummelt an seinem Smartphone herum. Er checkt die Nachrichten und seine Aktien und fängt an, einen Artikel über die besten Skipisten in den USA zu lesen. Er erwägt, in den Weihnachtsferien seinen Kindern vielleicht das Skifahren beizubringen. Ben ist körperlich zwar auf der Couch anwesend, während seine Kinder fernsehen, doch geistig ist er ganz woanders, während seine Aufmerksamkeit von seinem Mobilgerät vereinnahmt wird. Das Smartphone ist das Objekt seiner Zuneigung.

Bens Kinder beobachten, wie sehr ihr Vater mit seinem Smartphone beschäftigt ist. Sie machen es ihm nach. Mathilda steckt sich ihre Kopfhörer ins Ohr und sucht nach Liedern auf ihrem iPod. Richard zappt durch die Kanäle. Der Abend geht vorbei und am darauffolgenden Abend wiederholt sich das Szenario.

> In unseren Familien geht eine fast unmerkliche Veränderung vor sich. Eltern und Kinder gewöhnen sich gleichermaßen daran, immer mehr Zeit mit technischen Geräten zu verbringen.

Ohne uns dessen bewusst zu sein, haben wir dadurch einem Tausch eingewilligt: Wir schenken einander immer weniger Zuneigung. Wir mögen uns zwar im gleichen Raum wie die anderen Familienmitglieder aufhalten, aber wir sind emotional nicht mehr miteinander verbunden. Shane Hipps, Autor von *Flickering Pixels* („Flimmernde Pixel"), schreibt: „Der digitale Raum hat die außerordentliche Fähigkeit, enorme soziale Netzwerke zu schaffen, die oberflächlich bleiben. Er ist jedoch schlecht dafür geeignet, intime und tiefer gehende menschliche Verbindungen zu erzeugen."[14]

Als ich (Arlene) in der 26. Woche meiner Schwangerschaft eine Fehlgeburt erlitt, erfuhr ich viel Unterstützung durch meine Freunde. Obwohl eine Online-Nachricht „Ich denke an dich" nett war, ließ sich das gar nicht mit dem Trost vergleichen, den eine Umarmung von einem Freund spendete, der zu Besuch kam. Persönliche Präsenz ist wichtig. Durch SMS, Mails oder Tweets kann man nicht wirklich Intimität kommunizieren. Die tiefste Form der Zuneigung lässt sich nur persönlich vermitteln, in Echtzeit.

Als Eltern haben wir täglich die einmalige Gelegenheit, unseren Kindern im direkten Gegenüber unsere Zuwendung zu schenken – durch eine Umarmung, ein Gespräch, das gemeinsame Abräumen des Küchentisches oder einen Ausflug zur Eisdiele. Ihr Dasein bedeutet Ihrem Kind eine Menge, und das meint nicht nur Ihre körperliche Anwesenheit, sondern Ihre geistige und emotionale Präsenz.

> Konzentrieren Sie sich voll und ganz auf Ihr Kind, wenn Sie mit ihm zusammen sind.

Ihr Kind wird von Ihrem Beispiel lernen. Es wird sehen, dass Menschen, die körperlich anwesend sind, mehr Zuwendung verdient haben als digitale Verbindungen.

Ich (Arlene) saß gerade am Computer, als meine siebenjährige Noelle mich fragte: „Mama, wie findet man Freunde?"

Da ich gerade in einem sozialen Netzwerk war, dachte ich, dass sie Online-Freunde meinte. „Nein, echte Freunde", antwortete sie. Ich war erleichtert, dass sie echte Freunde finden wollte!

Ich wandte mich von meinem Computer ab und schaute ihr in die Augen. In meinen Gedanken formte sich bereits meine „Mama-Rede" über Freundschaft. „Man gewinnt Freunde, indem man selbst ein Freund ist. Man ist freundlich zu jemandem und gibt sich Mühe, dass sich der andere angenommen fühlt. Man stellt Fragen über ihn. Man zeigt aufrichtiges Interesse."

Noelle fragte: „Sagt man: ‚Ich möchte dein Freund sein?' Maria in der Schule sagt, dass man jemanden zwei Tage lang kennen muss, bevor man Freunde sein kann."

Ich lächelte. „Ich weiß nicht genau, wie das bei Zweitklässlern funktioniert", gab ich zu. „Erwachsene sagen nicht: ‚Ich möchte dein Freund sein.' Wir sind einfach freundlich zueinander und irgendwann freundet man sich an. Es gibt keine Regel, dass man jemand zwei Tage lang kennen muss, bevor man Freunde sein kann, aber es stimmt schon: Umso länger man sich kennt, desto enger kann die Freundschaft werden."

Noelle hatte noch eine Frage. „Was ist, wenn ich jemandem vor langer Zeit mal begegnet bin und ihn jetzt wiedersehe, aber ich seinen Namen nicht mehr weiß? Was soll ich dann machen?"

„Üben wir das doch einfach mal", sagte ich. Ich ging auf Noelle zu und blieb vor ihr stehen. „Oh, dich kenne ich! Wir sind uns vor langer Zeit mal begegnet. Ich bin die Mama. Wie heißt du noch?"

Ihr älterer Bruder klinkte sich ein. „Ich habe heute nach der Schule zwei Schüler kennengelernt. Jeff geht in die vierte Klasse und Sean in die sechste. Und ich habe die Initiative ergriffen!", verkündete er stolz.

!

Kinder brauchen Anleitung, wenn es darum geht, gesunde Beziehungen aufzubauen.

Ihr Zuhause ist der ideale Ort, um Ihren Kindern beizubringen, wie Beziehungen gelingen können. Nehmen Sie sich die Zeit, Fragen zu Freundschaften zu beantworten. James, mein Mann, hat unseren Kindern beigebracht, Gespräche einzuleiten und Namen von Kindern in der Schule zu lernen (deshalb war Ethan stolz, dass er die beiden Jungen kennengelernt hatte).

Unterschätzen Sie nicht die Rolle, die Sie haben können, wenn es darum geht, Ihrem Kind die Bedeutung von echter Freundschaft beizubringen. Heute läuft es leider oft so: Mädchen zeigen ihrer Freundin ihre Lieblingssendung. Jungen spielen zusammen Videospiele. Statt miteinander zu reden und fantasievoll zu spielen, sitzen Kinder nebeneinander und halten dasselbe Gerät oder sie halten jeder ihr eigenes Gerät.

„Ja, da sind auch andere Kinder, mit denen du spielen kannst", versicherte Tania ihrer sechsjährigen Tochter Jane, als sie auf dem Weg zu einer Party in der Nachbarschaft waren. Als sie ankamen, entdeckte Jane zwei Mädchen, die ungefähr in ihrem Alter waren. Sie saßen auf einer Couch über ein Smartphone gebeugt und spielten ein Spiel. Jane sagte Hallo und setzte sich neben eines der Mädchen. Sie nickten kurz und fuhren mit ihrem Spiel fort, ohne ein Wort zu sagen. Nach ungefähr fünf Minuten stand Jane auf und suchte ihre Mutter.

„Die wollen nicht mit mir spielen. Ich will nach Hause", flüsterte Jane ihr zu. Tania wusste nicht, was sie machen sollte. Jane hatte ja keine Schuld an der Situation. Ihre Mutter hatte die ganze Szene beobachtet und wusste, dass da nicht wirklich miteinander gespielt wurde. „Lass uns noch ein bisschen bleiben. Vielleicht kommen noch andere Mädchen", sagte Tania.

Sie blieben noch eine halbe Stunde, aber keine weiteren Kinder kamen. Die Mädchen legten schließlich das Smartphone zur Seite und sahen stattdessen fern. Jane setzte sich zu ihnen. Als sie zurück nach Hause gingen, dachte Janes Mutter über die Party nach. Jane hatte die Mädchen gar nicht richtig kennengelernt. Sie hatten nicht miteinander geredet oder etwas zusammen getan. Sie hatten nur beieinander gesessen und sich unterhalten lassen.

Zu Hause nutzte Tania die Gelegenheit, um mit Jane über den Umgang mit Technik zu sprechen. „Hätte es nicht mehr Spaß gebracht, wenn ihr Mädchen draußen gespielt oder das große Puppenhaus benutzt hättet? Wenn du die Möglichkeit hast, mit anderen Mädchen zu spielen, ist es immer am besten, die Videospiele zur Seite zu legen und richtig zu spielen."

Es gibt jede Menge Gelegenheiten, um Technik zu benutzen, aber nicht, wenn Kinder sich zum Spielen verabreden. Bei dem vollen Terminkalender vieler Familien sind solche Verabredungen gar nicht mehr leicht und Sie sollten Ihre Kinder diese wertvolle Zeit nicht an Bildschirmen vergeuden lassen. Machen Sie Ihrem Kind und den Spielkameraden vorher deutlich, dass es keine Bildschirmzeit geben wird. Gut Freund wird man nur im persönlichen Austausch.

DU SOLLST MICH MÖGEN!

Viele Menschen ziehen ihr Selbstwertgefühl aus der Zustimmung anderer Menschen. Kinder sind in dieser Hinsicht nicht anders. Jedem gefällt es, wenn andere ihn mögen. Inzwischen werden Kinder schon in der Grundschule in die sozialen Medien eingeführt. Zusätzlich zur Frage, ob man auf dem Schulhof beliebt ist, fragen sich jetzt viele Kinder, wie vielen Leuten das Foto, das sie gerade gepostet haben, „gefallen" hat oder wie viele „Freunde" sie online haben.

In dem Bemühen, technisch auf dem neuesten Stand zu bleiben, zeigen Lehrer in Grundschulen ihren Schülern im Klassenzimmer, was man mit Blogs machen kann. Kinder, die gerade einmal in die erste Klasse gehen, werden ermuntert, Kommentare zu schreiben und digital aktiv zu werden. Sie lernen, Feedback zu geben und zu empfangen. Leider besteht die große Gefahr, dass die sozialen Medien den Kindern die Vorstellung vermitteln, der Weg zur Popularität sei mit „Gefällt-mir"-Buttons gepflastert und davon abhängig, wie viele Kommentare und Online-Freunde man hat.

Es ist schon für Erwachsene schwierig genug, mit abwertenden Feedbacks im Internet umzugehen oder sogar mit einem Mangel an Kommentaren, wodurch vermittelt wird: „Niemand ist an mir interessiert." Stellen Sie sich nur vor, wie viel schwieriger das für Kinder ist, die noch nicht emotional reif genug sind. Forscher haben einen Namen für ein neues Phänomen entwickelt: „Facebook-Depression". Sie wird als Depression definiert, die auftritt, wenn Kinder und Jugendliche einen Großteil ihrer Zeit mit sozialen Medien wie Facebook verbringen und daraufhin typische Symptome von Depression entwickeln.[15]

Während Ihr Kind heranwächst, braucht es eine solide Grundlage. Und diese Grundlage erfährt es nur in der Annahme durch geliebte und vertraute Menschen.

„Gefällt-mir"-Bestätigungen im Internet basieren häufig auf Leistung oder Erscheinungsbild. Diese Art von Zuwendung ist an Bedingungen geknüpft.

Ihr Kind braucht die bedingungslose Liebe, die von Gott und von Ihnen kommt.

Nur bedingungslose Liebe kann Problemen wie Verbitterung, dem Gefühl, nicht gemocht zu werden, Schuldgefühlen, Angst und Unsicherheiten vorbeugen. Und diese Art von Liebe sucht man online vergebens.

Jedes Kind möchte wissen: „Magst du mich?" Indem Sie den Gebrauch sozialer Medien einschränken, helfen Sie Ihrem Kind, die Antwort auf diese Frage bei echten Menschen zu finden, die es mit Zuneigung überschütten, statt in einer Online-Gemeinschaft, die anonym, unbeständig und unmenschlich sein kann.

FEHLENDES MITGEFÜHL UND VERKÜMMERTE EMOTIONEN

Als meine (Arlenes) Tochter Lucy drei war, sprang sie mit einem Spielzeuglaserschwert auf mich zu und rief: „Ich bring dich um!"

Ihre Augen funkelten und sie lachte. Sie spielte nur, aber die Worte waren definitiv unpassend. Ich fragte mich, wo sie den Ausdruck nur herhatte. Vermutlich äffte sie Ethan nach, der seine *Star-Wars*-Figuren gegeneinander kämpfen ließ. Unsere Kinder haben *Krieg der Sterne* zwar noch nicht gesehen, weil sie noch zu jung dafür sind, aber trotzdem kam aus dem Mund meiner kleinen Lucy: „Ich bring dich um!" Ich schimpfte Lucy nicht; sie wusste es ja einfach nicht besser. Aber ich konnte den Vorfall auch nicht einfach unter den Tisch fallen lassen. Ich sagte ihr, dass es nicht gut sei zu sagen: „Ich bring dich um", sondern dass sie lieber „Ich krieg dich!" oder „Pass auf, ich komme!" sagen solle. Seit diesem Vorfall hat sie das Wort „umbringen" nicht noch einmal benutzt.

Wenn wir den Sprachgebrauch unserer Kinder korrigieren und ihnen beibringen, welche Wörter angebracht sind und welche nicht, lernen sie davon.

> Unsere Kinder werden stark von dem beeinflusst, was sie sich ansehen.

Sie schnappen Ausdrücke, Redewendungen und Werte aus Fernsehsendungen, YouTube-Videos und der virtuellen Welt auf. Wenn wir unsere Kinder mit ihren Bildschirmen allein lassen, müssen wir auch die Folgen tragen. Dann dürfen wir nicht überrascht sein, wenn sie derbe oder für ihr Alter nicht geeignete Ausdrücke verwenden. Unter Umständen entwickeln sie eine stärkere Zuneigung zu ihren Geräten als zu Menschen. Immerhin geben Geräte ja jeder ihrer Launen nach, was bei Menschen nicht der Fall ist.

Forscher sind besorgt, dass mit steigender Bildschirmzeit das Mitgefühl abnimmt. Kinder sind Gewalt in Videospielen ausgesetzt, die sie unempfindlich machen können, sodass sie die Schmerzen anderer, Tyrannei und Gewalt nicht mehr so stark wahrnehmen.

Die Leichtfertigkeit von Online-Freundschaften – man kann einfach zu einer anderen Freundschaft wechseln, wenn jemand einen nervt – kann eine Freundschaft im wirklichen Leben zu mühsam und frustrierend erscheinen lassen. Eine Untersuchung der Universität von Michigan hat ergeben, dass College-Studenten nicht mehr so viel Mitgefühl haben wie früher. Heutige College-Studenten zeigen ungefähr 40 Prozent weniger Mitgefühl als vor 20 bis 30 Jahren.[16]

Bestimmt wünschen Sie sich, dass Ihr Kind andere wertschätzt. Die digitale Welt hat die Tendenz, dass Ihr Kind mehr um sich selbst kreist, als sich auf andere auszurichten. Die technisierte Welt besteht aus Spielen, Tweets, Posts und virtuellen Welten, die so konzipiert sind, dass sie Ihrem Kind das Gefühl geben, es sei der Mittelpunkt des Universums.

Jason, 22 Jahre, ist mit Videospielen groß geworden. Doch als er Teenager war, gab es noch nicht die riesigen Mehrspieler-Onlinespiele, die heute so weit verbreitet sind. In diesen hoch süchtig machenden Spielen konkurrieren Spieler aus aller Welt gleichzeitig miteinander. Jasons 14-jähriger Bruder Daniel spielt jeden Tag mehrere Stunden lang.

„Als Junge war mein Bruder freundlich und höflich. Heute ist er ganz anders", erzählt Jason. „Nach Monaten ständigen Spielens ist er unhöflich und schwierig geworden. Er benutzt viel mehr Schimpfworte, seit er seine eigene Spielkonsole auf seinem Zimmer hat. Ich glaube, sein Verhalten ist größtenteils darauf zurückzuführen, dass er brutale Videospiele mit einem Haufen Fremder spielt."

Kinder laufen nicht nur Gefahr, unempfindlich gegenüber Gewalt zu werden, sondern sie werden auch von klein auf mit sexuellen Inhalten bombardiert. Mehr als 75 Prozent der Sendungen zur Hauptsendezeit enthält sexuelle Inhalte, doch nur bei 14 Prozent der sexuellen Inhalte wird auf mögliche Risiken oder Folgen hingewiesen.[17]

Smartphones haben Jugendlichen überall Zugang zu sexuellen Informationen und Pornografie verschafft. Einer Umfrage zufolge haben 20 Prozent der US-amerikanischen Teenager zwischen 13 und 19 Jahren eingestanden, Sexting zu praktizieren (sexuelle Textnachrichten und/oder Bilder zu versenden).[18] Kinder verschicken oder posten Nacktbilder von sich selbst, weil sie dazu herausgefordert wurden oder weil sie Aufmerksamkeit erregen wollen. Es ist leichter denn je, an den falschen Stellen nach Liebe zu suchen. Eltern müssen unbedingt darauf achten, was ihre Kinder sehen.

IMMER NOCH EIN SEELENFENSTER

Wenn man jemandem in die Augen schaut, hat man das Gefühl, ihm in die Seele zu schauen.

Das Sehvermögen ist eine kostbare Gabe. Wer im Laufe seines Lebens diese Fähigkeit verliert, kann bezeugen, was für eine unschätzbare Gabe es ist. Das nächste Mal, wenn Sie mit Ihrem Kind sprechen, dann schauen Sie zunächst beim Sprechen auf den Arm oder Fuß Ihres Kindes. Dann richten Sie Ihre Aufmerksamkeit auf das Gesicht und schauen Sie ihm in die Augen. Sehen Sie, was für einen Unterschied das macht? Sie können diese Übung benutzen, um den Wert von Augenkontakt zu veranschaulichen.

Jocelyn Green arbeitet als Autorin und Rednerin und ist Mutter von zwei kleinen Kindern. Sie sagt:

Eine Sache, die mir bei jüngeren Menschen aufgefallen ist, ist ihr Mangel an Augenkontakt. Wenn ich zum Beispiel etwas in einer Apotheke kaufe, wickelt der Verkäufer manchmal den ganzen Vorgang ab, ohne mich einmal richtig anzusehen. Ich glaube, dass das ein Symptom unserer Bildschirmbeziehungen ist. Deshalb bringen mein Mann und ich unseren Kindern ganz bewusst bei, anderen in die Augen zu sehen, auf Körpersprache zu achten und zu antworten, wenn man eine Frage gestellt bekommt.[19]

Augenkontakt herzustellen galt einmal als ganz selbstverständliche Höflichkeit. Wenn Ihre Kinder das lernen, hebt sie das positiv von anderen ab.

> Wo zwei Menschen sich in die Augen sehen, da passiert etwas. Eltern und Kinder, die sich gegenseitig in die Augen sehen, erfahren die tiefste Form von Kommunikation.

Man kann sich zwar auch von einer Seite des Zimmers zur anderen miteinander unterhalten. Man kann von einer Etage in die nächste brüllen. Doch im direkten Gegenüber, wenn man in die Augen des anderen blickt, entsteht eine viel tiefere Verbindung. Augenkontakt wirkt visuell und emotional.

Zwei Menschen, die sich ineinander verlieben, können sich stundenlang in die Augen sehen. Und es ist wichtig für ihre Beziehung, dass sich Ehepaare auch lange nach der Hochzeitszeremonie noch in die Augen schauen. Dasselbe gilt für Kinder und Eltern. Es stärkt Kinder, wenn sie sehen, wie die Eltern Augenkontakt miteinander pflegen, sich umarmen, küssen und Hände halten. Es schafft eine Atmosphäre der Geborgenheit für das Kind, wenn seine Eltern zärtlich miteinander umgehen.

Es gibt bestimmte Dinge, die man gut mit einem Kind per SMS oder einem Anruf besprechen kann. Dinge wie „Ich stehe mit dem Auto am Haupteingang" oder „Ich bin auf dem Weg" können Zeit sparen und hilfreich sein. Aber der Großteil des Elternseins erfordert direkten Augenkontakt. Durch eine SMS kann man dem Kind nicht in die Augen sehen. Man kann ein Kind durchs Handy nicht in den Arm nehmen. Mithilfe eines Tweets, der nur aus 140 Zeichen besteht, kann man einem Kind nichts beibringen.

> Die Augen sind das Fenster in die Seele Ihres Kindes.

Schauen Sie häufig hinein, ohne gleich zum nächsten Punkt Ihrer Tagesordnung zu eilen. Nur einige Sekunden beim Augenkontakt zu verweilen, kann schon darüber entscheiden, wie viel Zuneigung Ihr Kind von Ihnen spürt.

ERZÄHL MIR EINE GESCHICHTE

Diana plante eine Weihnachtsfeier für ihre Tochter und deren Freunde, die sich alle im Teenageralter befanden. Sie beschloss, auch eine Gruppe 70-jähriger Damen aus ihrer Kirche einzuladen. Während Diana in der Küche dem Essen den letzten Schliff verlieh, ermunterte sie die älteren Frauen zu erzählen, was das erste Weihnachtsgeschenk war, an das sie sich erinnern konnten. Binnen Kurzem saßen die Jugendlichen neben den älteren Damen, bezaubert von den Geschichten aus längst vergangener Zeit. Zusammen lachten sie und vergossen Tränen, wodurch sie schnell Freunde wurden.

Am Ende des Abends erzählten die Jugendlichen Diana, dass das Essen, die Spiele oder die Geschenke nicht das Wichtigste gewesen waren. Am besten hatte ihnen gefallen, den Geschichten zu lauschen.

Wenn Sie Ihre Geschichten erzählen, schafft das eine enge Verbindung, mit der die Technik nicht mithalten kann. Geschichten weben Familien zusammen. Warum hat Opa eine Narbe im Gesicht? Wie hast du Mama kennengelernt? Hattest du Angst, als du das erste Mal allein bei einer Freundin übernachtet hast? Was habt ihr früher in den Sommerferien unternommen? Solche Unterhaltungen sind der Stoff, der Familien zusammenhält.

Arlenes Mann James hat unendlich viele Geschichten aus seiner Kindheit auf Lager. Er hat ein großartiges Gedächtnis – und er war ein ungezogener Junge, also kann er ganz schön was auftischen. Wieder und wieder betteln unsere Kinder: „Bitte, Papa, erzähl uns doch noch eine Geschichte aus deiner Kindheit."

Als James in der zweiten Klasse war, nahm ihn seine Familie mit in den Urlaub nach Toronto, Kanada. Dort besuchten sie einen riesigen, bunten Marktplatz, auf dem sich Massen von Menschen tummelten. James ist der jüngste von vier Geschwistern. Es dauerte nicht lange, da wurde seine Aufmerksamkeit von einer eindrucksvollen Spielzeugausstellung abgelenkt und er ließ die Hand seiner Mutter los. Als er sich wieder umblickte, war seine Familie nirgends zu sehen. Er war allein in einer großen Stadt. Nachdem er lange Zeit umhergeirrt war, beschloss er schließlich, das Auto zu suchen. Er suchte nach einem Nummernschild, auf dem „New York" stand. Und tatsächlich fand er das richtige Auto und setzte sich hin. Drei Stunden später kam seine arme Familie beim Auto an. Das war das letzte Mal, dass James sich je verirrte. Seine Mutter sagte ihm: „Die Regeln haben sich geändert. Ab jetzt musst du immer meine Hand halten. Deine Aufgabe ist es, mir zu folgen."

Was für Geschichten können Sie heute beim Essen Ihren Kindern erzählen? Sie könnten ihnen von Ihrem ersten Job erzählen, von Ihrem besten Freund in der Grundschule oder von Ihrem Lieblingsfilm als Kind. Geschichtenerzählen vertieft Ihre Familienbeziehungen.

Lassen Sie sich Ihre Familienanekdoten nicht von der Technik rauben, sondern nutzen Sie jede Gelegenheit, um Ihrem Kind von seiner Familie zu erzählen und dadurch seine Zuneigung zu wecken.

DEN LIEBESTANK FÜLLEN

Jedes Kind hat einen „Liebestank", aus dem es seine emotionale Kraft zieht, um schwierige Tage zu bewältigen. Wie die Reserven im Benzintank die Autos antreiben, so treibt der emotionale Tank unsere Kinder an.

Als Eltern ist es unsere Aufgabe, diesen Liebestank unserer Kinder mit Zuneigung zu füllen, damit sie gesund und stark werden können.

Zwei Stunden mit Videospielen zu verbringen, fügt dem emotionalen Tank Ihres Kindes keinen Treibstoff hinzu.

Es gibt fünf Möglichkeiten – wir nennen das „Sprachen" –, mit denen Menschen emotionale Liebe mitteilen und verstehen: Zärtlichkeit, Lob und Anerkennung, Zweisamkeit, Geschenke und Hilfsbereitschaft. Wenn Sie mehrere Kinder in Ihrer Familie haben, sprechen sie vermutlich verschiedene Liebessprachen. Genau wie jedes Kind seine eigene unverwechselbare Persönlichkeit hat, können sie auch unterschiedliche Liebessprachen sprechen. In Kapitel 10 werden Sie mehr über die Liebessprachen in Bezug auf Bildschirmzeit lernen.

Kleinkinder halten mit ihrem Liebesbedürfnis nicht gerade hinterm Berg. Ich (Arlene) glaube, das Lieblingswort meiner kleinen Lucy ist KUSCHELN! Kleine Kinder hopsen und zappeln, um beim Papa auf den Schoß zu kriechen, machen Lärm und benehmen sich manchmal daneben, nur um Zuneigung zu bekommen.

Wenn wir uns bewusst machen, dass die Kinder uns dadurch signalisieren wollen, dass wir uns Zeit für sie nehmen, sie in den Arm schließen, uns ihnen persönlich zuwenden, dann erinnern wir uns, dass wir die kostbare Verantwortung haben, ihren Liebestank zu füllen.

Ältere Kinder tun ihr Bedürfnis vielleicht nicht so lautstark kund wie jüngere, aber auch sie brauchen Zuneigung. Besonders vor dem Hintergrund der allgegenwärtigen Bildschirme müssen unsere Kinder unsere Liebe und Zuneigung ganz real spüren. Sonst wird die Versuchung zu stark, an den falschen Orten nach Zuneigung zu suchen.

> Unter Ihrer Leitung kann Ihr Kind lernen, Zuneigung so zu geben und anzunehmen, wie Gott es vorgesehen hat: durch gesunde menschliche Beziehungen.

FRAGEN ZUM NACHDENKEN UND DISKUTIEREN

- Wie drückt Ihr Kind seine Zuneigung Ihnen gegenüber aus? Wie drücken Sie Ihre Zuneigung gegenüber Ihrem Kind aus?

- Muss Ihr Kind mit Ihrem Smartphone oder Computer um Ihre Aufmerksamkeit konkurrieren?

- Hat Ihr Kind Ihnen und anderen Familienmitgliedern weniger Aufmerksamkeit und Zuneigung entgegengebracht, nachdem es ein digitales Gerät wie z.B. Tablet, Smartphone oder Videospielkonsole bekommen hat?

- Erzählen Sie von einem Erfolgserlebnis, als Sie in der Lage waren, Ihr elektronisches Gerät beiseitezulegen und ganz für Ihr Kind da zu sein (oder anders herum: als Ihr Kind sein Gerät beiseitegelegt hat, um sich Ihnen zuzuwenden).

- Was halten Sie von Bildschirmzeit bei Verabredungen mit Spielkameraden?

JETZT MAL EHRLICH

- Ist Ihr Kind sozialen Medien ausgesetzt? Inwieweit können soziale Medien Ihrer Meinung nach Ihrem Kind helfen oder schaden, wenn es darum geht, von anderen gemocht zu werden?

- Spielt/sieht Ihr Kind gewaltintensive Videospiele? Wenn ja, wie hat sich das auf sein Mitgefühl für andere ausgewirkt?

- Wie schneidet Ihr Kind bei Sachen Augenkontakt ab? Schenkt Ihr Kind Ihnen bereitwillig Augenkontakt? Sieht es anderen Erwachsenen oder Freunden in die Augen?

- Wie zeigt Ihr Augenkontakt Zuneigung zu einem anderen Menschen?

- Nennen Sie eine Sache, die Sie besser machen können, um Ihrem Kind Zuneigung zu zeigen.

„Dankbarkeit zu verspüren, ist uns nicht angeboren –
es ist etwas, was uns beigebracht wird
und was wir wiederum unseren Kindern beibringen müssen."
Joyce Brothers

4 | Die 1+ der Wertschätzung

John wartet mit einer Bande halbstarker Drittklässler in der Schlange beim Schulmittagessen. Die Mitarbeiterin in der Mensa tut Milch, Hähnchennuggets, Apfelscheiben und einen Keks auf sein Tablett. John nimmt es und geht zu einem langen Tisch hinüber, ohne ein Wort des Dankes zu äußern oder auch nur einmal Augenkontakt mit der Mitarbeiterin aufzunehmen.

Es ist Weihnachten und Sarah kann kaum warten, endlich ihr Geschenk zu öffnen. Sie reißt das Papier von der kleinen Schachtel ab. „Wir hoffen, dass es dir gefällt", sagt Sarahs Mutter mit einem erwartungsvollen Lächeln. Die Schachtel öffnet sich und offenbart einen funkelnagelneuen gelben iPod Shuffle. „Oh nein!" Sarah seufzt enttäuscht. „Ich wollte den türkisen haben!"

Gabriele steht in der Küche an der Spüle und wäscht einen Haufen Geschirr vom Abendessen. Ihre Füße schmerzen von ihrem langen Arbeitstag im Einzelhandel. Die Kinder bieten keine Hilfe an; sie haben sich noch nicht einmal dazu bequemt, den Tisch abzuräumen. Genauso wenig hat sich irgendjemand für das Essen bedankt.

Es gibt da ein kleines Wörtchen, das jedes Herz erweichen, tiefe Verbindungen schaffen und den Erschöpften Hoffnung geben kann. Vermutlich kennen Sie dieses Wörtchen, aber vielleicht haben Sie es bei sich zu Hause in letzter Zeit kaum gehört. Das Wörtchen ist „Danke".

Stellen Sie sich vor, wie anders die Welt der Mensa-Mitarbeiterin wäre, wenn John und die anderen Kinder ihr in die Augen sehen und sich bei ihr bedanken würden. Stellen Sie sich vor, Sarah hätte zu Weihnachten gesagt: „Oh, danke! Das ist super!" und ihre Eltern später gefragt, ob sie es vielleicht gegen eine andere Farbe eintauschen kann. Stellen Sie sich vor, Gabrieles Kinder hätten das schmutzige Geschirr abgeräumt und sich bei ihr für das Essen bedankt.

> **Ein dankbares Herz kann einen miesen Tag retten und einem unzufriedenen Kind Zufriedenheit schenken.**

Doch Dankbarkeit liegt Kindern nicht im Blut – genauso wenig wie uns Erwachsenen. Ihr Kind muss lernen, sich zu bedanken.

DER FEIND DER DANKBARKEIT: VERWÖHNUNG

Donalds fünfjähriger Sohn Max war in die Spielzeugeisenbahn vernarrt, die er in einem Schaufenster gesehen hatte. Immer wenn sie zum Einkaufszentrum gingen, zog Max seine Eltern zu dem Spielzeugladen und bettelte, dass sie ihm doch die Spielzeugeisenbahn kaufen sollten. Sie war teuer, aber Max' Geburtstag stand bevor. Seine Eltern kauften die Eisenbahn und verpackten sie für seinen Geburtstag. Sie freuten sich, weil sie wussten, wie sehr sich Max dieses Spielzeug wünschte.

Als Max die Eisenbahn sah, war er außer sich vor Freude. Er war so glücklich mit seinem neuen Spielzeug. Zwei Wochen lang saß er jeden Tag im Wohnzimmer und spielte damit. Nachdem jedoch ein Monat vergangen war, lag die Eisenbahn meist ungenutzt herum. Jetzt hatte Max einen Hubschrauber im Visier. Er überredete seine Eltern, ihn zu kaufen. Dann bettelte er um einen Roboter, eine Spielzeuggitarre und einen Roller. Seine Eltern hielten der ständigen Bettelei nicht stand und hofften, dass Max glücklich wäre, wenn sie ihm diese Dinge kauften. Doch statt dankbar zu sein, wollte er immer mehr haben. Je mehr Spielsachen er hatte, umso mehr wollte er. „Je mehr wir ihm gaben, umso weniger wusste er sie zu schätzen", sagte Donald.

Wenn man die Sehnsüchte und Wünsche eines Kindes sofort und unbegrenzt befriedigt, verwöhnt man es und macht es egoistisch. Sie müssen Ihrem Kind nicht jedes Spiel und Gerät anschaffen, das Sie sich leisten können. Die Art von Glück, die vom Kauf dieser Dinge kommt, ist bestenfalls vorübergehend.

> **!**
>
> Wir erweisen Kindern einen schlechten Dienst, wenn wir ihnen alles geben, was sie gerne hätten. So funktioniert die wirkliche Welt nämlich nicht.

Oftmals sagen Kinder: „Aber das hat jeder!" – was nebenbei gesagt nie stimmt. Nur weil Ihr Kind sagt, dass es etwas haben will, sollten Sie das noch lange nicht als Signal verstehen, es ihm schleunigst zu besorgen. Einige Eltern haben mich auch gefragt: „Was ist, wenn Geschenke die Sprache der Liebe meines Kindes ist? Fühlt es sich dann nicht ungeliebt, wenn ich ihm nicht gebe, was es sich wünscht?"

Selbst wenn die Sprache der Liebe Ihres Kindes Geschenke sind, müssen Sie ihm trotzdem nicht alle Wünsche erfüllen. Denken Sie nur daran, wie Gott uns erzieht. Er gibt uns nicht alles, was wir uns wünschen. Manchmal sagt er „Nein", zu anderen Zeiten sagt er „Warte!" und manchmal sagt er „Ja". Gott ist unser Vorbild, wenn es um Erziehung geht. Manchmal müssen wir unseren Kindern etwas vorenthalten, weil wir wissen, dass das, worum sie bitten, ihnen nicht guttun würde. Manchmal müssen wir sie warten lassen, weil sie noch nicht reif genug sind für das, was sie sich wünschen, oder weil es zu teuer ist.

Kinder, die ihren Eltern ein schlechtes Gewissen einreden wollen, nur weil sie ihnen bestimmte Dinge nicht geben, müssen schon früh Grenzen gezeigt bekommen. Den meisten von uns ist bewusst, dass die jüngere Generation ein Anspruchsdenken hat. „Ich habe das verdient" und „Du bist mir das schuldig" sind Haltungen, die ein Kind ganz schnell aufschnappen kann. Doch das Einzige, auf das ein Kind wirklich einen Anspruch hat, ist die Liebe seiner Eltern. Nicht darauf, mit den Nachbarn mithalten zu können. Nicht auf ein nagelneues Fahrrad oder ein iPad. Einfach Liebe.

> Jedes Kind hat verdient, von seinen Eltern geliebt zu werden. Wenn ein Kind Ihre bedingungslose Liebe besitzt, dann hat es den größten Schatz der Welt.

Wenn wir Eltern erkennen, dass Liebe das ist, was unsere Kinder am meisten brauchen, und nicht irgendwelcher (technischer) Krimskrams, dann hören wir auf, unseren Kindern Glück erkaufen zu wollen.

Wir können unseren Kindern helfen, vernünftiger mit ihren Wünschen umzugehen und eine tiefere Wertschätzung für das, was sie haben, zu entwickeln. Bringen Sie Ihren Kindern das Warten bei, bis sich Wünsche erfüllen. Manchmal müssen sie warten, bis sie sich genug Geld verdient haben oder bis sie alt genug sind, ehe sie ein bestimmtes Spielzeug oder Gerät haben können. Letzten Endes haben Ihre Kinder auch mehr Freude an dem Spielzeug, wenn sie darauf warten oder es sich schwer erarbeiten mussten.

Kinder, deren Eltern ihnen alles geben, was sie wollten, langweilen sich am meisten. Irgendwann ist der Punkt erreicht, wo es nichts mehr gibt, wonach sie noch greifen können. Dann fangen viele von ihnen an, nach verbotenen Früchten zu suchen. Die normalen Dinge des Lebens langweilen sie, also fangen sie an, mit Drogen, Sex und anderen destruktiven Einflüssen zu experimentieren, wodurch sie der Familie große Schmerzen zufügen.

Es liegt ein enormer Wert darin, Kindern beizubringen, dass sie auf einige Dinge im Leben warten müssen. Denken Sie daran: Sie erziehen zukünftige Erwachsene. Dieser Gedanke scheint sehr weit weg zu sein, wenn man gerade eine Windeltasche durch die Gegend schleppt, aber das macht es nicht weniger wahr.

Wenn Ihre Kinder alles haben, was sie sich nur wünschen könnten, was für Erwachsene werden sie dann? Sie kennen vermutlich solche Geschichten wie die eines jungen Ehepaares, das sich im ersten Jahr seiner Ehe alles kaufte, obwohl es sich das nicht leisten konnte. Einige Jahre später mussten sie Privatinsolvenz anmelden. Die beiden hatten nie gelernt, auf das zu warten, was sie sich wünschten, oder das wertzuschätzen, was sie bereits hatten.

DANKBARKEIT IM WANDEL DER ZEIT

> Nichts im Leben ist wichtiger als zu wissen, wie man positive Beziehungen baut, mit Menschen genauso wie mit Gott.

Wenn Sie Ihr Kind darauf vorbereiten, positive Beziehungen mit anderen Menschen aufzubauen, dann wird sich das auf die zukünftige Arbeit Ihres Kindes, auf seine Ehe, seine eigenen Kinder sowie auf sein emotionales und geistliches Wohlergehen auswirken. Ein dankbares Herz bildet die Grundlage. Vielleicht sehen Sie, wie Ihr Kleinkind tobt und rast, und Sie fragen sich, wo denn in diesem kleinen Tyrannen bitteschön ein dankbares Herz stecken soll. Sind kleine Kinder fähig, Dankbarkeit zu zeigen, und wenn ja, ab welchem Alter?

Es gibt keinen magischen Zeitpunkt, an dem plötzlich ein Schalter umgelegt wird und ein Kind anfängt, Dankbarkeit zu verstehen und auszudrücken. Doch schon ziemlich früh, mit zwei oder drei Jahren, können wir anfangen, einem Kind das Teilen und Bedanken beizubringen. Es gibt gute Gewohnheiten, die Kinder schon früh einüben können – beispielsweise, sich nach dem Essen oder für ein Geschenk zu bedanken.

> Je früher Sie Ihr Kind Dankbarkeit lehren, desto höher ist die Wahrscheinlichkeit, dass es sich auch später die Art von Höflichkeiten zu eigen macht, durch die Beziehungen gebaut werden.

Dankbare Kinder wissen, dass sich die ganze Welt nicht nur um ihre Wünsche und Bedürfnisse dreht. Dinge wie frisch gewaschene Wäsche, eine warme Mahlzeit und ein aufgeräumtes Zimmer passieren nicht einfach von selbst. Eltern müssen hart arbeiten, um das zu erreichen. Die Erkenntnis, dass jemand anders Anstrengung auf sich genommen hat, um einem zu helfen, fällt Kindern nicht von selbst zu, aber sie können es lernen.

Mit *zwei* oder *drei* Jahren können Kinder zum Ausdruck bringen, dass sie für bestimmte Gegenstände, Menschen, Tiere oder Erlebnisse dankbar sind. Ein Kleinkind kann sagen: „Danke für die Puppe" oder: „Das hat Spaß gemacht. Danke!"

Mit *vier* Jahren können Kinder nicht nur für materielle Dinge wie Spielzeug dankbar sein, sondern auch für Umarmungen, Lob und andere Zuwendungen.

Mit *fünf* oder *sechs* Jahren können Kinder mit etwas Hilfe von Mama oder Papa ihr eigenes schriftliches Dankeschön verfassen. Sie können ein anderes Familienmitglied umarmen, ihm in die Augen sehen und sich bedanken. Sie können sich bei einem Verwandten, der weit weg lebt, für ein Geburtstagsgeschenk bedanken.

Mit *sieben* oder *acht* Jahren können Kinder ein Notizbuch führen, in dem sie jeden Tag ein paar Dinge aufschreiben, für die sie dankbar sind.

Mit *neun Jahren* sind die meisten Kinder reif genug, um bei einer Einrichtung mitzuarbeiten, durch die anderen Menschen geholfen wird. Wenn sie mithelfen, Essen auszugeben, Weihnachtsgeschenke für Bedürftige zu packen oder – z.B. mit einer Kindergruppe oder Schulklasse – Geld für soziale Projekte zu sammeln, kann das ihnen die Augen öffnen.

Im *Teenageralter* können Kinder im Grunde alles tun, was Erwachsene können, um anderen Dankbarkeit zu zeigen und auszudrücken. Sie können Kuchen backen, Lehrern und Jugendleitern Dankesbriefe schreiben, Verantwortung in Jugendgruppen oder Sportvereinen übernehmen oder bei größeren Hilfsprojekten mitarbeiten. Meine (Garys) 14-jährige Enkelin hat kürzlich eine ganze Mahlzeit für ihre Familie gekocht, um sich bei ihrer Mutter und ihrem Vater für die Arbeit zu bedanken, die sie täglich leisten.

PRAXISBEISPIEL

Ich (Arlene) weiß noch, wie ich einmal ein Brettspiel mit Holzstiften mit meiner Tochter Lucy, die damals drei war, spielte. Sie steckte die Stifte hin, wo sie wollte, ohne irgendwelche Regeln zu befolgen. Das störte mich nicht; das Spiel war sowieso zu schwierig für ihr Alter. Plötzlich beschloss sie, dass das Spiel vorbei war, und schrie: „Verlierer! Verlierer!", wobei sie mit dem Finger auf mich zeigte und vor Freude grinste.

„Lucy, das ist nicht nett", belehrte ich sie. „Man zeigt nicht auf Menschen und nennt sie Verlierer."

Wir spielten noch drei weitere „Runden", bevor wir das Spiel wieder einpackten. Zu meiner Freude und Überraschung schaute Lucy mir ins Gesicht und sagte: „Danke, dass du mit mir gespielt hast. Danke, dass du das Spiel mit mir gespielt hast."

Lucy wusste, dass ich ihre „Verlierer!-Verlierer!"-Bemerkung unangebracht gefunden hatte, doch sie wusste auch, dass ich mich darüber freuen würde, wenn sie sich bei mir bedankte. Schon kleine Kinder sind zu viel mehr in der Lage, als wir teilweise denken. Sie müssen nicht warten, bis Ihre Kinder ein bestimmtes Alter erreicht haben, bevor Sie ihnen Dankbarkeit beibringen.

Von Anfang an können Sie Ihren Kindern ein dankbares Herz vorleben und mit ihnen einüben, Dankbarkeit auf altersgerechte Weise auszudrücken.

Von dieser Fähigkeit werden sie das ganze Leben profitieren.

!

10 BILDSCHIRMFREIE WEGE, UM EIN DANKBARES HERZ IN IHREM KIND ZU ENTWICKELN

- **Familienstammbaum.** Helfen Sie Ihrem Kind, einen Familienstammbaum zu malen, auf dem Eltern, Großeltern, Geschwister, Tanten, Onkel und Cousins und Cousinen abgebildet sind. Sprechen Sie über das Positive an jeder Person. Beten Sie zusammen und danken Sie Gott für Ihre Familie.

- **Schnitzeljagd.** Ihr Kind geht mit einem Zettel und Stift bewaffnet durch sein Zimmer und schreibt alles auf, wofür es dankbar ist.

- **Geld spenden.** Übernehmen Sie eine Patenschaft für ein Kind durch eine Hilfsorganisation, finanzieren Sie einen Brunnen für eine bedürftige Familie in der Dritten Welt oder schicken Sie einer armen Familie Spielzeug zu Weihnachten. Sie können dafür eine Spendendose an einer sichtbaren Stelle im Haus hinstellen, wo jeder Wechselgeld und Scheine hineinstecken kann. Seien Sie kreativ: Sie können eine Woche lang den Nachtisch auslassen und das eingesparte Geld in die Dose tun.

- **„Dankbare heiße Kartoffel".** Setzen Sie sich mit Ihrer Familie in einen Kreis. Es spielt keine Rolle, ob Sie eine Kartoffel, einen Ball, eine eingerollte Socke oder ein Kuscheltier benutzen. Ziel des Spieles ist, etwas zu sagen, wofür man dankbar ist, und die „heiße Kartoffel" dann an das nächste Familienmitglied weiterzureichen. Wem innerhalb von fünf Sekunden nichts einfällt, scheidet aus.

- **Ein Danke-Brief.** Lassen Sie Ihr Kind eine Person aussuchen, die in seinem Leben eine wichtige Rolle spielt: ein Lehrer, ein Trainer, ein Mitarbeiter im Kindergottesdienst oder ein Verwandter. Lassen Sie Ihr Kind den folgenden Satz vervollständigen: Du bist in meinem Leben wichtig, weil ...

- **Tagebuch der Dankbarkeit.** Ermutigen Sie Ihr Kind, jeden Tag fünf Dinge aufzuschreiben, für das es dankbar ist. Am Ende der Woche kann Ihr Kind der Familie die Liste vorlesen.

- **Operation Hilfspaket.** Sind Ihre Kinder aus einigen Kleidern herausgewachsen oder benutzen sie bestimmte Spielzeuge nicht mehr? Finden Sie jemanden in Ihrer Schule oder Gemeinde, dessen Kind die alten Kleider oder Spielsachen gut gebrauchen könnte. Machen Sie ein großes Hilfspaket und lassen Sie es dieser Familie zukommen.

- **Schon wieder Reis?** Sie können Ihren Kindern die Vielfalt ihrer Ernährung vor Augen führen, indem Sie ihnen einen Tag lang nichts als Reis geben. Keine Sorge, einen Tag lang wird das Ihren Kindern schon nicht schaden und es wird eine denkwürdige Erinnerung daran sein, was viele Kinder auf der Welt jeden Tag essen.

- **Nachbarschaftspflege.** Backen Sie Kekse oder Kuchen für Ihre Nachbarn – einfach nur so. Fügen Sie eine Notiz hinzu („Danke, dass Ihr so tolle Nachbarn seid!") und lassen Sie es von Ihren Kindern unterzeichnen. Bringen Sie das Gebackene zusammen hinüber, damit Ihre Kinder sehen können, wie die Nachbarn reagieren.

- **Soziales Engagement.** Melden Sie sich als Freiwillige bei einer Essensausgabe oder bei einem Sozialprojekt. Reden Sie über Ihre Erfahrung beim gemeinsamen Abendessen.

NICHT MEHR „ICH MUSS", SONDERN „ICH DARF"

Ich (Arlene) wuchs als Einzelkind auf. Mein Mann, der Jüngste von vier, weist gerne darauf hin, dass ich zwar nicht unbedingt total verzogen, aber definitiv verwöhnt war. Ich musste erst als Studienanfängerin im College zum ersten Mal meine Wäsche waschen. James machte das schon in der zweiten Klasse.

Indem Ihre Kinder im Haushalt mithelfen, wird ihnen bewusst, dass es Mühe kostet, den Haushalt zu machen. Das schafft Dankbarkeit. Unsere eigenen Kinder folgen den Fußstapfen von James und waschen ihre Wäsche, leeren den Geschirrspüler und übernehmen verschiedene Aufgaben im Haushalt.

An einem Nachmittag war ich gerade am Schreiben, als sich meine Kinder – damals sechs und acht Jahre alt – darüber stritten, wer mit dem Toilettenputzen dran war. Aber sie stritten sich, weil sie beide die Toilette putzen wollten. Anscheinend bringt es Spaß, das Wasser blau zu färben und den Reiniger mit der Bürste herumzuwirbeln.

> Nutzen Sie jede Gelegenheit, das „Ich muss" im Leben in ein „Ich darf" umzuwandeln.

Für die meisten von uns ist Toilettenputzen eine Notwendigkeit, aber für meine Kinder war es in dem Moment ein Vorrecht. Überlegen Sie mal, was für eine unterschiedliche Haltung durch die beiden Aussagen zum Ausdruck kommen: „Ich muss zur Schule gehen" oder: „Ich darf zur Schule gehen."

Der Harvard-Dozent und Autor Shawn Achor wurde auf eine Vortragsreise nach Afrika eingeladen. Einer seiner Aufenthalte war an einer Schule, die neben einem Elendsviertel lag, wo es keinen Strom und kaum fließendes Wasser gab. Shawn war bewusst, dass sich viele seiner Geschichten über Harvard und privilegierte amerikanische Schüler nicht auf dieses Umfeld übertragen ließen. Er versuchte einen gemeinsamen Bezugspunkt zu finden und fragte die Kinder: „Wer von euch hier macht gerne Hausaufgaben?"

Er erwartete, dass die universelle Abneigung gegen Hausaufgaben ein Gefühl der Zusammengehörigkeit schaffen würde, doch er musste das Gegenteil feststellen. 95 Prozent der Kinder hoben die Hand und lächelten begeistert.[20] Diese Kinder sahen ihre Hausaufgaben als ein Vorrecht – als ein „Ich darf", etwas, wozu ihre Eltern nie die Gelegenheit gehabt hatten.

Wir alle können von diesen Schulkindern etwas über Dankbarkeit lernen. Sie haben nur wenige Kleidungsstücke, die sie ihr Eigen nennen können, doch sie sind dankbar für das, was sie haben.

Eines Morgens, als wir uns für den Gottesdienst fertig machten, legte ich ein neues rosa Kleid aus Cordsamt in Noelles Zimmer. „Das ist für heute", sagte ich.

Sie starrte das Kleid an, alles andere als begeistert. „Ich mag das nicht", sagte sie schließlich.

„Ich habe dir das gekauft und das trägst du jetzt. Was gefällt dir daran denn nicht?", fragte ich.

„Das sieht wie Aschenputtels Arbeitskleid aus."

Ich zwang Noelle, das Kleid trotzdem zu tragen, aber sie war nicht glücklich damit.

Unsere Kinder bekommen Sachen zum Anziehen, die andere hoch schätzen würden (selbst wenn das Kleid wirklich wie Aschenputtels Arbeitskleid aussah).

> Es liegt an uns, ihnen den Wert dessen, was sie haben, zu verdeutlichen.

Sie dürfen Toiletten putzen, weil sie sich glücklich schätzen können, fließendes Wasser zu haben – das ist ein Grundversorgungsmittel, auf das ein Großteil der Welt verzichten muss. Sie dürfen zur Schule gehen und eine vorzügliche Bildung genießen. Viele Kinder haben nicht die Gelegenheit, lesen zu lernen.

Diese kleine Änderung in der Haltung macht einen Riesenunterschied, wenn es darum geht, erwachsen zu werden.

Noelle und ich waren einmal in einem Warenhaus einkaufen, als sie ungefähr 18 Monate alt war. Ihre Pausbacken strahlten mit einem breiten Lächeln. Die Verkäuferin hatte zwar hübsche Sachen an, sah aber säuerlich aus. Sie witzelte Noelle gegenüber: „Jetzt lächelst du noch, weil du in der Karre umhergeschoben wirst. Warte nur, bist du einen Job hast und den ganzen Tag lang arbeiten musst. Mal schau'n, ob du dann immer noch lächelst!"

Ich dachte, als ich die Frau betrachtete: *Selbst wenn ich dich in einen schicken Wagen setzen und den ganzen Tag lang durch das Warenhaus schieben würde, gäbe es vermutlich immer noch etwas, worüber du dich beklagen würdest.*

Wenn wir die Arbeit als „Ich muss" statt als „Ich darf" sehen, wirkt sich das negativ auf unsere Haltung und Leistung aus.

Dankbarkeit ist etwas, was Kinder am besten lernen, indem sie es im Alltag vorgelebt bekommen.

Sie können Ihren Kindern ein unglaublich kostbares Geschenk machen, indem Sie ihnen beibringen, dankbar zu sein – bei der Arbeit genauso wie in der Freizeit.

Ein einfaches Beispiel am Familientisch: „Ich weiß deine Arbeit wirklich zu schätzen, die du in diese Mahlzeit gesteckt hast. Schmeckt köstlich."

Wenn Kinder immer wieder hören, wie Eltern sich gegenseitig wertschätzen, lernen sie, dasselbe zu tun. *Danke, dass du den Müll rausgebracht hast. Es war mir eine große Hilfe, dass du die Akten sortiert hast. Danke für die Umarmung.* Wenn „Danke!"-Sagen zu einem Lebensstil in Ihrem Zuhause wird, dann sind Ihre Kinder in der Lage, auch außerhalb des Zuhauses für das dankbar zu sein, was andere Menschen für sie tun.

JEDER TAG IST THANKSGIVING

Thanksgiving ist in den USA der offizielle Tag zum Danken, aber wenn das die einzige Zeit ist, in der eine Familie ihren Dank zum Ausdruck bringt, reicht das nicht.

Wenn Sie als Vater oder Mutter erkennen, dass es Ihre Verantwortung ist, Ihrem Kind Dankbarkeit vorzuleben, dann ändert das auch Ihren Blick für die Welt. Sie fangen an, nach Gutem Ausschau zu halten, und die harte Arbeit anderer fällt auch mehr auf.

Ich (Arlene) saß mit meinen Kindern in einem Café. Ich sah, dass die Dame, die uns bediente, Marissa hieß. Ich wandte mich meinen Kindern zu und sagte laut genug, sodass sie es hören konnte: „Wusstet ihr, dass Marissa wissen muss, wie man hundert verschiedene Getränke macht? Das ist ein ziemlich herausfordernder Job. Sie achtet genau darauf, meinen Kaffee richtig zu machen. Vielen Dank, Marissa!"

Marissas Gesicht leuchtete auf. Meine Kinder lernten, andere wertzuschätzen, und ich freute mich, weil ich Marissas Tag aufgehellt hatte. Durch Danksagen fühlen sich alle besser.

Forschungen zeigen, dass dankbare Menschen widerstandsfähiger und weniger deprimiert sind. Dankbare Kinder bekommen bessere Noten, haben höhere Ziele, beklagen sich seltener über Kopf- und Bauchschmerzen, verspüren größere Zufriedenheit in Bezug auf ihre Freundschaften und auch in Bezug auf die Dinge, die sie besitzen.[21] Dankbarkeit steht auch mit weniger Aggression in Zusammenhang. Kinder, die Dank ausdrücken, haben mehr Mitgefühl mit anderen, wodurch sie weniger zu Aggression und Gewaltsamkeit gegenüber anderen neigen.[22]

Um seinen neunten Geburtstag zu feiern, fuhr ich (Arlene) allein mit meinem Sohn Ethan nach Disneyland. Er durfte sich die Fahrten und Shows aussuchen, die er wollte. Er machte sich viele Gedanke darüber und erzählte mir immer wieder, welche Fahrten uns Spaß bringen würden. Bestimmt lag er viele Abende im Bett und träumte von seinem Tag in Disneyland.

Eine der Fahrten, die er unbedingt machen wollte, war die Schwebebahn, also planten wir sie als Abschluss des Tages ein. Fünf Minuten, bevor der Park schloss, kamen wir an der Schwebebahn an, bereit für unseren feierlichen Abschluss. Doch dann mussten wir feststellen, dass sie bereits eine Stunde vor der Schließung des Parks zumachte! Wir standen bewegungslos vor dem Schild. Ich konnte die Enttäuschung auf Ethans Gesicht sehen. Wir hatten es verpasst. Eine graue Wolke hatte sich auf unseren bisher so perfekten Tag gelegt.

„Es tut mir leid, dass wir es verpasst haben, Ethan. Ich hatte nicht erwartet, dass sie schon so früh zumacht."

„Ich kann nicht fassen, dass wir es verpasst haben", murmelte er.

„Lass uns am Ausgang noch eine Münze prägen", schlug ich vor.

Nach einigen Minuten fing ich an, über all die wunderbaren Dinge zu reden, die wir an dem Tag hatten erleben dürfen. *Das war super, dass bei den Rennautos gar keine Schlange war, oder? Das war klasse, wie der Schornsteinfeger von Mary Poppins dir von der Parade aus herzlichen Glückwunsch zum Geburtstag gewünscht hat, oder?* Mit jedem Schritt auf den Ausgang zu besserte sich Ethans Stimmung. Er wurde dankbar für das, was er erlebt hatte, statt enttäuscht zu sein, dass er etwas verpasst hatte. Als wir beim Münzprägeautomaten ankamen, war er wieder ganz der Alte. Später im Auto sagte er die magischen Worte: „Danke, Mama, dass du mit mir hierhergefahren bist."

Sie können Ihren Kindern helfen, auch dann noch dankbar zu sein, wenn nicht alles planmäßig verläuft.

Geben Sie ihnen die Chance, selbst zu erleben, wie gut sich der Friede und die Zufriedenheit anfühlen, die entstehen, wenn man lernt, Danke zu sagen.

WERTSCHÄTZUNG STECKT AN

Wenn Ihre Kinder ins Teenageralter kommen, stellen Sie vielleicht fest, dass ein Großteil ihrer Kommunikation über SMS, Mails, Chatten und Posts auf Bildschirmen stattfindet. Die „1+"-Kompetenz der Wertschätzung muss online genauso zum Einsatz kommen wie offline. Wenn sich unsere Kinder mit anderen mithilfe von Bildschirmen austauschen, sollten sie dabei Worte benutzen, die positiv sind und Wertschätzung ausdrücken.

Leider wird vielen technisch kompetenten Teenagern nicht beigebracht, online höflich und respektvoll mit anderen umzugehen. Der Umgang mit Freundschaften, die via Internet stattfinden, kann eher wie eine Transaktion, z.B. eine Banküberweisung oder eine Warenbestellung, als wie ein persönlicher Kontakt erscheinen. Freunde, die man nicht mag, kann man einfach löschen und sich neue anschaffen. Es besteht die Gefahr, dass Menschen wie eine Ware behandelt werden; sie sind nur dazu da, die eigenen Bedürfnisse zu stillen.

Teenager können sich durch Textnachrichten sehr verletzende Dinge sagen. Buchstaben, die für einen Erwachsenen wie Kauderwelsch aussehen, können dem Teenager gemeine und beleidigende Inhalte vermitteln.

> Von Anfang an müssen wir unseren Kindern beibringen, anderen sowohl im direkten Gegenüber als auch im elektronischen Austausch Wertschätzung zu vermitteln.

PRAXISBEISPIEL

Es gibt eine Gruppe Highschool-Schüler in Iowa City, die zeigen, wie man das Medium Internet in dieser Hinsicht auch sehr positiv einsetzen kann. Jeremiah Anthony hat einen Twitter-Feed für seine Klassenkameraden gestartet, um Netz-Mobbing zu bekämpfen. Seine Mission: positive Kommentare über seine Klassenkameraden zu tweeten. Er und seine Freunde haben mehr als 3.500 Komplimente an individuelle Schüler getweetet, z.B.: „Du bist ein Ass, einer der besten Läufer, die unsere Schule momentan hat" oder „Du bist immer so nett zu allen – weiter so!" Diese Tweets werden im nationalen Fernsehen gezeigt, was zeigt, wie ungewöhnlich es ist, im Internet so eine Quelle der Wertschätzung zu finden.[23]

Sie können Ihren Kindern beibringen, gegen den Strom zu schwimmen. Wo andere kaputt machen, können sie aufbauen.

Wo andere immer mehr und mehr an sich reißen wollen, können sie andere mit ihrer Großzügigkeit übertreffen. Wo andere ihre Freundschaften hauptsächlich online schließen, können sie sie offline schließen. Wo andere über ihr Leben meckern, können sie dankbar sein.

Dankbarkeit wirkt sich äußerst positiv auf die Haltung und das Verhalten Ihres Kindes aus – in der realen Welt genauso wie in der digitalen. Ihr Kind zu trainieren, im Denken, Reden und Texten Dankbarkeit auszudrücken, fängt zu Hause an, mit den Worten und Taten der Dankbarkeit, die Sie vorleben.

JETZT MAL EHRLICH

FRAGEN ZUM NACHDENKEN UND DISKUTIEREN

- Haben Sie das Gefühl, dass Ihr Kind zu schätzen weiß, was Sie alles für es tun?

- Müssen Sie Ihr Kind auffordern, sich zu bedanken, oder tut es das von allein?

- Nennen Sie ein Beispiel von einem Erlebnis, bei dem Sie Ihrem Kind etwas über Dankbarkeit beigebracht haben.

- Wie fühlen Sie sich, wenn Ihr Kind ein Geschenk bekommt, aber undankbar zu sein scheint?

- Wie reagieren Sie darauf, wenn Ihr Kind Ihnen sagt: „Aber das haben alle!"?

- Welchen Wert könnte es haben, Kinder warten zu lassen, statt ihnen sofort ihre Wünsche zu erfüllen?

- Hat Ihr Kind sich schon mal bei Ihnen auf eine Weise bedankt, die Ihr Herz berührt hat? Erzählen Sie der Gruppe davon.

- Schauen Sie sich den Abschnitt „10 bildschirmfreie Wege, um ein dankbares Herz in Ihrem Kind zu entwickeln" noch einmal an. Gibt es da eine Idee, die Sie gerne mit Ihrer Familie ausprobieren würden?

- Was hat Ihnen als Erwachsener im Umgang mit anderen geholfen, Dankbarkeit zu zeigen?

„Wenn du wütend bist, dann zähl bis zehn, bevor du sprichst.
Wenn du sehr wütend bist, bis hundert."
Thomas Jefferson

5 | Die 1+ der Beherrschung

Es ist große Pause und Mrs Grahams erste Klasse spielt draußen. Catherine und ihre Freundin werfen sich einen Ball zu.

„Ich will den Ball", sagt John und springt auf die Mädchen zu.

„Nein", sagt Catherine. „Wir spielen damit!"

Wenige Minuten später ist John wieder da. Er schnappt sich den Ball und schubst Catherine zu Boden. Sie fängt an zu weinen. Mrs Graham kommt hinzugelaufen.

„John", sagt sie und schaut ihm in die Augen. „Hände sind zum Klatschen da."

Als die Pausenklingel ertönt, bringt Mrs Graham Catherine zurück ins Klassenzimmer.

John mag zwar gelernt haben, dass Hände zum Klatschen da sind, doch eine viel wichtigere Lektion wäre gewesen, dass er lernt, mit seiner Aggression umzugehen. Mrs Graham bringt John nicht dazu, Verantwortung dafür zu übernehmen, dass er eine Klassenkameradin auf den Boden geschubst hat. Stattdessen bekommt er die vage Anweisung, dass Hände für andere Sachen da sind wie zum Beispiel fürs Klatschen.

Was sonst könnte Mrs Graham sagen? Etwa Folgendes: „John, es war falsch, Catherine auf den Boden zu schubsen. Du darfst das hier auf dem Pausenhof mit niemandem tun. Als Folge darfst du morgen in der großen Pause nicht raus." Dann könnte sie ein paar Fragen stellen, um John zu helfen, das Geschehene zu verarbeiten. „John, was hat dich so ärgerlich gemacht? Was meinst du – wie hat Catherine sich gefühlt, als du sie geschubst hast? Was könntest du nächstes Mal anders machen?"

Niemand muss Kindern beibringen, Wut zu verspüren; das passiert ganz von selbst.

> Unsere Aufgabe ist, unseren Kindern beizubringen, wie sie ihre Wut in den Griff bekommen.

Wenn Ihr Kind wütend wird, versuchen Sie es nicht mit einer DVD oder einem Keks abzulenken. Ablenkungen, Hinauszögerungen oder Zerstreuungen helfen Ihrem Kind nicht, Emotionen auf gesunde Weise zu bewältigen.

Bei meinen (Garys) Gesprächen mit Eltern aus dem ganzen Land wollen die meisten gerne lernen, ihren Kindern in diesem wichtigen Bereich ihrer Entwicklung zu helfen. In meinen Beratungen und Erziehungs-Workshops habe ich die folgenden Prinzipien weitergegeben, die ganz einfach zu verstehen, jedoch nicht unbedingt einfach umzusetzen sind.

SCHAU DIR AN, WIE ICH DAS MACHE

Die Eltern-Kind-Beziehung bringt es mit sich, dass Eltern die einflussreichsten Personen sind, wenn es um den Umgang der Kinder mit seinen Aggressionen geht. Das sollte uns ermutigen, denn es ermöglicht uns, unseren Kindern positive Aggressionsbewältigung mit auf den Weg zu geben. Andererseits kann uns diese Tatsache auch Angst machen, wenn wir selbst zu lauten Wutausbrüchen oder eisigem Schweigen neigen.

Zum Glück können Erwachsene lernen, destruktive Verhaltensmuster zu ändern und neue, gesündere Formen der Aggressionsbewältigung einzuüben.

Sam und Diana suchten ein Gespräch mit mir, weil ihr 14-jähriger Sohn Matt schreckliche Wutausbrüche hatte. Ständig schrie er seine Eltern an.

„Ich finde nicht, dass wir ihm erlauben sollten, so mit uns umzuspringen", sagte Diana. „Dann raste ich aus. Ich schreie Matt an, und wenn er weg ist, schreie ich Sam an. Ich sage ihm, dass er Matt nicht erlauben sollte, so einen Ton anzuschlagen. Ich bin total fertig. Vielleicht bin ich diejenige, die Hilfe braucht."

Diana stammte aus einer Familie, wo sich zwar alle regelmäßig anschrien, aber wenn es vorbei war, dann war es vorbei. Im Gegensatz dazu wuchs Sam mit einem Vater auf, der ab und zu die Beherrschung verlor und ihn anbrüllte. Wenn sein Vater laut wurde, wurde Sam still. Dianas Reaktion auf Wutausbrüche war es, zurückzuschreien. Sams Grundreaktion auf Wutausbrüche war es, zu verstummen. Sie hatten bestimmte Reaktionen von ihren Eltern gelernt und jetzt lebten sie ihrem Sohn eine schlechte Aggressionsbewältigung vor.

Erwachsene sind sich ihrer eigenen Aggressionsbewältigung häufig nicht bewusst, bis sie sehen, wie ihre eigenen Kinder mit Wut umgehen.

Als Matt noch Kind war, machte Diana ihrem Ärger über sein Verhalten immer durch Schreien Luft. Und nun drückte Matt seine Wut auf ähnliche Weise aus.

Oftmals spiegeln Kinder wider, was sie von ihren Eltern gelernt haben.

91

Durch mehrere Gespräche konnte ich Diana und Sam dahin bringen, miteinander auf offene, liebevolle, nicht verurteilende Art über ihre Wut zu sprechen. Später erzählten Diana und Sam ihrem Sohn Matt, sie hätten erkannt, dass sie kein gutes Vorbild im Umgang mit Aggression gewesen seien und dass sie nun zu Beratungsgesprächen gingen. Matt schien das zu interessieren, obwohl er zu dem Zeitpunkt nicht viel sagte. Doch sie wussten, dass die Botschaft bei ihm angekommen war, als Diana eines Abends wieder etwas angespannter wurde und Matt sagte: „Mama, ich glaube, du musst eine der Karteikarten herausholen und sie Papa vorlesen."

Diana sagte: „Du hast recht, Matt. Danke."

Und so richtig schockiert waren sie, als Matt zwei Monate später ins Zimmer kam und selbst eine Karteikarte in der Hand hielt. Er las: „Ich empfinde gerade Wut, aber keine Sorge – ich werde euch nicht angreifen. Aber ich brauche eure Hilfe. Können wir darüber reden?"

Beide brachen in Gelächter aus, doch Matt sagte: „Nein, wirklich, ich meine das ernst. Ich bin wütend und will mit euch darüber reden."

Seine Eltern nahmen sich dann viel Zeit, um mit Matt zu reden. Er spiegelte die Verwandlung wider, die er in seinen Eltern gesehen hatte. Diana und Sam lernten, mit Aggression konstruktiv umzugehen – und ihr Sohn machte es ihnen nach.

> Wenn wir als Eltern lernen, mit unserer eigenen Aggression auf gesunde Weise umzugehen, dann ermöglicht das uns, unsere Kinder in ihrer Aggressionsbewältigung anzuleiten.

ELTERLICHE FÜHRUNG: UNBEDINGT ERFORDERLICH!

Genauso wie einem Kind beigebracht werden muss, sich die Schuhe zu binden oder Fahrrad zu fahren, muss ihm auch beigebracht werden, wie man mit Aggressionen umgeht. Ein Kind hat nur zwei Möglichkeiten, seine Wut zum Ausdruck zu bringen: durch Worte oder durch sein Verhalten. Beides kann entweder positiv oder negativ sein. Durch Verhalten kann ein Kind seine Wut zum Ausdruck bringen, indem es schubst, stößt, schlägt, mit Gegenständen wirft, an den Haaren zieht oder mit dem eigenen Kopf gegen die Wand schlägt. Das sind natürlich negative Reaktionen auf Wut. Das Zimmer zu verlassen, laut bis hundert zählen oder auf einen Spaziergang nach draußen zu gehen sind hingegen reife Verhaltensreaktionen auf Wut, die dem Kind die Möglichkeit geben, sich wieder zu beruhigen und die Wut konstruktiv zu bewältigen.

In verbaler Hinsicht kann ein Kind lernen, zu schreien und verurteilende Aussagen zu brüllen – alles destruktive Weisen, Wut auszudrücken. Oder es kann lernen zuzugeben, dass es wütend ist, und um die Möglichkeit bitten, genau sagen zu dürfen, woran es sich stört.

> Ihre Aufgabe als Mutter oder Vater besteht darin, Ihr Kind da abzuholen, wo es ist, und ihm beizubringen, wie es konstruktiver mit seiner Wut umgehen kann.

> !

Wenn Ihr Kind Sie wütend anschreit, dann hören Sie zu! Stellen Sie in einem ruhigen Ton Fragen und gestatten Sie dem Kind, seiner Wut Ausdruck zu verleihen. Je mehr Fragen Sie stellen und je aufmerksamer Sie zuhören, umso höher ist die Wahrscheinlichkeit, dass seine Lautstärke abnimmt. Richten Sie Ihr

Augenmerk auf den Grund, warum Ihr Kind wütend ist, nicht auf die Art, wie es die Wut zum Ausdruck bringt. Wenn Ihr Kind glaubt, dass ihm Unrecht angetan wurde, dann wird die Wut nicht verfliegen, bis es das Gefühl hat, dass Sie den Grund seiner Wut gehört und verstanden haben.

Sie fragen sich jetzt vermutlich: „Soll ich mich von meinem Kind etwa anschreien lassen?"

Selbstverständlich ist Schreien keine angebrachte Weise, mit Wut umzugehen. Trotzdem ist es gut, sich erst einmal anzuhören, was Ihr Kind so aufgebracht hat. Einige von uns erwarten von ihren Kindern, dass sie sich reifer verhalten, als die Erwachsenen selbst sind. Ich weiß noch, wie mir ein Teenager bei einem Beratungsgespräch einmal sagte: „Mein Vater schreit und brüllt mich an, während er mir sagt, dass ich mit dem Schreien und Brüllen aufhören soll."

Wenn Eltern sagen: „So redest du mit mir nicht! Jetzt halt den Mund und geh auf dein Zimmer", dann wird die Wut dadurch nur vergraben.

Wenn Eltern sich die Klagen ihres Kindes nicht anhören und zu verstehen versuchen, warum ihr Kind so frustriert und wütend ist, frisst das Kind seinen Ärger in sich hinein und lässt ihn später durch sein Verhalten wieder zum Vorschein treten. Psychologen nennen das passiv-aggressives Verhalten. Äußerlich ist das Kind passiv, doch innerlich wächst die Wut und zeigt sich schließlich durch negatives Verhalten. Das können schlechte Schulnoten oder absichtliches Vergessen der Hausaufgaben sein, aber auch Experimente mit Drogen, sexuelles Fehlverhalten oder irgendein anderes Verhalten, von dem das Kind weiß, dass es die Eltern aufregt. Würden Eltern die extreme Gefahr verstehen, die passiv-aggressives Verhalten birgt, dann würden sie sich alle Mühe machen, ihren Kindern bei Wutausbrüchen genau zuzuhören, um sie zu verstehen und eine Lösung zu finden.

Das heißt nicht, dass Eltern immer auf das eingehen müssen, was das Kind fordert. Die Wut des Kindes ist häufig verzerrt. Sie resultiert häufig eher aus gefühltem Unrecht als aus tatsächlich widerfahrenem Unrecht. Sie wird von einer Enttäuschung, einem unerfüllten Wunsch, einer misslungenen Anstrengung oder einer schlechten Stimmung ausgelöst, wovon keines mit einem wirklichen Unrecht zu tun hat. Sie können Ihrem Kind helfen, zwei Fragen zu stellen, um festzustellen, wie gerechtfertigt seine Wut ist: „Was für ein Unrecht ist geschehen?" und: „Bin ich mir sicher, dass ich alle Tatsachen kenne?"

Wenn Ihr Kind wütend ist, können Sie ihm den ganz simplen Vorschlag machen, bis zehn zu zählen (oder bei älteren Kindern bis hundert), damit sich der Zorn wieder legen kann. Dann bitten Sie ihr Kind, den folgenden Satz zu vervollständigen: „Ich bin wütend, weil ..."

Der siebenjährige Thomas ist wütend, weil seine kleine Schwester Karen seine Hausaufgaben vollgekritzelt hat. Das ist das Unrecht, das geschehen ist. Als Nächstes sammeln Sie die Fakten. Hat Karen das mit Absicht gemacht oder ist es ein Versehen? Das Grinsen auf ihrem Gesicht, gefolgt von einem Geständnis, zeigt Ihnen, dass Karen es mit Absicht gemacht hat. Karen entschuldigt sich bei Thomas und ihre Filzstifte werden ihr ein paar Tage lang weggenommen.

Jedes Mal, wenn das geschieht, lernt das Kind wieder etwas mehr, Wut positiv in Worten auszudrücken. Bei zunehmender Bildschirmzeit für Kinder wie auch Eltern verpasst man jedoch leider viele dieser Lehrgelegenheiten, weil die Familienmitglieder zu beschäftigt und abgelenkt sind, um die Wurzeln der Wutanfälle anzupacken. Elterliche Führung ist unbedingt erforderlich, um Kindern zu helfen, verantwortungsvoll mit Aggressionen umzugehen.

> Jeder Wutausbruch und die damit zusammenhängende Situation gibt den Eltern die Gelegenheit, das Kind durch die Situation zu führen, die Probleme anzusprechen und eine Lösung zu finden.

„GUTE" UND „SCHLECHTE" WUT

„GUTE" WUT (Präzise)

Definition: Zorn, der sich gegen ein tatsächliches Unrecht, eine Misshandlung oder einen Gesetzesbruch richtet.

Ausgelöst durch: Verletzung eines Gesetzes oder moralischen Prinzips.

Wie man sie erkennt: Wenn man die Fragen bejahen kann: „Ist ein Unrecht geschehen?" und: „Kenne ich alle Fakten?"

Wie man mit ihr umgeht: Entweder stellen Sie den Missetäter zur Rede oder Sie entschließen sich, ein Auge zuzudrücken.

„SCHLECHTE" WUT (Verzerrt)

Definition: Zorn, der sich gegen ein falsch wahrgenommenes Unrecht richtet.

Ausgelöst von: Menschen, die uns verletzen oder irritieren; Stress, Ermüdung, unrealistischen Erwartungen.

Wie man sie erkennt: Frust und Enttäuschung nähren die Wut.

Wie man mit ihr umgeht: Halten Sie inne und holen Informationen ein, um die Wut innerlich verarbeiten zu können.

BEGINNEN SIE GESPRÄCHE ÜBER AGGRESSIONSBEWÄLTIGUNG

Meine (Arlenes) Kinder lieben es, verschiedene Szenarien durchzuspielen. Warum also nicht auch den Umgang mit Wut spielerisch einüben? Es ist leichter, den Kindern Prinzipien für Aggressionsbewältigung beizubringen, wenn sie gerade nicht aggressiv sind. Im Eifer des Gefechts ist kein Kind sonderlich offen für eine Belehrung.

Ich schilderte meinen beiden Töchtern, vier und sieben Jahre alt, das folgende Szenario: Noelle kommt ins Zimmer und stellt fest, dass ihre jüngere Schwester Lucy Noelles Lieblings-Prinzessinnenkleid angezogen hat, komplett mit Schuhen und Krone.

Szene 1:
Noelle (schreiend): Lucy! Du darfst meine Sachen nicht anziehen! Zieh das Kleid aus. Gib mir meine Schuhe und Krone zurück!
(Noelle reißt Lucy die Schuhe von den Füßen und grabscht nach der Krone.)

Szene 2:
Noelle (ruhig): Lucy, du siehst sehr hübsch aus. Aber es ist nicht richtig, dass du mich nicht gefragt hast, ob du meine Sachen benutzen darfst. Bitte ziehe sie wieder aus, sonst muss ich das Mama sagen.

Sie können mir glauben: Szene 1 war viel realistischer! Diese Szenarien durchzuspielen, hat nicht nur Spaß gemacht, sondern hat auch zu einem kurzen Gespräch über Wut geführt und wie man sie verantwortungsvoll ausdrückt.

> Es gibt viele Wege und Gelegenheiten für Eltern, ihren Kindern Ratschläge zu aggressionsbezogenen Themen zu geben.

Je nach Alter des Kindes können die folgenden Ideen einem Kind helfen, Wut zu verstehen und erfolgreich zu bewältigen:

Kleine Kinder finden es interessant, *Bibelgeschichten vorgelesen zu bekommen*, in denen Aggression eine Rolle spielt, und dann darüber zu reden. Geschichten wie Kain und Abel, Josef und seine elf Brüder, Jona und sein Zorn auf Gott oder Jesus und sein Zorn auf die Geldwechsler liefern Schlüsseleinsichten zu einem richtigen Verständnis von Aggression.

Schlüsselbibelverse auswendig zu lernen ist ebenfalls eine wunderbare Methode, um Kindern gute Gedanken zu vermitteln. Geeignete Verse wären zum Beispiel:

- Der Dummkopf gibt jedem Ärger freien Lauf; der Weise kann sich beherrschen. (Sprüche 29,11)

- Ein Mensch, der ruhig bleibt, zeigt, dass er Einsicht hat; wer aufbraust, zeigt nur seinen Unverstand. (Sprüche 14,29)

- Versündigt euch nicht, wenn ihr in Zorn geratet! Versöhnt euch wieder und lasst die Sonne nicht über eurem Zorn untergehen. Gebt dem Versucher keine Chance! (Epheser 4,26-27)

Dieses Kapitel zusammen zu lesen und zu besprechen kann eine gute Möglichkeit sein, Aggressionsbewältigung zu lernen. Ein Kind ermuntern, einen Aufsatz über das Thema zu schreiben, wäre eine andere Methode. Ihr Kind könnte Eltern oder Großeltern interviewen, um Infos zu sammeln, wo Wut herkommt und wie man mit ihr konstruktiv umgeht. Das kann ein aufschlussreiches Projekt für ein älteres Kind oder einen Teenager sein, um Aggression zu thematisieren.

Offene Gespräche, in denen Ihr Kind Fragen stellen und seine Ansichten zum Ausdruck bringen darf, können zu einem Austausch darüber führen, wie man in der Vergangenheit mit Aggression umgegangen ist und wie man sie in Zukunft besser handhaben kann. In einem solchen Familiengespräch können Eltern ihren Kindern ihre eigenen Kämpfe mit Aggressionsbewältigung beschreiben. Eine solche Offenheit schafft eine Atmosphäre, in der sich ein Kind frei fühlt, seine Kämpfe und Fragen zur Sprache zu bringen.

Diese Gespräche können leicht in die Wege geleitet werden, indem man dem Kind gegenüber etwas erwähnt, das man kürzlich gelesen hat. Zum Beispiel: „Ich habe kürzlich einen Artikel über Wut gelesen. Da stand, dass sich viele Eltern nicht bewusst sind, wie oft sie die Geduld mit ihren Kindern verlieren und Verletzendes sagen, und dass Eltern sich nie daran erinnern, was sie gesagt haben. Da habe ich mich gefragt, ob das vielleicht auch auf mich zutrifft."

„Na ja, Mama, wenn du es schon ansprichst, dann ..."

Wenn Sie statt des Temperaments Ihres Kindes Ihre eigenen Kämpfe mit Ihrem eigenen Temperament zum Mittelpunkt des Gesprächs machen, erleichtern Sie es Ihrem Kind, positiv darauf einzugehen und offenzulegen, wie es Ihren Umgang mit Aggression wahrnimmt. Solche Gespräche können extrem lehrreich für ein Kind sein – genauso wie für die Eltern.

Das Liebesbedürfnis Ihres Kindes ist die Grundlage eines tief gehenden Gesprächs. Wenn sich Ihr Kind nicht von Ihnen geliebt weiß, wird es nicht nur mehr Wut verspüren, sondern höchstwahrscheinlich auch all Ihre Er-ziehungsversuche abweisen. In Kapitel 10 lesen Sie noch mehr über die fünf Sprachen der Liebe. Kinder, die sich der elterlichen Liebe gewiss sind, treffen leichter kluge Entscheidungen, und wenn sie doch mal schlechte Entscheidungen treffen, sind sie viel eher dazu bereit, aus ihren Fehlern zu lernen und sich in Zukunft zu bessern.

> Wenn man einem Kind beibringen möchte, richtig mit Wut umzugehen, dann ist nichts wichtiger, als das Kind bedingungslos zu lieben.

!

SCHÜREN VIDEOSPIELE AGGRESSIONEN?

Tony war ein typischer Fünftklässler. Er mochte Sport mehr als seine Hausaufgaben, kam in der Schule aber eigentlich gut zurecht. Nach dem Fußballtraining und seinen Hausaufgaben durfte er Videospiele spielen. Er bekam mit, was für Videospiele die Sechstklässler spielten, und es dauerte nicht lange, bis er sie ebenfalls spielte. Obwohl einige dieser Spiele erst ab 16 Jahren freigegeben waren, spielten sie alle seine Schulkameraden ja auch, also dachten seine Eltern, dass das nicht so wild sein konnte.

Doch nach einigen Monaten bemerkten sie eine Veränderung in Tony. Seine Lehrerin rief an, weil er sich mit einem Klassenkameraden geprügelt hatte und sich ihr gegenüber respektlos verhalten hatte. Zu Hause hatte er wenig Geduld mit seiner kleinen Schwester und schlug häufig um sich. Wenn seine Eltern fragten, was los war, wurde er nur noch wütender.

Kinder, die zu viel Zeit mit Videospielen verbringen (besonders Spiele, in denen viel Gewalt vorkommt), sind oft schlecht gelaunt, leicht verärgert, ungeduldig und streitlustig.

Genau wie Erwachsene brauchen auch Kinder Zeit, um sich auszuruhen und aufzutanken. Das geschieht am besten, indem sie draußen spielen, es sich mit einem guten Buch gemütlich machen, kuscheln oder sich mit Mama oder Papa unterhalten.

Entspannung findet nicht nur vor dem Bildschirm statt, und doch verbringen viele Kinder auf diese Weise einen Großteil ihrer Freizeit.

Ohne Auszeit von visuellen Eindrücken werden Kinder rastlos und anfällig für Aggression. Hinzu kommt noch, dass die Bildschirmwelten auf Schnelligkeit bedacht sind, wodurch ein Kind, das an Computern aufwächst, wenig Geduld für das Tempo des wirklichen Lebens hat. Die Folge: Wenn dieses Kind warten muss, kann seine Ungeduld schnell in Frust und Wut umkippen.

Viele Menschen glauben gerne, dass Gewalt in Videospielen, Filmen und Fernsehsendungen keinen Einfluss auf Kinder hat.

> Die Realität ist jedoch, dass Ihr Kind von allem beeinflusst wird, womit es in Berührung kommt.

Bildschirmgewalt ist besonders gefährlich, da es einem Kind keinen richtigen Umgang mit Menschen beibringt.

In Ego-Shooter-Spielen und -Sendungen lernt ein Kind, wie man andere in die Luft jagt und sie vernichtet. Vielleicht wenden Sie ein: „Ach, das ist doch nur ein Spiel" oder: „Das ist doch nur Fernsehen; das ist ja nicht das wirkliche Leben."

Aber Forschungen haben ergeben, dass Kinder, die viel Zeit mit gewaltintensiven Filmen und Videospielen verbringen, viel eher dazu neigen, auch selbst gewalttätig zu werden. Mehr als tausend wissenschaftliche Untersuchungen und Berichte zeigen, dass Kinder, die oft Gewalt in den Medien ausgesetzt sind, eher dazu neigen, sich aggressiv zu verhalten, unsensibel gegenüber Gewalt zu werden und die Welt für böser und gefährlicher zu halten, als sie in Wirklichkeit ist.[24]

Videospiele sind besonders gefährlich, weil ein Kind nicht passiv bei einem Gewaltakt zusieht, sondern selbst beteiligt ist.

> Je mehr ein Kind bei etwas mitmacht, umso tiefer prägt sich ihm das Erlebnis ein.

!

Außerdem kreieren Spiele ein System der psychologischen Verstärkung, weil das Kind immer wieder für destruktives Verhalten belohnt wird. Wenn Ihr Kind nur ab und zu ein Videospiel spielt, in dem Gewalt vorkommt, ist das nicht gleich schlimm. Doch wenn Ihr Sohn oder Ihre Tochter mehrere Tage die Woche vor den Spielen hängt und dieses Verhalten jahrelang anhält, dann bleibt er bzw. sie davon nicht unberührt. Es gibt einen Zusammenhang zwischen Aggression und Gewalt am Bildschirm. Wir müssen ganz klare Richtlinien aufstellen, wenn es darum geht, was wir unsere Kinder sehen lassen. Wenn Sie merken, dass Ihr Kind Videospiele spielt, die nicht gut sind, dann schrauben Sie seine Videospielzeit zurück und machen Sie es sich zum Ziel, gewaltorientierte Spiele ganz auszuschließen. Ersetzen Sie solche Spiele mit kreative- ren, bei denen es nicht um Gewalt geht, und suchen Sie ihm Freunde, die auch andere Interessen haben als nur Videospiele.

WUT IM NETZ

Möglicherweise ist Ihr Kind nicht wütend, weil es selbst zu viel Zeit vor dem Bildschirm verbringt, sondern weil Sie zu viel Zeit davor verbringen. Viele Kinder sind frustriert, traurig und wütend, dass sie mit den Bildschirmen um die Aufmerksamkeit ihrer Eltern konkurrieren müssen. Mütter benutzen ihre Smartphones mit einem Headset im Auto, auf dem Spielplatz und bei Kindergeburtstagen. Solch ein Verhalten ist zwar inzwischen gesellschaftsfähig, doch was vermittelt das Ihrem Kind? Wenn ein Kind ständig hört: „Warte, ich telefoniere gerade", dann vermittelt das ihm, dass Ihnen die Zeit mit Ihrem Kind nicht so wichtig ist wie das, was gerade im Smartphone vor sich geht.

Im digitalen Zeitalter zu leben, schafft neue Herausforderungen, wie man mit Beziehungen online umgeht und unseren Kindern diese Gewohnheiten weiterreicht.

Eines der Probleme mit dieser Technik ist es, dass sie eine Anonymität ermöglicht, die die Folgen des Handelns abfedert. Kinder, die anderen nicht einfach etwas Gehässiges oder Unfreundliches ins Gesicht sagen würden, können sich an ihrem Computer mit einem Pseudonym einloggen und fiese Posts oder gehässige Mails schreiben. Das schafft einen Rahmen, in dem Kinder ihre Wut und ihren Frust aneinander ablassen. Es ist leichter denn je, einem anderen Menschen wehzutun – dazu muss man nur mit dem Finger auf die Maus oder den Bildschirm drücken.

Beim Cyber-Mobbing werden digitale Medien benutzt, um absichtlich falsche, peinliche oder schädigende Informationen über eine andere Person zu verbreiten. Jugendliche können Mails verschicken, in denen sie sich über jemanden lustig machen oder durch den sie einen anderen provozieren wollen. Sie können über jemanden in einem

Chat-Room herziehen oder ein peinliches Foto in einem sozialen Netzwerk posten. Für Kinder und Jugendliche ist Cyber-Mobbing eine gefährliche und teilweise sogar tödliche Freizeitbeschäftigung.

Eine Umfrage unter deutschen Jugendlichen zwischen 14 und 20 Jahren zeigte 2011 erschreckende Zahlen: 36% gaben an, bereits Opfer von Cyber-Mobbing gewesen zu sein. 8% gaben zu, andere per Cyber-Mobbing angegriffen zu haben.[25] Jungen neigen stärker zur körperlichen Aggression, während Mädchen verbale Aggression bevorzugen. Sie sind also gut beraten, darauf zu achten, wie Ihre Tochter an Bildschirmen kommuniziert. Wenn Sie entdecken, dass Ihr Kind ein anderes Kind online tyrannisiert, kann man als erste Konsequenz beispielsweise das Smartphone oder iPad für ein paar Tage wegschließen. Wenn es noch einmal passiert, kann man den elektronischen Gebrauch auch für längere Zeit einschränken. Werden sich Kinder erst einmal bewusst, dass derartiges Verhalten im Netz nicht akzeptabel ist, werden sie auch lernen, sich an Ihre Regeln zu halten.

Sie können schon lange vor der Teenagerzeit damit beginnen, Ihrem Kind Online-Höflichkeiten beizubringen. Wenn Ihr Kind alt genug ist, Textnachrichten oder Mails zu verschicken, ist es Zeit, ihm beizubringen, was man online sagen darf und was eher nicht so angebracht ist.

Man kann Infos kommunizieren: *Wir warten morgen am Haupteingang auf dich. Es gibt heute Abend Pizza zum Abendessen.*

Man kann Komplimente machen und andere ermutigen: *Danke, dass du mir heue zugehört hast. Ich fand dein Hemd total cool.*

Technische Geräte sind jedoch nicht gut dafür geeignet, Wut abzulassen.

Man sollte nie etwas online über eine andere Person sagen, was man nicht sagen würde, wenn der andere tatsächlich anwesend wäre.

Wenn Ihr Teenager anfängt, soziale Medien dafür zu benutzen, um andere zu beschimpfen oder sich an jemandem zu rächen, dann wird sich dieses Verhalten vermutlich nicht plötzlich im Erwachsenenalter ändern. Außerdem sollte Ihrem Kind bewusst sein, dass es fast unmöglich ist, solche Kommentare spurlos zu löschen. Selbst wenn Ihr Kind später seine Worte oder das gepostete Foto bereut, sich entschuldigt und seinen Post löscht, bestehen unzählige Möglichkeiten, dass ein solcher Kommentar oder ein solches Foto doch wieder irgendwo auftaucht. Die hässlichen Worte auf dem Bildschirm können immer und immer wieder gelesen werden und eine tiefe Spur in einem anderen Kind hinterlassen.

Bringen Sie Ihrem Kind bei, seine Wut im wirklichen Leben zu bewältigen und nicht auf Bildschirmen abzureagieren.

HILFREICHE GESPRÄCHE FÜR SIE UND IHR WÜTENDES KIND

Falls Sie dazu neigen, schnell mit Ihrem Kind zu streiten, dann können Sie dieses Verhaltensmuster vielleicht dadurch brechen, indem Sie sagen:

„Ich habe über uns nachgedacht und mir ist bewusst geworden, dass ich nicht sehr gut zuhöre. Wenn du starke Gefühle über etwas hast, dann neige ich dazu, mich ebenfalls aufzuregen. Ich möchte wirklich ein besserer Zuhörer sein. In Zukunft werde ich versuchen, mehr Fragen zu stellen und deine Gefühle wirklich zu verstehen. Mir ist das, was du fühlst und denkst, wirklich wichtig."

Falls Ihr Kind schubst, schreit und mit Sachen wirft, konzentrieren Sie sich in erster Linie auf die Wut selbst und nur zweitrangig auf das daraus resultierende Verhalten.

„Offensichtlich bist du sehr wütend. Ich würde gerne hören, was dich stört, aber wir können nicht reden, während du dich folgendermaßen verhältst: ... Wollen wir spazieren gehen und darüber reden?"

Wenn Sie bei Ihrem Kind die Beherrschung verlieren, seien Sie bereit, Ihr Versagen einzugestehen.

„Es tut mir leid, dass ich heute Nachmittag so ausgerastet bin. Ich habe mich nicht im Griff gehabt, und wie ich mit dir geredet habe, war nicht sehr nett. Einige der Sachen, die ich gesagt habe, meinte ich eigentlich gar nicht. Das war verkehrt und ich habe Gott um Vergebung gebeten. Ich möchte auch dich um Vergebung bitten."

Ihre Entschuldigung wird es Ihrem Kind erleichtern, sich in Zukunft ebenfalls zu entschuldigen.

JETZT MAL EHRLICH

FRAGEN ZUM NACHDENKEN UND DISKUTIEREN

- Tut sich Ihr Kind schwer damit, seine Aggression zu bewältigen?

- Versuchen Sie, Ihr Kind mit etwas abzulenken, wenn es wütend wird?

- Wenn Ihr Kind genauso mit seiner Wut umgehen würde, wie Sie mit Ihrer umgehen, wären Sie dann zufrieden? Wenn nicht, nennen Sie eine Sache, die Sie tun können, um Ihre eigene Aggressionsbewältigung hinsichtlich Ihres Kindes bzw. Ihrer Kinder zu verbessern.

- Überlegen Sie sich Szenarien, die Sie mit Ihren Kindern durchspielen können, um ihnen bei ihrer Aggressionsbewältigung zu helfen. Mögliche Ideen: Was würdest du tun, wenn ein anderes Kind dir die Spielsachen wegnimmt, die du gerade hast? Was würdest du tun, wenn dich ein anderes Kind beleidigt?

- Denken Sie an das letzte Mal, als Sie ärgerlich auf Ihr Kind waren oder Ihr Kind wütend auf Sie war. Was war vorgefallen? Was haben Sie richtig gemacht? Was könnten Sie nächstes Mal anders machen?

- Neigt Ihr Kind zu häufigen Wutausbrüchen? Was meinen Sie, was steckt hinter der Wut Ihres Kindes?

- Beurteilen Sie die Videospiele, die Ihr Kind spielt. Gibt es welche darunter, die aggressives Verhalten fördern?

- War Ihr Kind schon einmal an Cyber-Mobbing beteiligt?

- Gibt es etwas, wofür Sie sich bei Ihrem Kind entschuldigen sollten? (Als Ansatzpunkt können Sie in dem Abschnitt „Hilfreiche Gespräche für Sie und Ihr wütendes Kind" nachschauen.)

„Verderben Sie nie eine Entschuldigung mit einer Rechtfertigung."
Benjamin Franklin

6 | Die 1+ der Entschuldigung[26]

Für Alexa in der sechsten Klasse war es ein schwerer Tag gewesen. Ihre beste Freundin, Luisa, die normalerweise mit ihr Mittag aß, hatte sich in der Mensa plötzlich mit drei anderen Mädchen an einen anderen Tisch gesetzt. Nach dem Essen kamen die Mädchen auf Alexa zu und bemerkten spöttisch: „Schickes T-Shirt", bevor sie kichernd davonrannten. Luisa stand daneben und sagte nichts. Alexa war nicht nur beschämt, sondern sie verstand auch nicht, warum Luisa mit diesen gemeinen Mädchen herumhing.

In den Pausen gingen Alexa und Luisa ohne ein Wort zu wechseln aneinander vorbei. Kein Augenkontakt. Kein Gespräch. So ging das einige Tage lang weiter. Eine Woche später summte Alexas Smartphone. Es war eine SMS von Luisa: „Sorry, dass ich so gemein war."

Obwohl Alexa erleichtert war, als sie die SMS bekam, wusste sie immer noch nicht, warum sich Luisa so komisch verhalten hatte. Sie fühlte sich verletzt und verraten. Doch sie simste zurück: „Ist schon okay", obwohl eigentlich nicht alles okay war.

ONLINE-ENTSCHULDIGUNGEN GREIFEN ZU KURZ

Der Effizienz, Bequemlichkeit und Wahrung des Gesichts zuliebe können wir elektronische Geräte benutzen, um uns die Arbeit des Entschuldigens zu sparen. Bei alltäglichen Angelegenheiten mag eine Online-Entschuldigung oder Textnachricht auch in Ordnung sein, z.B. in Fällen wie diesem: „Habe vergessen, Katze zu füttern. Tut mir leid. Kannst du das machen, wenn du nach Hause kommst?" Doch wenn man jemanden beleidigt oder gekränkt hat, wie das bei Luisa und Alexa der Fall war, dann reicht eine SMS nicht.

> Wir müssen Kindern beibringen, wie man sich in der wirklichen Welt entschuldigt.

Das tut man am besten dadurch, dass man ihnen am eigenen Beispiel zeigt, wie eine richtige Entschuldigung aussieht. Wenn ein Kind hört, wie sich ein Vater bei der Mutter dafür entschuldigt, dass er seine Stimme gegen sie erhoben hat, und wenn das Kind dann sieht, wie die Mutter ihm vergibt und sich beide umarmen, dann ist das eine Lektion, die sich tief einprägen wird. Wenn dasselbe Kind später einen Streit mit einem Geschwisterkind hat, dann kann es sich an

das Beispiel seiner Eltern erinnern. Es wird lernen, sich im familiären Rahmen persönlich zu entschuldigen, was es dann später auch außerhalb der Familie umsetzen kann.

> Konkrete Entschuldigungen im realen Leben sind eine der wichtigsten Lektionen, die wir unseren Kindern beibringen sollten.

Leider bedienen sich viele Teenager einer SMS oder eines Chats, um so etwas Persönliches wie eine Entschuldigung mitzuteilen. Mithilfe eines elektronischen „Sorry!" geht man einer eventuell schweren und unangenehmen Situation aus dem Weg. Doch solche verstümmelten Nachrichten lassen Kinder emotional verkommen. Sie wachsen auf, ohne in der Lage zu sein, mit den Menschen, die ihnen wichtig sind, auch Schwieriges zu besprechen. Vor stressigen Situationen zu flüchten, wirkt sich negativ auf ihre Fähigkeit aus, mit anderen Menschen umzugehen – in der Gegenwart genauso wie in der Zukunft.

Fünf Lektionen über das Entschuldigen werden Ihrem Kind im Leben sehr zugutekommen. Diese Schlüssel können Türen zu besseren Freundschaften und engeren Familienbeziehungen öffnen. Erklären Sie Ihrem Kind, dass viele Kinder solche Schlüssel nicht haben, Sie Ihrem Kind diese jedoch gerne geben würden.

SCHLÜSSEL #1: ÜBERNIMM VERANTWORTUNG

> Ihrem Kind beizubringen, wie man sich entschuldigt, beginnt damit, dass Ihr Kind lernt, die Verantwortung für falsches Verhalten zu übernehmen.

Als natürliche Reaktion will man einer anderen Person („Das ist seine Schuld!") oder einer Sache („Das ist kaputtgegangen!") die Schuld geben. Doch Kinder können selbst schon als kleine Kinder lernen, Verantwortung zu übernehmen.

!

Unsere (Arlenes) Familie hat einen Minivan, und da Lucy hinten immer als Letzte aussteigt, hat sie die Aufgabe, den Knopf der Seitentür zu drücken, um sie zu schließen. Einmal parkten wir beim Supermarkt und Lucy, drei Jahre alt, stieg aus dem Auto. Die Tür blieb sperrangelweit offen. Ich wollte gerade etwas sagen, als ihre kleine Stimme erklang: „Tut mir leid. Ich habe vergessen, die Tür zuzumachen."

Ich war sehr überrascht: nicht nur, dass es ihr doch noch einfiel, dass sie die Tür zu schließen hatte, sondern auch, dass sie sich entschuldigte. Sie gab keinem ihrer Geschwister die Schuld oder machte Ausflüchte. Sie übernahm Verantwortung für ihr Tun.

„Super gemacht, Lucy", sagte ich und umarmte sie fest. „Du hast Verantwortung für dein eigenes Handeln übernommen. Danke!"

Kinder müssen unbedingt lernen, Verantwortung für ihr eigenes Tun zu übernehmen, und sie müssen dafür gelobt werden. Ein Fünfjähriger kann sich einen Keks schnappen, ihn zerbrechen und dann sagen: „Er ist zerbrochen." Aber er ist nicht zerbrochen; *das Kind* hat ihn zerbrochen. Eltern können einen solchen Moment nutzen, um das Prinzip der Verantwortung zu lehren. „Schatz, es ist besser zu sagen: ‚Ich habe den Keks zerbrochen.' Der Keks hat sich doch nicht selbst zerbrochen, oder? Du hast das getan. Man darf einen Keks zerbrechen. Aber du musst Verantwortung für das übernehmen, was du tust, und nicht dem Keks die Schuld geben."

Es ist wichtig, dass Kinder lernen, ihre Begründungen und Erklärungen für ihre „Missetaten" mit dem Wörtchen „Ich" zu formulieren. Erst dann lernen sie es, Verantwortung für ihre Taten zu übernehmen. Als Nächstes müssen wir ihnen deutlich machen, dass ihr Handeln auch für andere von Bedeutung ist.

SCHLÜSSEL #2:
DAS, WAS DU TUST, WIRKT SICH AUF ANDERE AUS

Die Goldene Regel besagt, dass wir andere so behandeln sollen, wie wir selbst behandelt werden möchten.

Jedes Kind sollte die Goldene Regel lernen, denn sie setzt den Maßstab, anhand dessen man lernen kann, wie man andere behandeln sollte. Außerdem prägt sich dadurch ein, dass einige Dinge gut und andere schlecht sind und dass wir uns bemühen wollen, nach dem Guten zu streben.

Das Kind begreift: „Wenn ich meiner Mama helfe, den Tisch zu decken, dann ist sie glücklich. Wenn ich einen Fußball durchs Haus schieße und die Lampe zerbreche, dann ist sie traurig. Wenn ich meinem Papa sage: ‚Ich hasse dich‘, dann verletzt ihn das. Das, was ich sage und tue, tut anderen entweder gut oder weh. Wenn ich anderen helfe, fühle ich mich gut. Wenn ich anderen schade, fühle ich mich schlecht."

Das Leben bietet viele Gelegenheiten, um Kindern beizubringen, dass sich das, was sie tun, auf andere auswirkt.

Hanna ist sechs Jahre alt und geht in die erste Klasse. Ihr Bruder Daniel ist vier und geht in den Kindergarten. Eines Nachmittags vor dem Abendessen spielten sie zusammen, als ihre Mutter hörte, wie Hanna zu Daniel sagte: „Du bist ein Vollpfosten. Geh aus meinem Zimmer!"

Daniel brach in Tränen aus und lief zu seiner Mama. „Hanna hat mich Vollpfosten genannt."

Seine Mutter drückte ihn fest und sagte: „Habe ich gehört. Ich rede mit ihr darüber. Setz dich hier hin und male in deinem Malbuch, während ich mit Hanna spreche." Sie ging in Hannas Zimmer und fragte: „Schatz, wo hast du das Wort Vollpfosten gehört?"

„In der Schule. Das ist jemand, der was Dummes tut, und Daniel hat was Dummes getan. Er hat mein Puppenhaus durcheinandergebracht", sagte Hanna.

„Du hast recht. Daniel muss sich bei dir entschuldigen. Aber es war auch nicht

nett, ihn einen Vollpfosten zu nennen. Es hat ihn verletzt, dass du ihn so genannt hast. Also denke ich, dass du dich auch bei ihm entschuldigen solltest."

Die Mutter ging mit ihr in die Küche und nahm Daniel bei der Hand. „Ihr beide wisst, dass falsch war, was ihr getan habt. Daniel, wenn Hanna mit ihrem Puppenhaus spielt, dann darfst du nicht einfach dazwischengehen und es durcheinanderbringen. Das macht sie traurig, weil sie so lange daran gearbeitet hat, alles in ihrem Puppenhaus einzurichten. Hanna, wenn du Daniel einen Vollpfosten nennst, dann macht ihn das auch traurig. Du hast gehört, wie er geweint hat, weil es ihn gekränkt hat. Wenn wir jemanden verletzen, muss man sagen: ,Es tut mir leid.'"

Hanna überlegte kurz und sagte dann. „Es tut mir leid, dass ich dich einen Vollpfosten genannt habe."

„Jetzt bist du dran, Daniel", sagte seine Mutter.

„Es tut mir leid", sagte er.

„Was tut dir leid?", stupste seine Mutter ihn an.

„Es tut mir leid, dass ich dein Puppenhaus durcheinandergebracht habe", sagte er.

Ihre Mutter gab beiden Kindern einen Kuss. „Das habt ihr toll gemacht. Daniel, du kannst jetzt mit dem Malbuch weitermachen, und Hanna, du kannst in deinem Zimmer spielen. Ich rufe euch, wenn das Abendessen fertig ist."

Diese Mutter hat Frieden in ihr Haus gebracht, indem sie ihren Kindern ganz klar zeigte, wie sich ihr Verhalten auf andere auswirkte. Und wenn wir uns falsch verhalten, müssen wir uns dafür entschuldigen.

SCHLÜSSEL #3: IM LEBEN GIBT ES IMMER REGELN

Ein dritter Schlüssel, wie man Kindern beibringen kann, sich zu entschuldigen, besteht darin, ihnen deutlich zu machen, dass es im Leben immer Regeln gibt.

Wir haben bereits über die Goldene Regel gesprochen, die am wichtigsten ist, aber es gibt auch noch andere Regeln, die dazu gedacht sind, uns ein gutes Leben zu ermöglichen. „Wir schießen im Haus keinen Fußball durch den Flur" ist eine Regel, die die meisten Eltern aus offensichtlichem Grund aufgestellt haben. Aber es gibt noch andere: *Wir nehmen nichts, was uns nicht gehört. Wir sagen nichts über andere, was nicht stimmt. Wir überqueren die Straße nicht, ohne erst in beide Richtungen zu schauen. Wir bedanken uns bei Leuten, die uns etwas schenken oder uns helfen oder etwas Nettes zu uns sagen.*

Wenn Eltern Regeln aufstellen, sollten sie vorher prüfen: „Ist diese Regel gut für mein Kind? Wird sie sich positiv auf das Leben meines Kindes auswirken?" Hier sind einige praktische Fragen, die Sie sich stellen können, um zu entscheiden, ob eine bestimmte Regel angemessen ist:

- Bewahrt diese Regel das Kind vor Gefahr oder negativen Einflüssen?

- Fördert diese Regel eine positive Charaktereigenschaft: Ehrlichkeit, Fleiß, Freundlichkeit, Teilen usw.?

- Schützt diese Regel Eigentum?

- Hilft diese Regel dem Kind, Verantwortung zu übernehmen?

- Lehrt diese Regel gute Umgangsformen?

Wenn sich die Eltern über eine Regel geeinigt haben, muss die ganze Familie davon in Kenntnis gesetzt werden. Unausgesprochene Regeln sind unfaire Regeln. Man kann von einem Kind nicht erwarten, sich nach einem Maßstab zu richten, von dem es nichts weiß. Wir Eltern sind dafür verantwortlich, unseren Kindern die Regeln zu erklären. Wenn Sie jedoch merken, dass eine bestimmte Regel eher schädlich als hilfreich ist, dann sollten Sie bereit sein, die Regel zu ändern.

Zu Regeln gehören auch die Konsequenzen, wenn die Regeln gebrochen werden. Die Konsequenzen sollten so eng wie möglich mit der Regel in Verbindung stehen. Wenn Ihr Kind beispielsweise im Haus Fußball spielt, dann wird ihm zwei Tage lang der Fußball weggenommen. Ideal ist, wenn die Konsequenzen festgelegt und mit der Familie zeitgleich mit der Festlegung der Regel besprochen werden. Das gibt dem Kind den Vorteil, schon im Voraus zu wissen, was die Folgen für Regelübertretungen sind. Der Vorteil für Sie als Eltern ist es, dass auch Sie genau wissen, welche Strafe oder Konsequenz Sie auszusprechen haben. Wenn Sie sich erst in dem Moment, wenn der Fußball die Fensterscheibe bereits durchquert hat, eine Folge überlegen, fällt diese meistens ungerecht und zu hart aus, da Sie verständlicherweise wütend sind. Wenn Sie gemeinsam mit Ihrem Kind in einer ruhigen Gesprächsatmosphäre im Vorfeld klare Konsequenzen festlegen, hilft das Ihrer ganzen Familie.

Eltern haben die Verantwortung, die Konsequenzen durchzusetzen, wenn etwas falsch gemacht wurde. Bei Eltern, die einen Tag ein Auge zudrücken und am nächsten Tag bei der gleichen Sache mit der Faust auf den Tisch hauen, ist ein ungehorsames, respektloses Kind im Grunde schon vorprogrammiert. Inkonsequente Bestrafung ist die größte Gefahr für Eltern, die verantwortungsvolle Kinder erziehen möchten.

> Wenn ein Kind lernen soll, sich zu entschuldigen, müssen klare, sinnvolle Regeln etabliert und die Folgen bei Regelverstößen klargemacht werden – und die Konsequenzen dann auch fair, aber entschlossen durchgesetzt werden.

Eine solche Vorgehensweise macht dem Kind klar: „Ich bin für das, was ich sage und tue, verantwortlich. Wenn ich mich an die Regeln halte, geht es mir gut. Und wenn ich mich entscheide, die Regeln zu brechen, dann muss ich auch die Folgen tragen." Das schafft einen Sinn für Moral. Einige Dinge sind richtig, einige Dinge sind falsch. Wenn ich das Richtige tue, gibt es positive Folgen. Wenn ich das Falsche tue, gibt es negative Folgen. Es ist dieser Sinn für Moral, der einem Kind die Notwendigkeit des Entschuldigens verständlich macht.

SCHLÜSSEL #4: ENTSCHULDIGUNGEN RETTEN FREUNDSCHAFTEN

> Der vierte Schlüssel, der Ihrem Kind hilft, das Entschuldigen zu lernen, ist das Wissen, dass Entschuldigungen für gute Beziehungen elementar wichtig sind.

!

Wenn ich einen anderen Menschen durch meine Worte oder mein Verhalten verletze, dann habe ich dadurch eine Barriere zwischen ihm und mir errichtet. Meine verletzenden Worte oder Verhaltensweisen bringen andere dazu, von mir Abstand zu nehmen. Ohne eine Entschuldigung entfernen sie sich nur noch weiter von mir. Ein Kind, Teenager oder Erwachsener, der diese Realität nicht lernt, steht am Ende allein.

Mithilfe seiner Mutter lernt Steven dieses Prinzip. Eines Nachmittags kam er unerwartet von draußen rein, schaltete den Fernseher an und lümmelte sich auf das Sofa.

„Warum bist du schon so früh reingekommen?", fragte Susan, seine Mutter. „Ihr habt doch hinten eben erst mit dem Spielen angefangen."

„Die anderen Jungs sind nach Hause gegangen", antwortete er. „Sie wollten beim neuen Spiel nicht mitmachen. Ich habe keinen Bock, immer die gleichen Spiele zu spielen. Ich habe ihnen gesagt, wenn sie das neue Spiel nicht spielen wollen, dann können sie nach Hause gehen."

Als Susan am nächsten Tag von der Arbeit nach Hause kam, fiel ihr auf, dass die Jungen aus der Nachbarschaft nicht wie gewohnt im Garten spielten. Steven lag wieder vor dem Fernseher.

„Spielst du heute Nachmittag gar nicht mit den anderen Jungen?", fragte sie.

„Die sind nicht gekommen", sagte Steven. „Ich glaube, die sind zum Spielplatz gegangen. Ich hatte keine Lust, da hinzugehen."

Beim Abendessen fragte Susan Steven, ob er die anderen Jungs denn in der Schule gesehen hätte.

„Ich habe Andy im Flur gesehen", sagte er, „aber er hat mich nicht gesehen."

„Also hat keiner der Jungen heute mit dir geredet und keiner kam heute Nachmittag zu dir?"

„Nein, keiner", antwortete er.

„Steven, ich weiß, dass dir das schwerfällt, weil du so gerne spielst. Ich finde toll, dass du gerne neue Spiele ausprobierst, aber was du zu den anderen Jungs gesagt hast, war ziemlich hart."

„Ich dachte ja nicht, dass sie wirklich gehen würden", sagte Steven. „Erst als sich alle davonmachten, habe ich begriffen, was ich eigentlich gesagt hatte. Jetzt habe ich Angst, dass sie nie wiederkommen, und ich habe sonst niemanden, mit dem ich spielen kann." Tränen schossen in Stevens Augen.

Das ging Susan ans Herz. „Ich will dir einen Vorschlag machen und ich weiß, dass das schwer ist. Aber ich denke, dass du dich bei Andy und den anderen Jungs entschuldigen solltest. Sag ihnen, dass es dir leidtut, dass du wütend geworden bist, und dass es falsch von dir war, dass du sie weggeschickt hast. Sag ihnen, dass du seitdem ein schlechtes Gewissen hast, und bitte sie um Vergebung."

„Aber Mama, die werden mich für ein Weichei halten", wandte Steven ein.

„Für was die dich halten, ist nicht so wichtig. Viel wichtiger ist, was du in deinem Herzen weißt, und du weißt, dass du das nur gesagt hast, weil du wütend warst. Ich weiß nicht, ob dir die Jungen verzeihen werden. Aber eins weiß ich: Solange du dich nicht entschuldigst, werden sie sich vermutlich auch nicht wieder blicken lassen. Wir alle werden manchmal wütend", sagte Susan, „und manchmal sagen wir Dinge, die wir später bereuen. Aber wenn wir bereit sind, uns zu entschuldigen, dann verzeihen uns die meisten Menschen."

Nach dem Abendessen sagte Steven: „Mama, ich geh mal kurz zum Spielplatz und gucke, ob die Jungs da sind."

„Okay", sagte sie. „Nimm dein Handy mit. Ruf mich an, falls du mich brauchst."

Susan fing an zu beten. Sie wusste, dass Steven bereit war, eines der schwersten Dinge zu tun, die er je getan hatte. Aber sie wusste auch: Wenn er den Mut hatte, sich zu entschuldigen, dann war er auf dem besten Weg zu einem verantwortungsvollen jungen Mann.

Eine Stunde später kam Steven zurück, schweißgebadet und rot im Gesicht.

„Wie ist es gelaufen?", fragte Susan.

„Super. Die Jungs waren total cool. Sie sagten, dass wir alle manchmal wütend werden und dass es nicht so schlimm ist. Sie fragten, ob ich mit ihnen spielen wollte, und wir hatten viel Spaß. Ich sagte ihnen, dass wir morgen bei uns im Garten spielen können."

„Klasse", sagte seine Mutter. „Steven, ich bin so stolz auf dich. Die Jungs können sich glücklich schätzen, einen Freund wie dich zu haben, und ich kann mich glücklich schätzen, einen Sohn wie dich zu haben."

Am nächsten Nachmittag, als Susan wieder von der Arbeit nach Hause kam, spielten alle Jungs aus der Nachbarschaft zusammen im Garten. Sie atmete erleichtert auf und dankte Gott, dass sich die Sache so gut gelöst hatte.

Kinder müssen lernen, dass Freundschaften auch manchmal eine ehrliche Entschuldigung erfordern. Ein Kind, das schon früh lernt, dass eine ehrliche Entschuldigung eine Freundschaft retten kann, hat eine der ganz wichtigen Lektionen über zwischenmenschliche Beziehungen gelernt.

6 | Die 1+ der Entschuldigung

SCHLÜSSEL #5:
DIE FÜNF SPRACHEN DES ENTSCHULDIGENS

Der letzte Schlüssel, mit dessen Hilfe man Kindern beibringen kann, sich zu entschuldigen, sind die fünf Sprachen des Entschuldigens:

- Bedauern ausdrücken: „Es tut mir leid."
- Verantwortung übernehmen: „Ich habe das falsch gemacht."
- Wiedergutmachung anbieten: „Was kann ich tun, um es wiedergutzumachen?"
- Besserung geloben: „Ich werde mich bemühen, das nicht wieder zu tun."
- Um Verzeihung bitten: „Kannst du mir bitte verzeihen?"

Die Fähigkeit des Entschuldigens sollte sich mit zunehmendem Alter verbessern, genauso wie Kinder eine Sprache schrittweise lernen. Kinder fangen mit Wörtern an, die sich auf bestimmte Gegenstände beziehen: *Buch, Schuh, Fuß.* Dann lernen sie Wörter, die sich auf Ideen beziehen: *ja, nein.* Später lernen sie, ganze Sätze zu verstehen: *Wir wollen gehen. Wir wollen das Kleid anziehen.* Dann lernen sie, selber Sätze zu formulieren: *Ich mag keine Bohnen. Ich möchte spielen.* Erst viel später lernen sie Grammatikregeln und komplexe Sätze. Das Vokabular und das Sprachverständnis des Kindes nehmen Jahr um Jahr zu. Dasselbe gilt, wenn es darum geht, Kindern die „Sprachen des Entschuldigens" beizubringen.

Ein Zweijähriger kann lernen zu sagen: „Es tut mir leid", wenn er die große Schwester an den Haaren zieht. Oder er kann sagen: „Das war falsch von mir. Ich habe nicht gehorcht", wenn er absichtlich die Tasse vom Tisch auf den Boden gestoßen hat. Somit lernen sie schon auf dieser ganz simplen Stufe, Bedauern auszudrücken und Verantwortung zu übernehmen.

Wenn eine Dreijährige ihren Bruder auf den Boden schubst und er in einer Tränenlache daliegt, dann kann der Vater den Bruder trösten und gleichzeitig der Dreijährigen beibringen, zu sagen: „Das war falsch von mir. Es tut mir leid." Unter Umständen kann er sogar die Missetäterin ermuntern, ein Pflaster für den Bruder zu holen. Damit

118

lernt das Kind zu sagen: „Ich möchte den Schaden, den ich angerichtet habe, wiedergutmachen. Ich will dich nicht mehr schubsen", und somit lernt es die Sprache der Wiedergutmachung und der Besserung.

In der frühen Kindheit (zwischen zwei und sechs) ist ein Kind in der Lage, die fünf Sprachen des Entschuldigens in Worte zu fassen. In diesen ersten Jahren ist die Motivation für die Entschuldigung in erster Linie extern. Das heißt, die Eltern bestehen darauf, dass das Kind „Es tut mir leid" oder „Das war falsch von mir" oder „Ich habe nicht gehorcht" sagt. So bringen wir ja auch unseren Kindern bei, „Danke" und „Bitte" zu sagen. Die Methode ist Wiederholung, Erwartung und manchmal das Vorenthalten bestimmter Privilegien, wenn das richtige Wort nicht gesprochen wird. Das Kind lernt in erster Linie dadurch, dass es von außen dazu aufgefordert wird.

Im Schulalter lernt das Kind, diese Konzepte zu verinnerlichen und sich zu eigen zu machen, sodass diese Worte von Herzen kommen. Sicherlich ist es ein Weg, den Eltern oder dem Freund eine SMS zu schicken: „Das war falsch von mir. Bitte verzeih mir." Das ist ein guter Anfang, aber um die befreiende Wirkung einer Entschuldigung, die vom anderen angenommen wird, persönlich zu erleben, muss es im direkten Gegenüber stattfinden. Welche Eltern sind nicht stolz, wenn sie hören, wie ihr Kind unaufgefordert „Danke" oder „Bitte" sagt? Genauso wissen Eltern, dass ihre Erziehung Wirkung zeigt, wenn sie hören, wie ihr Kind unaufgefordert eine oder mehrere der Sprachen des Entschuldigens gebraucht.

Ich (Gary) werde nie den Abend vergessen, an dem mir mein Sohn sagte: „Es tut mir leid, Papa. Das war falsch von mir. Ich hätte dich nicht anschreien sollen. Hoffentlich kannst du mir vergeben."

Natürlich vergab ich ihm. Später berichtete ich meiner Frau überglücklich, dass sich unsere vielen Mühen, ihm das Entschuldigen beizubringen, so richtig bezahlt machten. Ich wusste: Wenn unser Sohn diese Worte seinem Vater gegenüber sagen konnte, dann würde er sie später auch seiner Frau und vielleicht seinen eigenen Kindern gegenüber sagen können.

Das führt mich zu der Beobachtung, dass man älteren Kindern die Sprachen der Entschuldigung am wirkungsvollsten durch das eigene Beispiel beibringt. Wenn Eltern sich bei ihren Kindern für harte Worte oder eine unfaire Behandlung entschuldigen, dann ist das die effektivste Lehrmethode.

> Kleine Kinder tun, was die Eltern sagen; ältere Kinder tun, was die Eltern tun.

Eltern, die sich sagen: „Ich will mich bei meinen Kindern nicht entschuldigen, weil sie sonst den Respekt vor mir verlieren", haben das Prinzip des Entschuldigens nicht begriffen. Tatsache ist, dass Eltern, die sich aufrichtig beim Kind entschuldigen, dadurch mehr Respekt beim Kind gewinnen. Das Kind weiß ja, dass das, was Papa oder Mama getan hat, falsch war. Dieses Verhalten bildet eine Barriere zwischen Eltern und Kind. Wenn Eltern sich entschuldigen, ist das Kind normalerweise bereit zu vergeben, wodurch die Barriere beseitigt wird. Selten glänzen wir so, wie wenn wir uns bei unseren Kindern entschuldigen.

Eine weitere wirkungsvolle Methode, um Kindern die Sprache des Entschuldigens beizubringen, sind Beispiele von Begebenheiten aus Ihrem eigenen Leben, bei denen sich jemand bei Ihnen entschuldigt hat oder Sie sich bei einem anderen entschuldigt haben.

Ich (Arlene) hatte kürzlich die Gelegenheit dazu, als mich eine Freundin um einen Gefallen bat. Ich hatte einen neuen Friseur gefunden, ohne mir bewusst zu sein, dass meine Freundin zum gleichen Friseur ging.

„Könntest du dem Friseur sagen, dass du durch mich auf ihn gestoßen bist? Dann bekomme ich nämlich einen Haarschnitt umsonst."

„Das würde ich ja gerne tun", antwortete ich, „aber ich bin ja gar nicht durch dich auf ihn gestoßen. Ich fände das nicht richtig."

„Kein Problem", sagte sie.

In dem Moment verlor ich einiges an Respekt für meine Freundin, weil sie mich gebeten hatte, etwas Unehrliches zu tun. Am nächsten Morgen rief sie an.

„Ich fühle mich schrecklich wegen gestern", gestand sie. „Es stimmt, du bist ja gar nicht durch mich auf den Friseur gestoßen, und es war falsch von mir, dich zum Lügen aufzufordern. Ich wollte einfach einen Haarschnitt umsonst haben. Es tut mir leid. Bitte verzeih mir."

Ich habe ihr verziehen, und wissen Sie was? Ihr Ansehen ist dadurch bei mir stark gestiegen und mein Respekt für sie war sofort wieder da. Ich erzählte meiner Familie diese Geschichte beim Abendessen. Wir redeten darüber, dass viele Menschen nicht demütig genug sind, sich zu entschuldigen und ihren Fehler einzugestehen. Wir sprachen positiv von meiner Freundin, weil sie sich dazu durchgerungen hatte, sich zu entschuldigen. Es hat sie mir als Freundin nähergebracht und war ein wunderbares Beispiel, wie eine Entschuldigung das Vertrauen in einer Beziehung wiederherstellen kann.

Wenn Kinder sehen, wie Erwachsene sich beieinander oder bei ihren Kindern entschuldigen, hilft ihnen das, die Sprache des Entschuldigens zu lernen – die Entschuldigung auch wirklich auszusprechen, nicht nur per SMS oder in einem Chat oder Facebook-Post zu erwähnen. Wenn ein Kind zu sagen lernt: „Es tut mir leid", und zwar im direkten Gegenüber, dann macht das einen Riesenunterschied für gesunde Beziehungen in der Zukunft.

WAS MAN NICHT SAGEN SOLLTE, WENN MAN SICH BEI SEINEN KINDERN ENTSCHULDIGT

Möchten Sie, dass Ihre Entschuldigung auch die gewünschte Wirkung erzielt? Wenn ja, dann vermeiden Sie die folgenden Redewendungen und bringen Sie Ihrem Kind bei, es ebenfalls zu tun.

- Bist du immer noch nicht drüber hinweggekommen?
- Eigentlich sollte man doch meinen, dass man mir das nicht zur Last legt, weil ich ...
- Warum musst du immer ...?
- Wenn du nur nicht ...
- Das ist doch albern.
- So ist das Leben eben.
- Na und?
- Du führst dich auf wie ein Baby.
- Du musst auch mal was einstecken können.
- Warum kannst du das nicht einfach vergessen?
- Du bist zu empfindlich.
- Ich hab doch nur Spaß gemacht.
- Deine Schwester (oder dein Bruder) hätte nicht so ein Theater gemacht.
- Warum kannst du Vergangenes nicht einfach in der Vergangenheit lassen?
- Du musst dich einfach ein bisschen abhärten.

WAS MAN SAGEN SOLLTE, WENN MAN SICH BEI SEINEN KINDERN ENTSCHULDIGT

Die Körpersprache zeigt deutlich, wie aufrichtig die Entschuldigung ist. Achten Sie darauf, Augenkontakt zu halten, die Arme nicht defensiv zu verschränken, beim Zuhören Mitgefühl zu zeigen und in einem freundlichen Tonfall zu sprechen.

Dann wählen Sie Worte, die nicht andere beschuldigen, Sie selbst entschuldigen oder Ihre Verantwortung von sich schieben.

- Ich habe das getan, und das ist nicht zu entschuldigen.
- Ich bin für den Fehler verantwortlich.
- Ich war unachtsam.
- Ich war unsensibel.
- Ich war unhöflich.
- Was ich getan habe, war nicht in Ordnung.
- Ich möchte meinen Fehler wiedergutmachen.
- Es tut weh, wenn ich daran denke, was ich getan habe.
- Du hast nicht verdient, so von mir behandelt zu werden.
- Du hast das volle Recht, wütend auf mich zu sein.
- Ich weiß, dass es falsch war, was ich getan habe.
- Mein Fehler gehört zu einem Verhaltensmuster, das ich ändern muss.
- Ich werde dein Vertrauen wieder aufbauen, indem ich ...
- Ich werde versuchen, das wieder in Ordnung zu bringen, indem ich ...
- Ich habe dich in eine schwierige Lage versetzt.
- Ich hoffe, dass ich nicht zu lange gewartet habe, mich bei dir zu entschuldigen.
- Kannst du mir verzeihen?

FRAGEN ZUM NACHDENKEN UND DISKUTIEREN

- Haben Sie Ihrem Kind vorgelebt, wie man sich entschuldigt (entweder indem Sie sich bei Ihrem Kind entschuldigt haben oder indem Sie sich in der Anwesenheit Ihres Kindes bei jemand anderem entschuldigt haben)? Was ist passiert?

- Übernimmt Ihr Kind bereitwillig Verantwortung für falsches Verhalten oder hat es die Tendenz, die Schuld auf einen anderen zu schieben?

JETZT MAL EHRLICH

- Nennen Sie ein Beispiel einer klaren Regel bei sich zu Hause und einer Konsequenz, die es gibt, wenn die Regel gebrochen wird.

- Haben Sie erlebt, wie eine Freundschaft Ihres Kindes geschwächt wurde oder in die Brüche ging, weil sich jemand nicht entschuldigt hat? Haben Sie selbst schon mal ähnliche Erfahrungen gemacht?

- Um Ihrem Kind die „Fünf Sprachen des Entschuldigens" beizubringen, spielen Sie es miteinander durch. Sagen Sie:
  - „Es tut mir leid."
  - „Das war falsch von mir."
  - „Was kann ich tun, um es wiedergutzumachen?"
  - „Ich werde mich bemühen, das nicht wieder zu tun."
  - „Kannst du mir vergeben?"

- Stimmen Sie mit der folgenden Aussage überein oder nicht: „Ich möchte mich bei meinen Kindern nicht entschuldigen, weil sie sonst den Respekt vor mir verlieren"? Erläutern Sie Ihren Standpunkt.

- Lesen Sie den Abschnitt „Was man nicht sagen sollte, wenn man sich bei seinen Kindern entschuldigt" noch einmal durch. Welche dieser Ausdrücke haben Sie selbst schon gegenüber Ihrem Kind benutzt?

„Konzentriere dich ganz auf das, was du tust.
Die Sonnenstrahlen brennen erst, wenn sie gebündelt werden."
Alexander Graham Bell

7 | Die 1+ der Beteiligung

Ich (Arlene) muss etwas beichten. Lieber Leser, während ich hier an meinem Computer schreibe, schweifen meine Gedanken häufig ab: „Hmm, ob mir wohl jemand auf Facebook geschrieben hat?" – „Ich will nur mal schnell meine Mails checken." – „Hat sich da eben mein Smartphone gemeldet?"

Wenn ich diesen Ablenkungen nicht länger widerstehen kann, verlasse ich die Seiten dieses Manuskripts und jage den endlosen Klicks wie einer verlockenden Spur hinterher. Kennen Sie das? Sich auf nur eine Sache zu konzentrieren, fällt Erwachsenen im digitalen Zeitalter nicht leicht – und genauso schwer ist es für Kinder. Besonders beim Heranwachsen braucht man eine ruhige Umgebung, in der man die „Muskeln" der Aufmerksamkeit, Konzentration und tieferen Gedanken entwickeln kann. Leider ist die Bildschirmwelt für keines dieser Dinge förderlich.

Bestimmt kennen Sie den Begriff „Datenflut". Sie können sich das Gedankenleben Ihres Kindes wie einen Becher vorstellen.

!

Wenn Ihr Kind zu viel Zeit vor dem Bildschirm verbringt, ist es so, als würde man ständig Wasser in den Becher gießen. Das Kind ist geistig nicht in der Lage, den Strom von Reizen und Informationen aufzunehmen und innerlich zu verarbeiten. Sich ablenken zu lassen, wird zu einem Lebensstil.

Ein College-Student im ersten Studienjahr beschreibt, wie er schon seit der Grundschule mit Internetsucht kämpft: „Ich kann mich in der Schule oder bei der Arbeit auf nichts in einer tieferen oder organisierten Weise konzentrieren. Das Einzige, was mein Kopf machen will, ist, wieder online zu gehen und sich mit Spielen, Nachrichten und sozialen Medien berieseln zu lassen. Ich scheine mich auf nichts anderes konzentrieren zu können."

EINSCHALTEN UND AUSSCHALTEN

„Carissa, es ist Zeit, deine Hausaufgaben zu machen", sagt ihre Mutter zum zweiten Mal. Carissa, acht Jahre alt, spielt gerade ihr Lieblingsspiel auf dem Smartphone ihrer Mutter.

„Hallo, Erde an Carissa. Hörst du mich überhaupt?"

„Ich will nur schnell das hier zu Ende machen. Ich kann zum nächsten Level kommen", sagt Carissa, ohne aufzusehen.

Eine Viertelstunde später zerrt die Mutter das Smartphone aus Carissas Händen. Carissa setzt sich hin, um ihre Hausaufgaben zu machen. Sie schaut sich ihre Aufgaben an und fängt an zu lesen. Sie beginnt zu zappeln und arrangiert die Stifte in ihrem Federmäppchen.

„Mama, ich habe Durst. Kann ich was trinken?", fragt sie.

Als sie mit ihrem Getränk aus der Küche kommt, sieht sie draußen ihren Kater. Er sieht hungrig aus. „Mama, ich füttere Romeo mal kurz."

Als Romeos Fressnapf gefüllt ist, kehrt Carissa zu ihrem Stuhl zurück und liest weiter. Das Telefon läutet.

„Lass es einfach", ruft ihre Mutter aus der Küche.

Aber Carissa springt sofort von ihrem Stuhl auf und geht ans Telefon. Es ist ein Telefonverkäufer, also sagt Carissa „Nein danke" und legt wieder auf.

Carissas Vater kommt ins Familienzimmer. „Essenszeit!"

Carissas Mutter fragt: „Hast du deine Hausaufgaben fertig?"

„Nein", murmelt Carissa. „Ich konnte mich nicht konzentrieren."

Carissa konnte ohne Probleme stillsitzen, als sie ihr Lieblingsspiel auf dem Smartphone spielte, aber ohne ein Gerät in der Hand schafft sie es nicht lange. Haben Sie auch schon mal darüber gestaunt, wie lange ein Kind stillsitzen kann, wenn es von einem Bildschirm in den Bann gezogen wird – dass es sich jedoch nicht langer als ein paar Minuten konzentrieren kann, wenn es Hausaufgaben oder andere Aufgaben erledigen soll?

!

Die zunehmende Präsenz von Bildschirmen im Alltag, insbesondere durch das Internet, hat sich auf unsere Konzentration ausgewirkt.

Das Internet fordert unsere Aufmerksamkeit und Interaktion mehr, als Fernsehen, Radio oder Zeitungen es je getan haben. Wir werden förmlich dazu gezwungen, durch Mails zu scrollen, SMS zu senden und Links in einem immer breiter werdenden Menü von Seiten anzuklicken. Es ist interaktiv und vereinnahmend.

Der ständige Lärm von Internet, Medien und Videospielen ist eine riesige Barriere für die Entwicklung von Kreativität und tief gehenden Gedanken in Kindern. Ständiger Bildschirmkonsum bannt zwar die Aufmerksamkeit Ihres Kindes, aber hilft er ihm, in den wichtigsten Lebensbereichen aufmerksam zu sein? Bildschirmzeit kann Ihr Kind dazu bringen, drei Dinge zu erwarten, die das wirkliche Leben nicht immer zu bieten hat – und zwar, dass alles, mit dem er zu tun hat, interessant, unmittelbar und umgehend belohnend sein muss.

Bildschirmzeit ist interessant. In der Bildschirmwelt gibt es keinen langweiligen Moment, weil Ihr Kind immer die Möglichkeit hat, sich etwas anderes anzusehen, wenn ihn etwas nicht interessiert. Drop-Down-Menüs bieten immer eine riesengroße Auswahl an. Alles dreht sich um die Frage, was dem Kind gefällt. Selbst wie sich Jugendliche Musik anhören, ist auf ihre Interessen ausgerichtet. Jugendliche haben nicht mehr eine ganze CD von der Musik, die ihnen gefällt; sie haben auf sich individuell zugeschnittene Spiellisten. Ein Lied, das ihnen nicht gefällt, fliegt raus.

Wer sich eine Bildschirmwelt schaffen kann, die ganz auf die eigenen Vorlieben abgestimmt ist, der verspürt keine große Lust, in der realen Welt etwas seine Aufmerksamkeit zu schenken, das langweilig, irrelevant oder unangenehm ist.

Bildschirmzeit ist unmittelbar. Wenn Sie wissen möchten, wer Abraham Lincoln war, dann müssen Sie keine Enzyklopädie aufschlagen oder einen Lehrer fragen. Sie können einfach auf Ihrem Computer oder Smartphone nachschauen und erhalten die Antwort unmittelbar.

> Die Leichtigkeit, mit der Informationen zugänglich sind, ist ein großer Vorteil, kann aber auch ein Fluch sein.

An Bildschirmen lernen Kinder, dass Antworten leicht erhältlich sind und immer unmittelbar kommen. Wenn Informationen nur durch Mühe zu gewinnen sind, geben viele Bildschirmkinder auf. Sie sind an sofortige Befriedigung gewöhnt und leider färbt das auch auf andere Lebensbereiche ab, in denen nicht immer alles sofort läuft.

Bildschirmzeit ist sofort belohnend. Wenn man auf einen Bildschirm klickt, bekommt man eine sofortige Reaktion: Eine Figur bewegt sich, ein Ball fliegt oder eine Seite öffnet sich und etwas Neues kommt zum Vorschein.

> Ein Kind wird ständig für sein Tun belohnt.

Kinder, die Videospiele spielen, lernen schnell, dass sie zum nächsten Level kommen, wenn sie weiter die Knöpfe drücken. Computerprogrammierer wissen: Solange die Belohnungen fließen, spielen Kinder immer weiter.

Da der Schulunterricht nicht immer interessant, sofort befriedigend oder unmittelbar belohnend ist, haben Bildschirmkinder einen Nachteil im Klassenzimmer. Sie schaffen es weniger gut, Misserfolge zu riskieren oder Langeweile zu ertragen.

Sophie, eine Siebtklässlerin, saß vor ihren Näharbeiten in der Schule und schaute unsicher drein. Sie sollte das Material mithilfe eines Musters ausschneiden. Sie fragte die Lehrerin: „Können Sie das für mich ausschneiden?"

Ihre Lehrerin erwiderte: „Ist mit deiner Hand irgendetwas nicht in Ordnung?"

„Nein", antworte Sophie. „Aber ich glaube, ich kann das nicht so gut."
Obwohl sie ihr iPad problemlos bedienen konnte, war Sophie nicht daran gewöhnt, eine Schere zu benutzen oder mit Materialien zu arbeiten. Sie war sich nicht sicher, ob sie das Muster richtig ausschneiden konnte, und sie wollte nicht das Risiko eingehen, möglicherweise etwas falsch zu machen. Sie gab auf, ohne es überhaupt zu versuchen.

Wenn man auf dem Bildschirm einen Fehler macht, hat das keine Folgen, weil man es ja immer noch mal probieren kann. Man betätigt einfach die Rückgängig-Funktion, aktualisiert die Seite oder startet den Computer neu. Doch wenn man in der realen Welt ein Material falsch schneidet, kann man nicht zurückgehen und es wieder in Ordnung bringen.

Stellt man ein Bildschirmkind vor eine herausfordernde Aufgabe, erstarrt es und versucht es nicht einmal. Hört so ein Kind etwas, was es nicht interessant findet, schaltet es ab.

In der Bildschirmwelt werden Kinder dahin trainiert, jeden Tag das zu bekommen, was sie wollen, wann sie es wollen und wie sie es wollen.

Das mag ihre Aufmerksamkeit zwar schnell fesseln, aber es hört sich nicht nach der realen Welt an, auf die wir unsere Kinder doch vorbereiten wollen.

EIN LOB AUF DAS LESEN

Viele Eltern und Lehrer beklagen sich über die abnehmende Konzentrationsfähigkeit der nächsten Generation. Warum ist die Aufmerksamkeitsspanne seit dem Jahr 2000 im Durchschnitt um 40 Prozent gesunken?[27] Ein Teil der Ursache ist bei den elektronischen Geräten zu finden, die wir unseren Kindern gegeben haben, um ihr Leben zu bereichern und sie auf dem neuesten Stand zu halten. Aber bedenken Sie auch die

Kehrseite: Je mehr Sie Ihr Kind Smartphones, Tablets und andere Geräte benutzen lassen, umso mehr fördern Sie eine kurze Aufmerksamkeitsspanne. Ständige digitale Stimulation schafft Konzentrationsprobleme bei Kindern, die sowieso schon damit kämpfen, sich unter Kontrolle zu haben und gesunde Entscheidungen zu treffen. Wenn sich in der digitalen Welt alle drei Minuten alles ändert, ist ein Kind nicht darauf vorbereitet, in der Schule aufmerksam zu sein und sich zu konzentrieren. Wenn der Lehrer nichts Ausgefallenes bietet, kommen Bildschirmkinder nicht mehr mit.

Jugendliche in Deutschland zwischen 12 und 19 Jahren lesen laut einer Studie von 2014 etwa 61 Minuten pro Tag – nach eigener Einschätzung. 39% der Befragten gaben an, mehrmals pro Woche oder sogar täglich zu lesen. Fast jeder Fünfte (19%) greift nie zu einem Buch.[28] Wie werden sich diese Zahlen in den nächsten Jahrzehnten entwickeln? Forschungen haben wiederholt ergeben, dass Lesezeit und Zugang zu Büchern einer der Hauptfaktoren für schulischen Erfolg sind.[29]

Doch nur 18% der Eltern in Deutschland nennen als wichtiges Erziehungsmerkmal, dass ihre Kinder Freude an Büchern haben und gerne lesen.[30]

Lesen ist ein grundlegendes und multisensorisches Erlebnis.

!

Das Kind berührt die Seiten, während sein Kopf das Gelesene verarbeitet. Teilweise muss es sich zwingen, sich weiter auf die geschriebenen Worte zu konzentrieren. Beim Lesen verändert sich nicht alles ständig. Das Kind muss einer Handlung folgen und einen Gedankenprozess durchlaufen. Beim Lesen lernt es, sich länger mit einem Thema zu beschäftigen und etwas vertieft aufzunehmen. Lesen von Gedrucktem ist besonders gut geeignet, um die „Muskeln" der Aufmerksamkeitsspanne zu stärken.

Nicholas Carr schreibt in seinem Buch „Wer bin ich, wenn ich online bin … und was macht mein Gehirn solange? Wie das Internet unser Denken verändert":

Wenn wir online gehen, treten wir in eine Umwelt, die flüchtiges Lesen, überstürztes und zerstreutes Denken und oberflächliches Lernen fördert. Internetsurfen ist zwar durchaus mit gründlichem Denken vereinbar, genauso wie Bücherlesen mit oberflächlichem Denken vereinbar ist, doch das ist nicht die Art zu denken, die von dieser Technik ermutigt und belohnt wird.[31]

Online-Lesen ist mit ablenkenden Links und prägnanten Überschriften übersät, die um unsere Aufmerksamkeit wetteifern. Ein Buch hingegen bietet nur einen einzigen Konzentrationspunkt, wodurch es von großem Wert für ein Kind ist. Ein Buch zu lesen, ist eine beruhigende und entspannende Tätigkeit. Wenn ein Kind mit einem Buch fertig ist, geht es ihm besser als vorher. Man vergleiche das mal mit einem Kind, das die gleiche Zeit mit einem Tablet oder Smartphone verbracht hat. Es ist oft streitlustig („Warum darf ich nicht noch länger spielen?"), schlecht gelaunt, unruhig und mürrisch.

Als Eltern sollten Sie das Lesen Ihrer Kinder fördern. Bei vielen Kindern kommt das Lesen nicht automatisch. Es muss täglich eingeplant werden, bis es zur Gewohnheit wird, die man gerne aufrechterhält. Schauen Sie sich einmal diesen Vergleich von drei Schülern an, die unterschiedliche Lesegewohnheiten haben.[32]

Schüler A liest

20 Minuten pro Tag
3.600 Minuten pro Schuljahr
1.800.000 Wörter pro Jahr
Leistung in genormten Lesetests: ca. 90%

Schüler B liest

5 Minuten pro Tag
900 Minuten pro Schuljahr
282.000 Wörter pro Jahr
Leistung in genormten Lesetests: ca. 50%

Schüler C liest

1 Minute pro Tag
180 Minuten pro Schuljahr
8.000 Wörter pro Jahr
Leistung in genormten Lesetests: ca. 10%

Wenn man im Kindergartenalter anfängt, jeden Abend 20 Minuten lang vorzulesen bzw. die Kinder zum Selberlesen zu animieren, hätte Schüler A in der sechsten Klasse so viel gelesen, wie man in 60 vollen Schultagen lesen könnte. Schüler B, der nur fünf Minuten liest, hätte 12 volle Schultage gelesen, und Schüler C (eine Minute pro Abend) 3,6 Tage.

Welcher dieser Schüler soll Ihr Kind sein?

> Lesen bringt nicht nur Vorteile in der Schule, sondern hilft Ihrem Kind auch, dass es sich länger und besser konzentrieren kann.

FÜNF WEGE, DAS LESEINTERESSE IHRES KINDES ZU WECKEN

Lesen Sie Ihrem Kind laut vor. Sie können Ihr Kind schon als Baby auf den Schoß nehmen und ihm jeden Tag etwas vorlesen. Dadurch bringen Sie ihm nicht nur Sprachvermögen bei und schaffen ein Gefühl der Verbundenheit, sondern geben Ihrem Kind auch glückliche Erinnerungen mit auf den Weg, die es in Zukunft mit Büchern verbindet. Wenn Ihre Kinder größer werden, können Sie die Vorlesezeit auch als Familienzeit gestalten, an der möglichst alle Familienmitglieder teilnehmen.

Gehen Sie regelmäßig zur Bücherei. Wo sonst finden Sie so viele Bücher für so wenig Geld oder gar umsonst? Nutzen Sie die unermesslichen Ressourcen in Ihrer örtlichen Bücherei. Schauen Sie die Lieblingsautoren Ihres Kindes im Verzeichnis der Bücherei nach und fragen Sie nach Titeln, wenn sie nicht unmittelbar zur Verfügung stehen. Dann hat Ihr Kind etwas, auf das es sich beim nächsten Büchereibesuch freuen kann. Und vergessen Sie nicht, auch für sich selbst ein Buch mitzunehmen.

Lesezeit für Bildschirmzeit. Manche Eltern motivieren ihre Kinder zum Lesen, indem sie eine gewisse Lesezeit als Voraussetzung für Bildschirmzeit einfordern. Wenn das Kind eine halbe Stunde liest, darf es danach eine halbe Stunde vor dem Bildschirm verbringen.

Finden Sie Bücher, die Ihr Kind interessieren. Was findet Ihr Kind am interessantesten – Geschichten über Ponys oder Biografien von Fußballstars? Suchen Sie nach Büchern, die Ihr Kind nicht mehr aus der Hand legen will. Fragen Sie in befreundeten Familien nach Lesetipps, leihen Sie sich Bücher aus. Geben Sie nicht auf, bis Sie das Richtige für Ihren kleinen Leser gefunden haben.

Lassen Sie sich beim Lesen erwischen. Wenn Ihr Kind Sie dabei sieht, wie Sie es sich auf der Couch mit einem guten Buch gemütlich gemacht haben, wird es dadurch Ihrem Vorbild nacheifern. Reden Sie mit Ihren Kindern über das, was Sie lesen, und zeigen Sie ihnen durch Ihr Beispiel, dass Bücher hilfreich und spannend sind.

PRAXISBEISPIEL

BILDSCHIRMZEIT UND AUFMERKSAMKEITSDEFIZITSTÖRUNGEN

Der siebenjährige Carl kam an vielen Schultagen mit einem roten Vermerk auf seiner Verhaltenskarte nach Hause. Seine Mutter hatte ihm zahlreiche Belohnungen angeboten und ihn geradezu angefleht, doch bitte auf seine Lehrerin zu hören. Doch statt eine grüne, positive Notiz auf seiner Verhaltenskarte nach Hause zu bringen, schien Carl eines dieser Kinder zu sein, die nur durch Verhaltensauffälligkeiten auf sich aufmerksam machen. In der Schule redete er ständig dazwischen, machte seine Arbeit nicht fertig und meldete sich nie, um eine Frage zu beantworten. Zu Hause lief es nicht viel besser. Er störte die Mahlzeiten und war aggressiv gegenüber seiner älteren Schwester. Seine Mutter fragte sich, ob er vielleicht an ADHS (Aufmerksamkeitsdefizit-Hyperaktivitätsstörung) litt, doch dann sagte sie sich, dass er sich ja problemlos stundenlang auf seine Videospiele konzentrieren konnte.

In der digitalen Welt schien es an Carls Aufmerksamkeitsspanne nicht zu hapern. Allerdings kann seine Fähigkeit, sich auf einen Bildschirm und auf nichts anderes konzentrieren zu können, sehr wohl ein Merkmal von Aufmerksamkeitsdefizit-Hyperaktivitätsstörung sein. Einige Experten glauben, dass Kinder mit ADHS mehr Zeit als andere Gleichaltrige vor dem Fernseher und mit Videospielen verbringen.

Das wirft die Frage auf: Sind Kinder mehr auf Bildschirme fixiert, weil sie ADHS haben, oder könnte die Fixierung auf Bildschirme eine Ursache von ADHS sein? Das ist eine komplexe Thematik, doch einige Forschungen, so zum Beispiel eine, die 2010 in dem Journal *Pediatrics* veröffentlicht wurde, haben eine Verbindung zwischen erhöhtem Fernseh- und Videospielkonsum und Aufmerksamkeitsstörungen unter Schülern und Studenten festgestellt. Die Wissenschaftler fanden heraus, dass Kinder, die zwei Stunden Bildschirmzeit pro Tag überschritten, eineinhalb- bis zweimal so viel Gefahr laufen, an überdurchschnittlichen Aufmerksamkeitsstörungen zu leiden. Bei Studenten zeigte sich eine ähnliche Verbindung, was nahelegt, dass zu viel Bildschirmzeit in der Kindheit Folgen hat, die bis ins Erwachsenenalter andauern.[33]

> Die Aufmerksamkeit, die ein Kind einem Videospiel widmet, ist anders als die Konzentration, die es braucht, um im normalen Leben Erfolg zu haben.

Ein Kind wie Carl kann sich auf ein Spiel konzentrieren, das von häufigen Veränderungen, ständigen Belohnungen, neuen Levels, gesammelten Punkten und Dopamin-Schüben fürs Gehirn angetrieben wird. Wenn sich das Gehirn eines Kindes an ein solches Tempo gewöhnt, erscheint die wirkliche Welt langweilig und mühsam.

Kinder, die in der Schule Mühe haben, suchen nach einem Ort, wo sie Erfolge erzielen können. Oft finden sie diese Erfolge bei Videospielen und in virtuellen Welten. Kinder, die an Aufmerksamkeitsstörungen leiden, ziehen sich mehr als andere Kinder an Bildschirme zurück, um dort nach Gesellschaft zu suchen. Falls bei Ihrem Kind ADHS diagnostiziert worden ist, gibt es einige Mittel, wie Sie ihm helfen können, mit der Bildschirmzeit gut umzugehen:

- Setzen Sie Grenzen für die tägliche Bildschirmzeit (zwei Stunden oder weniger).

- Gestatten Sie keine Bildschirme (Fernseher, Computer, Smartphones, Spielekonsolen etc.) im Zimmer des Kindes.

- Meiden Sie gewaltintensive Videospiele.

- Schalten Sie den Fernseher, das Radio und den Computer aus, während das Kind seine Hausaufgaben erledigt.

Videospiele können als Belohnung oder pädagogisches Mittel durchaus hilfreich sein. Doch wenn Kinder mehr als zwei Stunden am Tag mit Videospielen und Bildschirmen verbringen, verringert sich ihre Fähigkeit massiv, in anderen Bereichen des Lebens aufmerksam zu sein.

DER FEHLER DES MULTITASKING

Susy, elf Jahre alt, lässt ihren Rucksack auf den Tisch plumpsen. Sie schaltet den Fernseher ein, wo gerade ihre Lieblingssendung läuft. Sie zieht ihr Heft heraus und breitet alles aus, was sie für ihre Hausaufgaben braucht. Sie macht das iPad ihrer Eltern an, um die Definition eines Wortes nachzuschauen. Sie blickt auf zum Fernseher und lacht. Während sie online sucht, sieht sie weiter fern. Als sie auf der Seite des Online-Wörterbuches ist, sieht sie eine Werbung für einen neuen Film, der bald in die Kinos kommt. Sie klickt auf die Werbung, um mehr zu erfahren, während sie gleichzeitig die Definition des Wortes in ihr Heft kritzelt.

Auf der gegenüberliegenden Seite des Flurs hat Susys Vater, der von zu Hause aus arbeitet, in seinem Arbeitszimmer mehrere Seiten auf seinem Computer offen. Während er den Entwurf für ein Dokument erstellt, checkt er seine Mails und beantwortet die dringendsten Anfragen. Das Telefon läutet. Während er dem Anrufer lauscht, überfliegt er die neuesten Schlagzeilen in den Nachrichten. Das Telefongespräch ist vorbei, doch bevor er zu seinem ursprünglichen Dokument zurückkehrt, klickt Susys Vater auf ein Nachrichten-Video, um herauszufinden, worüber der Senat heute so lebhaft diskutiert hat.

Willkommen in der Welt des Multitasking! Früher galt Multitasking als Merkmal des Erfolges, ein glänzendes Wort, das man auf seinen Lebenslauf setzen konnte, um zu zeigen, dass man viele Aufgaben auf einmal managen konnte. Doch in letzter Zeit mehren sich die Warnungen vor den Tücken einer Multitasking-Kultur.

MULTITASKING VERRINGERT DIE QUALITÄT IHRER ARBEIT

In einem Forschungsexperiment wurden Studenten gebeten, in einem Labor zu sitzen und gewöhnliche kognitive Prüfungsaufgaben zu erledigen. Die eine Gruppe wurde nicht unterbrochen, während sie die Aufgaben machte. Der anderen Gruppe wurde gesagt, dass die Teilnehmer jeden Moment eine Textnachricht mit weiteren Anweisungen erhalten könnten. Sie wurden während der Prüfung zweimal unterbrochen. Die Prüfungsergebnisse der Gruppe, die unterbrochen wurde, lagen 20 Prozent unter der anderen Gruppe.[34] Diese Differenz reicht, um einen Schüler, der sonst eine 2- bekäme, auf eine Note absinken zu lassen, bei der er durchfällt. Bei einem anderen Experiment sind Forscher zu dem Ergebnis gekommen, dass der IQ von Berufstätigen, die durch Mails und Anrufe abgelenkt wurden, mehr als zweimal so sehr litt wie bei Marihuana-Rauchern.[35]

Wenn Ihr Kind bei den Hausaufgaben oder anderen Aktivitäten, die Konzentration erfordern, Multitasking macht, dann zieht das die Qualität seiner Arbeit in Mitleidenschaft. Wenn Susy ihre Hausaufgaben macht, während sie fernsieht, dann neigt sie dazu, Fehler zu machen, die sie bemerken würde, wenn sie nicht so abgelenkt wäre.

MULTITASKING ÄNDERT DIE ART DES LERNENS

Forschungen zeigen, dass man unterschiedliche Bereiche im Gehirn benutzt, wenn man beim Lernen und Abspeichern neuer Informationen durch Multitasking abgelenkt ist. Gehirnscans von Menschen, die abgelenkt sind, zeigen Aktivität im Striatum, einem Bereich des Gehirns, der benutzt wird, wenn man sich eine neue Fertigkeit aneignet. Gehirnscans von Menschen, die nicht abgelenkt sind, zeigten Aktivität im Hippocampus, dem Bereich, in dem Informationen aufbewahrt und abgerufen werden.[36]

Wenn Sie möchten, dass Ihr Kind mehr als nur oberflächlich denkt, nehmen Sie ihm die Ablenkungen wie Kopfhörer, Fernseher und Computer weg, während es sich auf eine Arbeit konzentriert. Medien-Multitasking – mehrere Medien gleichzeitig zu benutzen – ist von 1999 bis 2005 unter Medienkonsumenten von 16 Prozent auf 26 Prozent gestiegen.[37] Wir gewöhnen uns immer mehr daran, unsere technischen Mittel gleichzeitig zu benutzen – Fernseher, SMS, Computer, Video- spiele und E-Mails. Die digitale Flut ändert die Art, wie Ihr Kind lernt.

MULTITASKING BLEIBT AN DER OBERFLÄCHE

Da Multitasking ein Kind darin schult, immer auf alle Informationen zu achten, mit denen es überflutet wird, lernt es, Informationen nur oberflächlich aufzunehmen. Ansonsten wäre es mit der Menge der Informationen überfordert. Sie können sich das Gehirn Ihres Kindes wie einen Kontrollturm vorstellen. Von digitalen Reizen, Schlagzeilen, Mails und Textnachrichten bombardiert, kontrolliert das Gehirn den Informationsverkehr: „Weiter, weiter, weiter." Multitasker neigen dazu, ständig auf neue Informationen zu warten, statt Gebrauch von älteren, nützlicheren Informationen zu machen, die sie bereits haben. Das Ergebnis ist ein Kind, das ein oberflächliches Wissen von Vielerlei hat, statt sich ein tieferes Verständnis von Schlüsselkonzepten anzueignen. Kinder, die ständig Multitasking praktizieren, tun sich schwer damit, Rele-vantes von Irrelevantem zu trennen. Obwohl eigentlich die Hausaufgaben anstehen, erscheinen einem Kind, das ständig mit elektronischen Geräten verbunden ist, andere Dinge genauso oder noch dringender zu sein: *Schau dir das neue Spiel an. Was für ein Spielzeug ist das da in der Werbung? Fängt meine Lieblingssendung gleich an?* Bei so vielen Möglichkeiten, die es durchzusehen gilt, bleibt wenig Raum für Tiefgang. Geübte Multitasker tun sich schwerer damit, sich zu konzentrieren und unwichtige Information auszublenden.

MULTITASKING VERSCHWENDET ZEIT

Können Sie raten, wie häufig ein Angestellter, der am Schreibtisch arbeitet, im Durchschnitt jede Stunde seine Mails checkt? Die Antwort lautet: dreißig Mal.[38] Erwachsene schalten ständig zwischen verschiedenen Aufgaben hin und her. Forscher haben herausgefunden, dass es im Durchschnitt 25 Minuten dauert, um zur ursprünglichen Arbeit zurückzukehren, nachdem man unterbrochen worden ist.[39]

Justin, elf Jahre alt, sitzt schon seit über einer Stunde mit seinen Hausaufgaben am Küchentisch. Er hat die gleiche Matheaufgabe immer und immer wieder gelesen. Beim ersten Lesen verstand er nicht, worum es bei der Aufgabe eigentlich ging, also griff er zu seinem Videospiel und spielte einige Minuten lang, um sich zu entspannen. Er las die Aufgabe erneut und beschloss, per SMS einen Freund zu fragen. Sein Freund verstand die Aufgabe auch nicht; sie fingen an, sich über andere Sachen auszutauschen. Dann beschloss er, die Matheaufgabe zu googeln, aber erst besuchte er seine Lieblingsinternetseite. Im Nu ist es Zeit zum Abendessen. Seine Hausaufgaben sind immer noch nicht fertig und er hat eine Menge Zeit damit verbracht, Ablenkungen hinterherzulaufen.

ACHT MÖGLICHKEITEN, WIE SIE IHREM KIND HELFEN KÖNNEN, KONZENTRIERT DIE HAUSAUFGABEN ZU ERLEDIGEN:

1. **Setzen Sie Spiele und Tabellen als Belohnung ein.** Machen Sie eine Tabelle, auf die Ihr Kind jeden Tag, an dem es seine Hausaufgaben erledigt, einen Aufkleber kleben kann. Bieten Sie Belohnungen für eine Woche oder einen Monat erledigter Hausaufgaben. Überlegen Sie sich etwas, um erledigte Hausaufgaben zu belohnen. Zum Beispiel könnte sich Ihr Kind Punkte verdienen, wenn es die ganze Woche lang seine Hausaufgaben gemacht hat. Nach 50 Punkten kann es sich dann einen kleinen Preis aussuchen.

2. **Halten Sie einen Hausaufgaben-Behälter bereit.** Was braucht Ihr Kind, um seine Hausaufgaben zu erledigen – Bleistifte, Radiergummi, Stifte, Lineal, Hefter, Klebe, Klebeband, Schere? Bewahren Sie diese Sachen an einem Ort auf, wo man sie leicht finden kann. Wenn irgendetwas verschwindet, denken Sie daran, es zu ersetzen.

3. **Nutzen Sie die beste Zeit für die Hausaufgaben.** Einige Kinder machen die Hausaufgaben gerne gleich nach der Schule, damit sie danach das Spielen genießen können. Andere müssen sich erst einmal eine Stunde austoben, nach-

dem sie fast den ganzen Tag die Schulbank gedrückt haben. Passen Sie die Hausaufgabenzeit Ihres Kindes dementsprechend an.

4. **Planen Sie größere Projekte.** Wenn Ihr Kind mit einer großen oder langfristig angelegten Aufgabe, z.B. einer Hausarbeit oder einem Referat, nach Hause kommt, schreiben Sie in einem Kalender auf, wie es ein solches Projekt in machbare Stücke aufteilen kann. Um zu illustrieren, wie wichtig es ist, eine große Aufgabe Stück für Stück zu tun, erzählen Sie Ihrem Kind davon, wie es war, als Sie mal etwas auf die lange Bank geschoben haben.

5. **Benutzen Sie einen Wecker.** Wenn Ihr Kind seine Hausaufgaben innerhalb einer halben Stunde schaffen kann, dann stellen Sie den Wecker auf 30 Minuten und ermuntern Sie Ihr Kind, fertig zu sein, bevor es klingelt. Wenn Ihr Kind länger braucht, können Sie den Wecker trotzdem auf 30 Minuten stellen. Wenn er klingelt, kann es fünf Minuten Pause machen und dann mit den Hausaufgaben weitermachen.

6. **Bieten Sie gesunde Snacks an.** Kinder haben nach der Schule oft Hunger. Vermeiden Sie Süßigkeiten und bieten Sie gesunde Snacks wie Früchte oder Gemüsehäppchen an, zusammen mit einem Glas Wasser.

7. **Schaffen Sie eine konzentrationsfördernde Atmosphäre.** Gibt es genug Licht? Ist der Arbeitsplatz aufgeräumt? Sind der Fernseher und andere elektronische Geräte aus? Wenn Ihr Kind den Computer für die Hausaufgaben benutzen muss, dann achten Sie darauf, dass es ihn nicht für anderes gebraucht.

8. **Halten Sie sich jede Woche an denselben Ablauf.** Kindern hilft es ungemein, wenn sie den Ablauf kennen. Sie können die Hausaufgabenzeiten zwar an verschiedene Tage anpassen, wenn das Kind beispielsweise dienstags und donnerstags Sporttraining hat, doch solange es eine beständige Routine gibt, der Ihr Kind folgen kann, stellen diese Anpassungen kein Problem dar, zumal sie sich regelmäßig wöchentlich wiederholen.

KONZENTRATIONSFÖRDERER

Wünschen Sie sich, dass Ihr Kind in der Schule besser aufpasst? Es gibt eine Lösung, die nicht in „pädagogisch wertvoller" Software, im Bücherwälzen oder Nachhilfeunterricht zu finden ist. Untersuchungen haben gezeigt, dass Spielen grundlegend ist für die kognitive Entwicklung des Kindes.[40] Spielzeit ist nicht Videospielzeit; es ist Zeit, im Garten eine Frisbee zu werfen, einen Fußball zu schießen oder Hüpfen zu spielen.

> **!** Zeit, die man draußen verbringt, trägt besonders zur Erholung bei, bei Kindern genauso wie bei Erwachsenen.

Eine Reihe psychologischer Studien hat ergeben, dass Menschen, nachdem sie Zeit in der Natur verbracht haben, mehr Aufmerksamkeit, ein stärkeres Gedächtnis und allgemein eine bessere Wahrnehmung an den Tag gelegt haben. Ihr Gehirn war ruhiger und arbeitete präziser.

Die Versuchspersonen wurden einer Reihe anstrengender Tests unterzogen, die dazu konzipiert waren, ihr Arbeitsgedächtnis und ihre Konzentrationsfähigkeit zu messen. Nach den Tests wurde die Hälfte der Teilnehmer in einen Park geschickt, um dort eine halbe Stunde spazieren zu gehen. Die anderen Probanden gingen eine halbe Stunde lang an einer vielbefahrenen Straße in der Innenstadt entlang. Beide Gruppen kamen zurück, um die Tests noch einmal zu durchlaufen. Die Gruppe, die die Zeit im Park verbracht hatte, verbesserte ihre Leistung bedeutend.[41]

Das Internet bietet nicht das ruhige Umfeld, das man in der Natur erleben kann. Es gibt keine bauschigen Wolken, in denen Kinder interessante Formationen entdecken, oder friedliche Bäche, auf deren Wasseroberfläche man Steine hüpfen lassen kann. Ein Besuch des nächstgelegenen Parks oder ein Tagesausflug an einen malerischen Ort wird Ihrem Kind helfen, seinen Kopf zur Ruhe zu bringen und wieder in der Lage zu sein, in der Schule und im Leben die nötige Konzentration aufzubringen.

Zusätzlich zur Natur können Sie die Konzentrationsfähigkeit Ihres Kindes auch durch elterliche Aufmerksamkeit fördern, indem Sie häufig Augenkontakt pflegen. Augenkontakt ist ein wesentlicher Bestandteil, um den „Aufmerksamkeitsmuskel" Ihres Kindes zu fördern. Beim Reden schaut man sich an; das zeigt, dass man dem anderen zuhört. Jeder Vater und jede Mutter hat irgendwann schon einmal frustriert geseufzt: „Nun schau mich doch an, wenn ich mit dir rede!"

Viele Jugendliche starren mit Ausnahme ihrer elektronischen Geräte kaum etwas anderes an. Kindern beizubringen, Augenkontakt mit anderen Menschen aufzunehmen, hilft ihnen, ihre Aufmerksamkeit auf ihr Gegenüber zu richten.

> Wenn Sie auf Augenkontakt bestehen und ihn selbst großzügig einsetzen, helfen Sie Ihrem Kind, zwischenmenschliche Beziehungen bewusst wahrzunehmen und ein stärkeres Einfühlungsvermögen zu entwickeln.

In unserer Gesellschaft und zu Hause sehen Kinder das Beispiel von uns Erwachsenen, die in erster Linie auf Bildschirme fixiert sind und wenig Augenkontakt mit anderen Menschen aufnehmen. Häufig hören Eheberater im Gespräch die Klage der frustrierten Frauen: „Er sagt zwar, dass er zuhört, aber er sieht immer fern oder hat den Computer an." Andersherum kann es auch der Mann sein, der Augenkontakt mit seiner Frau aufnehmen will, während sie mit sozialen Medien beschäftigt ist. Es kann durchaus sein, dass wir dem anderen auch dann zuhören, wenn wir mit unseren Bildschirmen beschäftigt sind. Doch wenn man das auch zeigen will, dann sollte man dem anderen Augenkontakt schenken.

In unserem digitalen Zeitalter ringen so viele Dinge um Ihre Aufmerksamkeit und die Aufmerksamkeit Ihres Kindes. Der Klingelton, der eine neue SMS ankündigt. Online-Videos. Das nächste Level beim Videospiel. Dutzende neuer Mails.

> Eltern wie Kinder müssen lernen, sich auf das zu konzentrieren, was im Leben wirklich wichtig ist.

Das gilt selbst dann, wenn Reize, Befriedigungen und Entertainment fehlen.

Was William James im 19. Jahrhundert schrieb, gilt auch heute noch: „Das Vermögen, die abschweifende Aufmerksamkeit bewusst wieder zurückbringen zu können, und das immer wieder, ist die Grundlage von Urteilsvermögen, Charakter und Willenskraft." Die Konzentrationsfähigkeit Ihres Kindes ist nicht nur wichtig für den Erfolg in der Schule. Sie ist eine Herzensangelegenheit, die für das ganze Leben Ihres Kindes entscheidend bleibt.

FRAGEN ZUM NACHDENKEN UND DISKUTIEREN

- Wie wirkt sich die Zeit am Bildschirm auf die Konzentrationsfähigkeit Ihres Kindes aus?

- Hat Ihr Kind Aufmerksamkeitsschwierigkeiten in der Schule, in der Kinderstunde oder in anderen Situationen, wo Zuhören gefordert ist?

- Kann Ihr Kind still sitzen?

- Ist Ihnen schon mal aufgefallen, dass Ihr Kind immer zwischen mehreren Aufgaben hin und her wechselt, statt sich auf eine Aufgabe zu konzentrieren? Nennen Sie ein Beispiel.

- Sprechen Sie über die Lesegewohnheiten Ihres Kindes. Was können Sie tun, um die Lesezeit, das Vokabular oder das Leseverständnis Ihres Kindes zu fördern?

- Was tun Sie, um Ihr Kind zu ermuntern, mehr zu lesen?

- Falls Ihr Kind mit ADHS zu kämpfen hat: Wie können Sie ihm dann helfen, verantwortungsvoll mit Bildschirmen umzugehen?

- Warum kann Multitasking tückisch für Ihr Kind sein?

- Wie viel tägliche Spielzeit, die nicht mit Bildschirmen zu tun hat, bekommt Ihr Kind?

> „Schüchternheit wird dadurch gefördert,
> dass so viele Menschen so viel Zeit allein verbringen,
> isoliert durch E-Mails und Chat-Rooms,
> was ihren persönlichen Kontakt mit anderen Menschen verringert."
> Philip Zimbardo

8 | Bildschirmzeit und Schüchternheit

Jetzt haben Sie ein Verständnis von den fünf „1+"-Kompetenzen, die Ihr Kind braucht, um erfolgreich Beziehungen aufbauen zu können: Zuneigung, Wertschätzung, Beherrschung, Entschuldigung und Beteiligung. Im nächsten Teil des Buches wollen wir uns den quälenden Fragen zuwenden, die viele Eltern stellen, wenn es darum geht, wie sich Bildschirmzeit auf ihr Familienleben auswirkt.

Nicole saß neben anderen Eltern, während sie darauf wartete, dass ihre Tochter mit ihrem Ballett-Unterricht fertig war. Sie nahm eine Zeitschrift zur Hand, doch bevor sie zu lesen begann, beschloss sie, sich kurz der Mutter neben ihr vorzustellen.

„Hallo, ich bin Nicole."

„Oh, hallo", sagte die andere Frau, die neben einem Jungen saß, der ungefähr zehn Jahre alt zu sein schien. „Ich bin Greta und das ist mein Sohn Peter." Sie zeigte auf Peter und wandte sich ihm zu. „Peter, das ist Nicole."

Peter starrte sein Videospiel ungerührt weiter an. Die Worte seiner Mutter schien er überhaupt nicht wahrzunehmen. Nach einem kurzen Moment sagte seine Mutter verlegen: „Tut mir leid. Peter ist sehr schüchtern. Er ist schon immer so gewesen."

Obwohl Peter in der Schule durchaus kontaktfreudig war und problemlos in der Klasse vor allen Mitschülern sprechen konnte, war er immer schüchtern gegenüber Erwachsenen gewesen. Seine Mutter hat ihn nie dazu gezwungen, mit ihren Freunden und Bekannten zu reden, weil sie dachte, dass Peter einfach etwas schüchtern war und das sich irgendwann geben würde.

Kinder wie Peter können sich leicht hinter Bildschirmen verstecken, um Umgang mit anderen zu meiden, der ihnen unangenehm ist oder unnötig erscheint. Forschungen zeigen, dass immer mehr junge Menschen als schüchtern gelten. Viele Experten glauben, dass die Zunahme dieser Zahl zum Teil an der sozialen Isolation liegt, die die digitale Verbundenheit mit sich bringt. Am Computer spielen, im Internet surfen, mailen, simsen und chatten sind alles Aktivitäten, die man allein tut, im stillen Kämmerlein, ohne jemand anderen ansehen zu müssen. Bildschirmkinder sammeln nicht viel Erfahrung mit nonverbaler Kommunikation und persönlichem Austausch.

Doch obwohl sich viele Kinder selbst als schüchtern bezeichnen oder von ihrer Umwelt so eingeschätzt werden, leiden einer Untersuchung zufolge nur etwa 13% an einer sozialen Phobie.[42] Die meisten der befragten Kinder sind wie Peter; sie sind nicht wirklich schüchtern. Sie könnten den Umgang mit anderen relativ leicht lernen, wenn man sie nur von ihren Bildschirmen wegbekäme.

WAS IST SCHÜCHTERNHEIT – UND WAS NICHT

Schüchternheit bedeutet, dass ein Kind nervös ist und sich unbehaglich fühlt, wenn es andere Menschen kennenlernt und mit ihnen redet. Schüchterne Kinder passen sich nicht so gut in eine Gruppe in der Schule oder auf dem Spielplatz ein, weil sie in der Gegenwart anderer zurückhaltend sind. Je mehr ein Kind diesem Muster verfällt, andere Menschen meidet und sich von einem sozialen Umfeld zurückzieht, umso hinderlicher wirkt sich das später auf das Erwachsenenleben aus.

Allerdings sollte man Schüchternheit nicht mit einem stilleren Charakter verwechseln. Wenn ein Kind die Stimmungskanone schlechthin ist, ein anderes hingegen kaum ein Wort von sich gibt, heißt das nicht, dass das stillere Kind schüchtern ist. Kontaktfreudige, extrovertierte, gesprächige Kinder werden zwar oft gelobt, aber ruhigere, introvertierte Kinder haben auch Stärken, weil sie gute Zuhörer und analytische Denker sein können.

Falls Sie sich fragen, was gesund und was ungesund ist, wenn es um ein Kind geht, das still und zurückhaltend ist, achten Sie auf folgende Merkmale:

Gesund	Ungesund
Stellt Augenkontakt her	Meidet Augenkontakt
Höflich	Unhöflich, reaktionslos
Zufrieden	Unzufrieden
Verhalten ist allgemein gut	Verhaltensstörungen
Andere fühlen sich bei ihm wohl	Andere fühlen sich bei ihm unwohl

Glauben Sie bitte nicht, dass Ihr Kind schüchtern ist, nur weil es still ist. Vielleicht meldet es sich nicht in der Klasse, aber in einem kleinen Kreis geht es durchaus aus sich heraus. Es ist völlig in Ordnung, wenn Ihr Kind zurückhaltender ist als andere. Und selbst wenn Ihr Kind nervös ist und vor Menschen und neuen Situationen Angst hat, stempeln Sie es nicht als schüchtern ab.

Ein Kind, das immer wieder hört, dass es schüchtern sei, hat dadurch eine Ausrede, seine Sozialkompetenz nicht zu entwickeln. In dem Fall kann ein Kind immer sagen: „Ach, ich bin einfach schüchtern", und dann lässt man bei ihm durchgehen, dass es nicht höflich ist oder sich vor Gesprächen drückt. Für einige Kinder ist es bequem, dass sie als schüchtern gelten.

Sie müssen Ihr zurückhaltendes Kind nicht in die Schablone eines geselligen Menschen pressen. Bringen Sie ihm einfach bei, am Leben teilzunehmen und an der Gesellschaft anderer Freude zu finden. Introvertierte und extrovertierte Kinder haben eines gemeinsam: Sie alle müssen lernen, was sich im Umgang mit anderen gehört und was sich nicht gehört.

NEUE NORMEN SCHAFFEN

Erinnern Sie sich an den zehnjährigen Peter, der kein Interesse zeigte, die andere Mutter beim Ballettunterricht kennenzulernen? Kinder können gegenüber einem Erwachsenen, der mit seinen Eltern redet, durchaus zurückhaltend sein. Erwachsene wirken häufig einschüchternd. Doch als Eltern sollten wir daran denken, dass Kinder das tun, was wir ihnen beibringen. Wenn wir unseren Kindern von klein auf beibringen, Erwachsenen in die Augen zu sehen und Fragen zu stellen, geben wir ihnen eine wichtige Lektion in Sachen Sozialkompetenz mit auf den Weg. Sie gewöhnen sich daran, mit Erwachsenen zu sprechen, weil wir ihnen das beigebracht haben. Kinder, die sich bedroht fühlen oder nervös sind, wenn sie mit anderen reden, können zuerst zu Hause oder mit Freunden üben. Kinder, die kein Interesse an anderen zeigen, können lernen, höflich zu sein.

Dasselbe gilt für den Umgang mit Gleichaltrigen. Das nächste Mal, wenn Sie in einer Gruppe mit anderen Kindern sind und sehen, wie ein Kind für sich ist, können Sie Ihrem Sohn sagen: „Siehst du Paul da drüben? Er ist ganz allein. Geh doch mal zu ihm hin und rede mit ihm. All die anderen Kinder spielen und vielleicht fühlt er sich ausgeschlossen. Lade ihn einfach ein, beim Spielen mitzumachen." Auf diese Weise bringen Sie Ihrem Sohn bei, sich anderer aktiv anzunehmen.

Ich (Arlene) war als Kind zurückhaltend. Als meine Eltern anfingen, zur Kirche zu gehen, wollte ich nicht von ihnen getrennt sein. Also weigerte ich mich, mit den anderen Kindern zum Kindergottesdienst zu gehen. Nach vielen Monaten, in denen ich im Erwachsenengottesdienst neben meinen Eltern saß, beschloss meine Mutter, mir einen kleinen Stups zu geben.

„Bald wirst du mal die Kinderstunde ausprobieren", sagte sie. „Wenn du dann in den Raum kommst, schau einfach, ob da noch andere Kinder sind, die für sich sind. Sie sind wahrscheinlich genauso nervös wie du. Du kannst dich neben sie setzen und sie nach ihren Familien fragen oder was sie gerne machen. Wenn du nach Leuten suchst, die einen Freund brauchen, stehst du selbst nicht mehr allein da."

Anfangs fiel es mir schwer, meine Nervosität zu überwinden und ein fremdes Kind anzusprechen. Doch es dauerte nicht lange, da lernte ich, mit Mädchen zu reden, die etwas abseits saßen. Mir fiel es immer leichter, mit anderen Kindern zu sprechen, und heute, etwa dreißig Jahre später, folge ich immer noch dem Rat meiner Mutter, wenn ich in einem Raum voller fremder Menschen bin.

Sie können Ihrem Sohn oder Ihrer Tochter helfen, sich ein neues Verhalten anzugewöhnen, wenn es um den Umgang mit anderen geht. Sagen Sie Ihrem Kind, dass es sich, wenn es nervös ist, auf den anderen konzentrieren soll statt auf sich selbst. Widerstehen Sie der Versuchung, für Ihr Kind zu sprechen, wenn Sie zusammen sind. Sollte es eine unbehagliche Sprechpause geben, lassen Sie Ihrem Kind reichlich Zeit, selbst etwas zu sagen, statt es sofort aus der Situation zu retten.

Falls Ihr Kind gerade ein elektronisches Gerät benutzt, wenn jemand anders es anspricht, dann bringen Sie Ihrem Kind bei, das Gerät beiseitezulegen, die Person anzusehen und zu lächeln.

> Menschen kommen zuerst; Smartphones, Tablets oder Videospiele später.

Technik kann schüchternen Kindern aber auch durchaus eine Chance bieten. Ein Mädchen, das sich nicht wohl dabei fühlt, vor einer großen Gruppe Menschen zu sprechen, kann ihre Meinung im vertrauten Wohnzimmer aufschreiben und es posten, sodass es Hunderte Kinder sehen können. Sie kann in einer virtuellen Welt Rollen spielen und dabei etwas lernen, was ihr in realen Situationen mit Freunden helfen kann.

Aber seien Sie bei der Online-Zeit vorsichtig. Kinder, deren Schüchternheit ihnen Schwierigkeit bereitet, können sich zu sehr zum Bildschirm flüchten und dort Gesellschaft suchen.

> Am effektivsten überwindet man Schüchternheit, indem man im Alltag den zwischenmenschlichen Austausch einübt – zu Hause, in der Schule, beim Sporttraining oder Einkaufen.

Wenn ein Kind jeden Tag stundenlang online ist, sammelt es keine Erfahrung im Umgang mit anderen, weil es den Großteil seiner Freizeit allein vor dem Bildschirm verbringt.

ÜBEN, ÜBEN, ÜBEN

Wenn man etwas Neues lernen möchte, zum Beispiel beim Fußball ein Tor zu schießen oder Klavier zu spielen, dann kennen Sie sicher den Spruch: „Übung macht den Meister."

> Genauso wichtig ist Übung, wenn es darum geht, Sozialkompetenz zu lernen.

Ihr Zuhause können Sie als Ort für die Generalprobe sehen. Das ist ein sicherer Ort, an dem Ihre Kinder einüben können, wie man mit anderen kommuniziert, um dann auch außerhalb des Zuhauses Sozialkompetenz zu zeigen.

Als Erstes können Sie Ihrem Kind erklären, dass es Vorteile hat, freundlich zu sein, selbst wenn man sich lieber zurückziehen möchte. Zu den Vorteilen gehört: mehr Spaß zu haben, gute Freunde zu finden oder die Schule und andere Gruppenaktivitäten mehr genießen zu können. Erzählen Sie, wie es Ihnen in Ihrem Leben geholfen hat, freundlicher zu werden. Vielleicht

mussten Sie Ihre Schüchternheit überwinden, um Ihren Traumberuf ergreifen zu können.

Hier sind einige Situationen als Beispiel für Übungsaufgaben mit Ihren
Kindern:

Erfolgreiche Verabredungen. Tun Sie so, als wären Sie ein Spielkamerad, der zu
Besuch kommt, um mit Ihrem Sohn zu spielen. „Was sollen wir spielen?", fragen
Sie. Lassen Sie Ihren Sohn fünf interessante Aktivitäten aussuchen, die zur Auswahl
stehen (Dinge wie Brettspiele, Legos, Fußball oder Basketball). Spielen Sie fünf
Minuten lang mit Ihrem Sohn und reden darüber, wie toll es wäre, einen Freund
zu Besuch zu haben. Dann laden Sie einen netten Jungen ein, mit dem Ihr Sohn
gut auskommt. Erlauben Sie nicht, dass die beiden sich hinter einem Bildschirm
verkriechen, und servieren Sie unbedingt einen besonders köstlichen Snack.

Spaß auf dem Schulhof. Gehen Sie nach draußen und tun so, als wären Sie mit
Ihrer Tochter auf dem Schulspielplatz. Spielen Sie durch, wie die Schulpause normalerweise verläuft. Fragen Sie: „Was machst du zuerst, wenn du auf den Schulhof
kommst?" Schlagen Sie vor, dass sie nach einer Freundin aus ihrer Klasse oder
einem anderen Mädchen, das allein ist, Ausschau hält. Wie kann Ihre Tochter am
besten bei einer Gruppe Mädchen mitmachen, die bereits miteinander spielen?
Wie kann sie sich verhalten, wenn die anderen sie nicht mitspielen lassen? Gehen
Sie verschiedene Szenarien mit ihr durch und sagen Sie ihr, wie sie reagieren kann.
Hören Sie sich die Sorgen und Ängste Ihrer Tochter in Bezug aufs Spielen mit anderen an. Spielen Sie die Situationen durch, damit sie einüben kann, wie sie am
besten mit ihren Schulkameraden umgeht.

Im Klassenzimmer zurechtkommen. Setzen Sie Ihren Sohn an einen Tisch, während Sie so tun, als wären Sie der Lehrer. Stellen Sie eine Frage und fordern Sie
Ihren Sohn auf, die Hand zu heben und Ihnen zu antworten. Lassen Sie ihn wissen, dass er sich nicht unbedingt jedes Mal melden muss, aber dass es gut wäre,
es regelmäßig zu tun. Erklären Sie, warum es wichtig ist, Augenkontakt mit dem

Lehrer aufzunehmen. Wenn Ihr Kind etwas vor der ganzen Klasse vortragen muss, üben Sie das mehrmals vor Geschwistern und einer Menge Kuscheltiere.

Erwachsene kennenlernen. Diese Übung macht mehr Spaß, wenn Sie sich verkleiden und einen Hut aufsetzen oder eine Jacke anziehen. Tun Sie so, als wären Sie der fremde Erwachsene, der Ihrem Kind vorgestellt wird. „Jenny, das ist Mr Davis." Ermuntern Sie Ihr Kind dazu, Ihnen in die Augen zu schauen und die Begrüßung zu erwidern: „Guten Tag, Mr Davis." Gehen Sie einen Schritt weiter und bringen Sie Ihrem Kind bei, mit dem neuen Bekannten ein kurzes, unverbindliches Gespräch zu führen: „Ich freue mich, Sie kennenzulernen" oder „Wie geht es Ihnen?"

Komplimente machen und bekommen. Tun Sie so, als wären Sie ein Freund, Trainer oder Lehrer, und machen Sie Ihrem Kind ein Kompliment: „Das Bild, das du gemalt hast, ist super geworden." Üben Sie mit Ihrem Kind ein, Ihnen in die Augen zu schauen und zu sagen: „Danke." Ermuntern Sie Ihr Kind, das Dankeschön nicht zu murmeln, sondern es klar und mit Begeisterung zu sagen. Dann üben Sie, dass Ihr Kind Ihnen ein Kompliment macht. Fordern Sie Ihr Kind auf, noch am selben Tag einer anderen Person ein Kompliment zu machen und Ihnen zu berichten, wie es gelaufen ist.

Um Hilfe bitten. Es wird nicht schwer sein, das zu spielen. Tun Sie so, als wären Sie an Ihrem Schreibtisch beschäftigt. Sagen Sie Ihrem Kind, dass es Sie wegen einer dringenden Angelegenheit unterbrechen soll. Sie sollten Ihrem Kind beibringen, dass es in der Schule und anderswo ruhig den Mund aufmachen und sich durchsetzen darf, wenn es um etwas wirklich Dringendes geht. Erklären Sie den Unterschied zwischen einer dringenden, wichtigen Angelegenheit und etwas, was warten kann. Wenn Ihr Kind in der Schule oder anderswo tyrannisiert wird, sollte es genug Mut haben, es jemandem zu sagen. Sie können solch ein Szenario durchspielen, damit Ihr Kind weiß, was zu tun ist, sollte es einmal dazu kommen.

Körpersprache erkennen. Erfolgreiche Kommunikation besteht sowohl aus Worten als auch aus nonverbalen Zeichen. Bildschirme können einem Kind nicht die

Nuancen von Körpersprache und Gesichtsausdruck beibringen. Aber Sie können verschiedene Gesichtsausdrücke durchspielen, um Ihr Kind zu testen. Machen Sie verschiedene Gesichtsausdrücke (traurig, wütend, glücklich etc.) und bitten Sie Ihr Kind, die Emotion zu benennen. Sie können auch zusammen eine Zeitschrift durchblättern und die unterschiedlichen Emotionen benennen, die bei den abgebildeten Menschen zu sehen sind. Wie fühlen diese sich, nach ihrem Aussehen zu urteilen? Was kann man von ihrer Körpersprache ableiten?

Je mehr Sie diese Sozialkompetenzen zu Hause üben, desto sicherer wird Ihr Kind darin, sie auch außer Haus einzusetzen. Dann können Sie Ihrem Kind erweiterte Erlebnisse ermöglichen, beispielsweise:

- zur „Märchenstunde" in die Bücherei gehen
- einer Gruppe wie den Pfadfindern beitreten
- den Verkäufer in einem Bücherladen um Hilfe bitten, ein Buch zu finden
- zusammen mit einer anderen Familie den Tierpark besuchen
- Essen in einem Restaurant bestellen
- mit dem Mitarbeiter an der Kasse im Supermarkt reden

Außerdem können Sie Ihrem Kind Anreize bieten, dass es lernt, seine Zurückhaltung zu bekämpfen. Sie können für bestimmte Aktivitäten Punkte verteilen und dann feiern oder einen Preis verleihen, wenn eine bestimmte Punktzahl erreicht ist. Zum Beispiel:

- 1 Punkt dafür, in der Pause mit einem Schulkameraden zu sprechen
- 3 Punkte dafür, Augenkontakt mit einem Erwachsenen aufzunehmen
- 5 Punkte dafür, sich mit jemandem zu verabreden
- 10 Punkte dafür, einer Gruppe beizutreten, die sich nach der Schule trifft

FÜNF DINGE, DIE SIE IHREM ZURÜCKHALTENDEN KIND NICHT SAGEN SOLLTEN

1. Sei nicht so schüchtern.
2. Keine Angst, die beißen schon nicht.
3. Sitz da nicht einfach nur rum. Nun sag schon was!
4. Hast du deine Zunge verschluckt?
5. Warum kannst du nicht kontaktfreudig sein wie deine Schwester?

ABLEHNUNG, TYRANNEN UND SCHLECHTE TAGE

Die sechsjährige Wendy kam tränenüberströmt nach Hause – schon wieder. Nach ihrem Schulwechsel drei Wochen zuvor hatte sie immer noch keine Freunde gefunden. Sie war schüchtern und der Umzug fiel ihr besonders schwer. Heute beim Schulmittagessen hatte sie den mutigen Versuch gewagt, sich neben einige Mädchen aus ihrer Klasse zu setzen, aber sie sahen sie an und sagten: „Hier ist leider kein Platz mehr am Tisch." Ohne ein Wort zu sagen, suchte Wendy sich einen anderen Platz in der Mensa, während sie mit den Tränen kämpfte.

Da es Wendy nicht gelang, Freunde zu finden, versuchte sie es in den Schulpausen gar nicht mehr. Sie mied Augenkontakt mit ihren Klassenkameraden und den Lehrern. Zu Hause fing sie an, nach der Schule erheblich mehr fernzusehen als zuvor.

Eric, elf Jahre alt, spielte liebend gerne Fußball, aber es graute ihm vor dem Training. Einer seiner Mitspieler, der zwölfjährige Lukas, machte sich ständig über ihn lustig. Er sagte Sachen wie: „Wenn ihr ein Tor schießen wollt, dann spielt keinen Pass zu Eric" oder: „Wer hat dir denn das Spielen beigebracht? Ein Haufen Mädchen?" Eric erzählte seinen Eltern nicht, wie er tyrannisiert wurde. Stattdessen flüchtete er sich in seine Videospiele, wo er der Held war.

Für Kinder wie Wendy und Eric, die Schwierigkeiten mit ihrem sozialen Umfeld haben, ist es leichter denn je, sich in den sicheren Rahmen der Bildschirmwelt zu flüchten. Wenn man sich ausgeschlossen fühlt, dann hantiert man einfach an seinem Smartphone herum oder spielt ein Videospiel. Dann sieht man aus, als hätte man etwas zu tun. Man wirkt beschäftigt und wichtig. Bildschirme sind erheblich leichter zu bedienen als Menschen. Bildschirme scheren sich nicht darum, ob man sich richtig verhält. Sie bilden sich kein Urteil über das, was man sagt oder tut. Man muss sich nicht herausputzen oder riskieren, peinlich zu erscheinen oder auf Ablehnung zu stoßen. Das Tablet kümmert es nicht, ob man einen Frisurdebakeltag hat, und es macht sich nie über einen lustig. Man kann einfach mit einem Spiel oder einer Fernsehsendung Zeit verbringen und dabei das Gefühl der Verbundenheit erleben, ohne dass man sich selbst anstrengen muss.

Wenn ein Kind drei, vier oder fünf Stunden lang am Tag fernsieht oder am Computer spielt, was verpasst es dann? Normale Beschäftigungen wie eine Unterhaltung mit der Familie, einkaufen gehen, draußen bolzen oder mit Geschwistern spielen. Solche Aktivitäten helfen einem Kind, leichter mit anderen umzugehen, nicht nur innerhalb der Familie, sondern auch außerhalb. Bildschirmzeit kann hingegen dazu führen, dass das Kind noch mehr zum Außenseiter wird und sich ungute Verhaltensmuster weiter verstärken. Einer Untersuchung zufolge steht übermäßiger Fernsehkonsum von Kindern bis zu vier Jahren in Verbindung mit dem Tyrannisieren anderer Kinder im Grundschulalter.[43]

Wenn ein Kind hauptsächlich an Computern und Videospielgeräten hängt – wie soll es da lernen, sich auf andere Menschen einzustellen, statt sich entweder von ihnen zurückzuziehen oder aggressiv zu reagieren? Ein schüchternes Kind, das zu Hause in ein enges Beziehungsnetz eingebunden ist, hat viel bessere Chancen, richtig mit Mobbing und Ablehnung umzugehen. Die Eltern können ihr Kind mit Liebe durch die schwierigen Zeiten begleiten, wenn es von anderen Kindern geärgert oder gemobbt wird.

GEMEINSAME MAHLZEITEN

Es gibt jeden Tag eine ganz natürliche Zeit, in der Sie eine Verbindung zum Herzen Ihres Kindes herstellen können, und die kommt aus dem Bauch. Wie Sie die Mahlzeiten gestalten, ist ungemein wichtig. Ist der Fernseher an? Schlingen Sie das Essen schnell hinunter, um sich sofort wieder auf und davon zu machen? Falls ja, dann verpassen Sie, wie wertvoll das gemeinsame Essen sein kann. Mahlzeiten sind eine Zeit für Gespräche. Diese Momente, in denen man sich um den Tisch versammelt, sind unglaublich wertvoll und können Ihr schüchternes Kind aus seiner Einsamkeit locken. Sie können Ihrem Kind beim Abendessen Fragen stellen wie: „Was hat dir heute am besten gefallen?" oder: „Was ist dir heute schwergefallen?" Es ist erstaunlich, was man am Tisch lernen kann, wenn man zuhört.

Denken Sie daran, den Klingelton Ihres Smartphones oder Handys auszuschalten und es während der Mahlzeit nicht in die Hand zu nehmen. Schalten Sie den Fernseher und das Radio aus; es sei denn, dass nur ruhige Musik im Hintergrund zu hören ist.

> **!** Lassen Sie Ihre schönen gemeinsamen Momente nicht von Bildschirmen verderben.

Zeigen Sie Ihren Kindern, dass das Abendessen nicht nur eine Zeit zum Essen, sondern auch zum Reden ist.

Bei den vielen Terminen, die wir heutzutage haben, wird es vermutlich schwierig, jeden Tag Zeit für eine gemeinsame Familienmahlzeit zu finden. Ihr Sohn hat vielleicht Fußballtraining, während die Tochter Klavierunterricht hat, und Sie flitzen herum wie ein professionelles Taxiunternehmen. Ich (Gary) weiß noch, wie wir teilweise die Essenszeit zwischen früh und spät wechseln mussten, weil sie sich sonst nicht mit den Terminen unserer Kinder oder meinen eigenen vereinbaren ließ. Doch wir alle wussten, dass das gemeinsame Abendessen wichtig war, und wir bemühten uns, es einzuhalten.

> **!** Unser Rat lautet, als Familie das Ziel zu haben, jede Woche mindestens sieben Mahlzeiten zusammen zu essen.

Je nachdem, wie die Wochenplanung Ihrer Familie aussieht, kann das bedeuten, jeden Abend zusammen zu essen oder die meisten gemeinsamen Mahlzeiten am Wochenende zu haben und ein paar Mahlzeiten in der Woche.

Bevor wir das Thema Mahlzeiten hinter uns lassen, müssen wir noch kurz darüber sprechen, wie wichtig gesunde Ernährung und ein gesundes Selbstwertgefühl für Ihr Kind sind. Wenn ein Kind Normalgewicht hat und zum Beispiel durch Sport oder auf dem Spielplatz aktiv sein kann, wird dadurch sein Selbstvertrauen gestärkt. Leider sind inzwischen immer mehr Kinder und Jugendliche übergewichtig. Diese Gesundheitsproblematik setzt Kinder der Gefahr von Krankheiten aus, die für sie eigentlich undenkbar sein sollten: Herzkrankheiten, Prädiabetes, Knochen- und Gelenkprobleme und Schlafapnoe, um nur einige wenige zu nennen.[44]

Kinder, die an Bildschirmen hängen, leiden nicht nur unter Bewegungsmangel, sondern werden auch mit einer Flut von Werbung überschüttet, die ihr Verlangen nach ungesundem Essen verstärkt. Spätabends fernzusehen oder Videospiele zu spielen, kann auch das Schlafen behindern. Ein Kind kann leicht in einen Teufelskreis geraten, bestehend aus Fernsehen, Videospielen, mangelnder Bewegung, ungesunder Ernährung, schlechten Schlafgewohnheiten und Übergewicht. Das sind für jedes Kind destruktive Verhaltensmuster und für schüchterne Kinder kann das besonders verheerend sein, weil es sie noch mehr isoliert.

Ein schüchternes Kind, das sich im Umgang mit anderen sowieso schon nicht wohlfühlt, wird noch nervöser, wenn es dazu noch mit Übergewicht zu kämpfen hat. Was Sie beim Abendessen servieren – sowohl was die Kalorien betrifft als auch die Unterhaltung –, wird sich nachhaltig auf das Wohlergehen Ihres Kindes auswirken.

Denken Sie daran: Es geht nicht darum, aus Ihrem Kind einen extrovertierten Menschen zu machen oder ein stilles Kind dahin zu bringen, Alleinunterhalter zu werden, was es nicht ist. Vielmehr geht es darum, Ihrem Kind zu helfen, sich in der Gegenwart anderer entspannen und durch tiefere Beziehungen Verbindungen knüpfen zu können.

Soziale Verbindungen sind ein grundlegendes Bedürfnis des Menschen. Mehr im Austausch mit Bildschirmen zu stehen als mit Menschen, kann ein ungesundes Verhaltensmuster der Isolation schaffen. Doch Sie können dagegen ankämpfen – eine Mahlzeit nach der anderen, eine Unterhaltung nach der anderen, bis Ihr Kind die Gegenwart anderer genießen und Beziehungen aktiv pflegen kann.

FRAGEN ZUM NACHDENKEN UND DISKUTIEREN

- Nur weil ein Kind still ist, ist es noch lange nicht schüchtern. Überlegen Sie, ob die folgende Aussage auf Ihr Kind zutrifft: „Ein Kind, das immer wieder hört, dass es schüchtern ist, hat dadurch eine Ausrede, seine Sozialkompetenz nicht zu entwickeln. In dem Fall kann ein Kind immer sagen: „Ach, ich bin einfach schüchtern", und dann lässt man bei ihm durchgehen, dass es nicht höflich ist oder sich vor Gesprächen drückt. Für einige Kinder ist es bequem, dass sie als schüchtern gelten."

- Wenn Ihr Kind ein Videospiel spielt und Sie von der Arbeit nach Hause kommen, schaut es dann auf, um Sie zu begrüßen?

- Inwieweit haben Sie Ihrem Kind geholfen, seine Angst davor zu überwinden, neue Leute kennenzulernen?

- Gehen Sie die Übungsszenarien aus diesem Kapitel durch. Welche davon würden Sie gerne mit Ihrem Kind durchspielen?

- Was können Sie einem Kind, das mit Schüchternheit zu kämpfen hat, als Ermutigung sagen?

- Ist Ihr Kind von anderen Kindern schon abgelehnt oder tyrannisiert worden? Haben Sie hinterher darüber gesprochen?

- Hat Ihr Kind Normalgewicht? Was können Sie tun, um gesunde Ernährung und ausreichend Bewegung zu fördern?

„Die gegenwärtige Explosion digitaler Medien ändert nicht nur die Art, wie wir leben und kommunizieren, sondern formt unser Gehirn rapide und tief greifend um."
Dr. Gary Small

9 | Bildschirmzeit und das Gehirn

Wenn meine (Arlenes) Kinder fernsehen, sind sie von dem, was auf dem Bildschirm geschieht, wie gefesselt. Wenn dann mein Mann ins Zimmer kommt und sieht, wie gebannt ihre Augen auf den Bildschirm starren und wie bewegungslos ihre Körper sind, ruft er manchmal: „Schnell! Mach den Fernseher aus, bevor ihnen das Gehirn aus dem Kopf gesogen wird!"

Bestimmt haben Sie Ihre eigenen Kinder schon dabei beobachtet, wie ihre Augen an einem Bildschirm kleben. Obwohl Sie wissen, dass ihre Gehirne noch funktionieren, haben Sie sich vermutlich auch schon gefragt, was diese ganze Technik mit dem Gehirn anstellt. Bilder, die sich bewegen, sind unglaublich stimulierend für das Gehirn, sei es auf einem Flachbildschirm oder einem Smartphone. Das sich noch im Wachstum befindende Gehirn eines Kindes ist da besonders empfindlich und es wird der neuen Technik immer mehr ausgesetzt.

Wenn ein Baby geboren wird, kommt es ausgestattet mit hundert Milliarden Neuronen auf die Welt. In den ersten drei Lebensjahren ist dieses Übermaß an Neuronen ständig aktiv und bildet Netzwerke. Mit ungefähr drei Jahren bilden sich die überschüssigen Neuronen zurück. Es ist so ähnlich wie beim Beschneiden eines Baumes: Indem die schwachen Verbindungen weggeschnitten werden, können die starken gedeihen.

Mithilfe von Kernspintomografie haben Neurowissenschaftler das Wachstum des Gehirns von Kindern und Jugendlichen gemessen. Netzwerke im Frontalhirn, von wo aus die Konzentration gesteuert wird, wachsen am schnellsten im Alter zwischen drei und sechs Jahren. Der zweite Wachstumsschub der Synapsenbildung findet kurz vor der Pubertät statt (grob gesagt mit elf bei Mädchen, mit zwölf bei Jungen). Dann, in der Pubertät, findet erneut eine „Beschneidung" der Neuronen statt.[45]

Einige Experten gehen davon aus, dass dies eine besonders wichtige Entwicklungsphase darstellt, die den restlichen Lebensverlauf des Kindes beeinflussen kann. Dr. Jay Giedd von dem *National Institute of Mental Health* sagt:

Unsere Leithypothese ... ist das „Use-it-or-lose-it"-Prinzip. Wenn ein Jugendlicher Musik oder Sport macht oder seine kognitiven Fähigkeiten gebraucht, dann sind das die Zellen und Verbindungen, die in ihm verdrahtet werden. Wenn ein Jugendlicher auf der Couch liegt oder Videospiele spielt oder sich MTV ansieht, dann überleben die Zellen und Verbindungen, die dabei benutzt werden.[46]

„Einheimische" der digitalen Welt verbringen durchschnittlich acht Stunden am Tag vor dem Bildschirm. Falls Ihr Kind dazugehört, fragen Sie sich: „Welche Gehirnzellen und -verbindungen werden die Zukunft meines Kindes gestalten?"

DAS TECHNISIERTE GEHIRN

Dr. Gary Small, Leiter des Gedächtnis- und Alterungs-Forschungszentrums an der UCLA, hat ein faszinierendes Experiment durchgeführt, um zu zeigen, wie sich das Gehirn durch das Internet verändert. Er scannte die Gehirne von einem Dutzend erfahrener Websurfer und einem Dutzend Menschen, die das Internet nicht benutzen. Das tat er, während beide Gruppen bei Google suchten. Bei der Gruppe, die viel Erfahrung mit dem Internet hatte, zeigten sich starke Gehirnaktivitäten in dem linken Vorderteil des Gehirns, bekannt als der „dorsolaterale präfrontale Cortex", während sich bei den Internetneulingen kaum Aktivität in diesem Bereich zeigte, wenn überhaupt. Ihr Gehirn sah bei der Internetrecherche ganz anders aus. Doch als beide Gruppen einen Text in einem Buch lasen, ergaben die Gehirnscans keine Unterschiede zwischen den beiden Gruppen.

Die Internet-Neulinge wurden dann angewiesen, fünf Tage lang eine Stunde täglich im Internet zu surfen. Nach dieser Periode wurden die Untersuchungen wiederholt. Die neuen Scans zeigten, dass die Gruppe der Neulinge beim Google-Suchen nun dieselbe Gehirnaktivität im präfrontalen Cortex hatte wie die Gruppe der Internetexperten. In nur fünf Stunden hatte die Gruppe ihr Gehirn neu vernetzt.[47]

Eltern, die Sorge haben, dass ihre Kinder benachteiligt seien, wenn sie nicht auf den Technik-Zug springen, können wir durch dieses Experiment beruhigen.

> Das Gehirn braucht nicht lange, um zu lernen, wie man Technik benutzt.

!

Wenn Ihr Kind, wie bei der Gruppe im Experiment, fünf Stunden lang im Internet ist, reicht das, um zu lernen, wie man nach Webseiten sucht, chattet, am Computer spielt und tweetet.

Doch was, wenn das gegenteilige Szenario zutrifft? Was, wenn Ihr Kind vom Kindergartenalter an und die ganze Grundschule hindurch am Bildschirm groß wird? Kann es mit einem derart technisierten Gehirn noch die Konzentration aufbringen, die im Klas-senzimmer gefordert wird? Kann ein solches Gehirn noch Mitgefühl für einen Freund aufbringen oder eine lange Passage lesen und verstehen? Derartige Fähigkeiten lassen sich nicht annähernd so schnell aneignen.

Bei erhöhter Bildschirmnutzung werden die neuronalen Netzwerke, die herkömmlichere Methoden des Lernens wie Lesen, Schreiben und anhaltende Konzentration kontrollieren, vernachlässigt.

Jeremy, elf Jahre alt, verbringt seine Zeit nach der Schule und dem Fußballtraining mit Videospielen. Er schert sich nicht darum, richtig schreiben zu lernen, weil die Rechtschreibprüfung am Computer das ja sowieso korrigiert und man bei einer SMS nicht auf Rechtschreibung achten muss.

Es ist sehr bemerkenswert, dass der Leiter der Technikabteilung von eBay seine Kinder an eine kleine Schule schickt, in der Technik nicht zum Einsatz kommt. Das Gleiche machen Angestellte von digitalen Giganten wie Google, Apple, Yahoo und Hewlett-Packard. In diesen Einrichtungen sind keine Computer oder Bildschirme zu finden.[48] Bill Gates erlaubte seinen Töchtern nur eine Dreiviertelstunde Internetzeit am Tag, einschließlich Videospiele. Er wartete, bis sie dreizehn Jahre alt waren, ehe er ihnen ihr eigenes Handy gestattete.[49]

> Das Gehirn von Kindern, die an Bildschirmen groß werden, ist darauf ausgerichtet, mithilfe von Geräten zu kommunizieren, statt sich im direkten Gegenüber mit Menschen auszutauschen.

Dr. Gary Small sagt: „Die Nervenbahnen für den Austausch und die Kommunikation mit anderen werden immer schwächer, während die üblichen Sozialkompetenzen für das direkte Gegenüber schwinden."[50] Textnachrichten und soziale Medien können eine gute Ergänzung zur persönlichen Kommunikation bilden, doch wenn sie die Gesamtsumme menschlicher Kontakte ausmachen, entgeht Ihrem Kind sehr viel.

Kinder lieben die Wörter „ich", „mich" und „mir". Unser Gehirn ist nicht von Natur aus mitfühlend. Mitgefühl muss gelernt werden und Bildschirmzeit wirkt dem häufig entgegen. Wenn man einem anderen Menschen gegenübersitzt, kann man am Gesichtsausdruck des anderen ablesen, wenn seine oder ihre Gefühle verletzt sind. Online kann man diese Emotion nicht sehen oder fühlen. Videos, durch die andere Jugendliche bloßgestellt werden, können leicht zu einem gedankenlosen Zeitvertreib werden, der sich online verbreitet, ohne Rücksicht auf die Gefühle der Betroffenen zu nehmen. Ein Kind, das zu viel Zeit mit elektronischen Geräten verbringt, kann sich leicht von den Gefühlen anderer abkoppeln. Websurfen führt oft in ungute Ecken der Cyberwelt und setzt das Gehirn des Kindes unangebrachten Bildern und Inhalten aus.

Natürlich muss gesagt werden, dass Bildschirmzeit auch Vorzüge für das Gehirn haben kann. Internetnutzung trainiert das Gehirn des Kindes, im Schnellfeuer durch die digitale Welt navigieren zu können. Die „Gehirnmuskeln", die dadurch entwickelt werden, haben mit schneller Entscheidungsfähigkeit, Sehschärfe und Multitasking zu tun. Ein Kind, das Videospiele spielt, sieht eventuell etwas in seinem peripheren Umfeld, was einem Nichtspieler entgeht. Spieler können hervorragende Leistung erbringen, wenn es um visuell-motorische Aufgaben geht wie einen Joystick zu benutzen, Objekte zu verfolgen oder etwas Bestimmtes in einem Bild zu suchen.

Sind diese Fähigkeiten jedoch wichtig genug, um andere Bereiche der Gehirnentwicklung wie Lesen, Schreiben, Konzentrationsausdauer und Mitgefühl aufzuopfern?

LESEN IM 21. JAHRHUNDERT

Gutenbergs Druckerpresse, erfunden im Jahre 1455, war dazu bestimmt, eine der einflussreichsten Erfindungen der Geschichte zu werden. Das Druckzeitalter hat all denen Wissen geliefert, die bereit waren, lesen zu lernen. Bücher zu lesen, hat die „Muskeln" des logischen Denkens und Kategorisierens gestärkt. Die linke Gehirnhälfte wurde zur dominanten Hemisphäre aufgrund vieler Leser, die sich auf Gebieten wie der Wissenschaft auszeichneten. Experimente haben gezeigt, dass sich das Gehirn Schriftkundiger vom Gehirn Analphabeten darin unterscheidet, wie es Sprache versteht, visuelle Signale verarbeitet und Erinnerungen bildet.[51]

Heute, Jahrhunderte später, lesen unsere Kinder nicht mehr so wie früher einmal. Ich (Arlene) war schockiert, als ich neulich ein Einführungsbuch aus New England aus dem Jahr 1777 durchblätterte. Es gilt als das einflussreichste Schulbuch in der amerikanischen Bildungsgeschichte. Das Einführungsbuch wurde Schülern gegeben, die gerade erst das Lesen lernten, ähnlich wie ein Text für Erstklässler bei uns heute.

Könnte Ihr Kind diese Sätze in der ersten Klasse lesen?

Scharfsinn bezeichnet Schnelligkeit der Wahrnehmung.
Melasse ist ein Sirup, der aus Zucker gewonnen wird, wenn er abkühlt.
Ein Tribunal ist ein Gericht, an dem Streitfälle entschieden werden.

Oder wie steht's mit diesen Wörtern, die das Kind buchstabieren lernen soll, in Silben ausgeschrieben?

Tem pe ra tur
Pfarr an ge hö ri ger
be mit lei den
Son sti ges

Nicht gerade das Vokabular eines heutigen Erstklässlers, oder?

Was ist passiert, dass die intellektuelle Fähigkeit der Kinder abgenommen hat?

Es hat die Erfindungen des Radios, Kinos, Grammofons und Fernsehens gegeben, die dem Kind neue Welten der Unterhaltung eröffneten. Doch bis vor Kurzem war das geschriebene Wort nur in Büchern zu finden. Durch die elektronische Revolution sind Wörter jetzt auf Computern, Tablets und Smartphones zu finden. Das Internet ist unser neues bevorzugtes Medium, um Informationen zu finden, aufzubewahren und zu teilen.

Nicolas Carr schreibt: „Die Bildschirmwelt ist, wie wir zu verstehen beginnen, eine ganz andere Welt als die der Buchseite. Eine neue intellektuelle

Ethik setzt sich durch. Die Nervenbahnen in unserem Gehirn werden einmal mehr neu verlegt."[52] So lesen heutige Kinder und Jugendliche beispielsweise nicht mehr unbedingt eine Seite von links nach rechts und von oben nach unten. Stattdessen flitzen ihre Augen auf der Suche nach einigen interessanten Informationen kreuz und quer über die Seite. Das Internet hat sie geschult, so zu lesen. Online-Lesen ist nicht linear, sondern mit Links übersät, zu denen man springen kann, ohne dass Anfang, Mitte und Ende klar definiert sind.

Nehmen Sie einfach mal irgendeine Zeitschrift für Erwachsene oder Kinder zur Hand, dann werden Sie sehen, dass die Artikel immer kürzer werden, die Fotos immer größer und die Überschriften immer breiter. Es gibt viele Zusammenfassungen, knappe Infos und Zitate, die den wichtigsten Inhalt wiedergeben. Natürlich spricht nichts dagegen, dass man nicht auch mal eine Zeitschrift oder Webseite überfliegen oder ein Buch querlesen darf. Doch wenn das Überfliegen zur Hauptleseweise Ihres Kindes wird, stimmt etwas nicht.

Herkömmliche Bücherleser weisen beim Lesen Aktivität in Gehirnbereichen auf, die mit Sprache, Erinnerung und visueller Verarbeitung in Verbindung stehen. Der präfrontale Bereich, der mit Entscheidungsfindung und Problemlösung zusammenhängt, ist dabei wenig aktiv. Im Gegensatz dazu weisen Internetbenutzer in den gesamten Gehirnregionen, die für Entscheidungsfindung und Problemlösung zuständig sind, beträchtliche Aktivität auf, während sie Webseiten überfliegen. Im Internet ist gründliches Lesen schwierig, da das Gehirn ständig Links bewertet, entscheidet, worauf man klickt, und Ablenkungen wie Werbungen verarbeitet. Dies alles führt das Gehirn davon weg, den Text aufzunehmen, um den es eigentlich geht. Im Internet ist unser Gehirn viel damit beschäftig, Entscheidungen zu treffen und mit Ablenkungen umzugehen, aber es ist nicht in konzentriertes Lernen vertieft.

DAS BELOHNUNGSZENTRUM

Bella, fünf Jahre alt, drückt einen Knopf auf der Fernbedienung und bekommt als Belohnung ein Bild, das sie zum Lachen bringt.

Man kann ein Lächeln auf ihrem Gesicht sehen, doch was passiert dabei in ihrem Gehirn? Der Nucleus accumbens, das Lustzentrum des Gehirns, ist für jedes Erlebnis zuständig, das Vergnügen bereitet. Während Bella sich einen Zeichentrickfilm anschaut, übermittelt der Neurotransmitter Dopamin dem Lustzentrum ein Lustsignal. Bella fühlt sich gut, während sie fernsieht. Das ist zum Teil der Grund dafür, warum es schwierig ist, sie vom Fernseher wegzubekommen, um Hausaufgaben zu machen oder Abendbrot zu essen.

Kinder, die immer mehr nach Vergnügen suchen, indem sie immer häufiger fernsehen oder Videospiele spielen, drücken dadurch den Dopamin-Spiegel in ihrem Gehirn immer weiter nach oben. Doch wenn das Lustnetzwerk überlastet ist, nimmt das Lustgefühl ab. Eine halbe Stunde Videospielen erzeugt jetzt nicht mehr die gleiche Freude. Also will das Kind länger spielen oder aufregendere Spiele finden. Es sucht nach diesem neuen Schuss Dopamin.

> Lust ist – in richtigen Maßen – etwas sehr Gutes, doch im Übermaß ist es schädlich für das Kind.

Vielleicht kann man es mit einem Ausflug in einen Freizeitpark vergleichen: Einmal im Jahr mit der Familie dorthin zu fahren, ist ein tolles Erlebnis. Immer dort zu wohnen, lässt die aufregenden Attraktionen schnell langweilig und gewöhnlich werden. Vergnügen kann zu weit getrieben werden. Dr. Archibald Hart und Dr. Sylvia Hart Frejd schreiben in ihrem Buch *Digitale Invasion*:

Das Internet kann unserem Lustzentrum genauso viel Schaden zufügen wie eine harte Droge, zum Beispiel wenn man online wettet oder spielt, aber selbst, wenn man Facebook nutzt. Das Lustzentrum kann so überflutet werden, dass nur noch ganz starke Anregungsmittel zum Lustzentrum vordringen. Kleine, gewöhnliche Freuden werden außer Acht gelassen, weil sie nicht gegen die Flut ankommen ... Das bedeutet, dass die Kicks unserer digitalen Welt, wenn sie missbraucht werden, das Suchtpotenzial einer Droge haben und die einfachen Freuden des Lebens rauben können.[53]

WAS IST BILDSCHIRMSUCHT?

Es ist ein relativ neuer Begriff, doch einer, der zunehmend von Ärzten gebraucht wird: Bildschirmsucht. In einem Experiment wurden tausend Schüler in zehn Ländern aufgefordert, nur einen Tag lang keine Technik und Medien zu benutzen. Am Ende der 24 Stunden benutzten viele der Schüler das Wort „Sucht". Ein Schüler berichtete: „Mich juckte es förmlich, wie ein Cracksüchtiger, weil ich nicht zu meinem Smartphone greifen durfte." Andere schafften es gar nicht erst, das Technikfasten einen Tag durchzuhalten. Die meisten sagten, dass sie ihr Smartphone vermissten, weil es ihnen ein Gefühl der Zugehörigkeit und Behaglichkeit gab.[54]

In China, Taiwan und Korea ist das Internet-Abhängigkeits-Syndrom auf dem Vormarsch. Bis zu 30 Prozent der Jugendlichen in diesen Ländern gelten als süchtig. In Südkorea sind die meisten Jugendlichen in Spielzentren aktiv, wo sie in langen Reihen in kleinen Kabinen am Computer sitzen und für eine stündliche Gebühr ausgedehnte Rollenspiel-Videospiele nutzen. Teenager und Studenten spielen oft die ganze Nacht hindurch und gehen dann am nächsten Tag total erschöpft zur Schule oder Arbeit.

In Extremfällen hat sich Computersucht sogar als tödlich erwiesen. Ein 28-jähriger Koreaner spielte fünfzig Stunden lang, mit nur wenigen Pausen. Nachdem er in einem Internetcafé zusammenbrach, wurde er in ein Krankenhaus eingeliefert, wo er kurz darauf starb, vermutlich aufgrund von Herzversagen, ausgelöst durch Erschöpfung.[55] In Reaktion auf das alarmierende Problem der Computerspielsucht hat Südkorea ein Gesetz eingeführt, das Jugendlichen bis zu 16 Jahren verbietet, zwischen Mitternacht und sechs Uhr morgens Online-Videospiele zu spielen. Im ganzen Land gibt es inzwischen Hunderte privater Krankenhäuser und Kliniken, die das Internet-Abhängigkeits-Syndrom behandeln.

Auch in Deutschland wird Internet-Sucht mehr und mehr zum Thema. Schon 2009 schätzte man, dass etwa 14.000 Jugendliche ab 15 Jahren computer-spielsüchtig seien, 23.000 galten als stark gefährdet.[56] Viele Psychologen sind besorgt, dass bei Kindern ausgedehntes Videospielen zu langfristigen Veränderungen der Hirnnetzwerke führen kann, die denen der Drogenabhängigkeit ähnelt. Kinder, die nach Spielen süchtig sind, können dem Spieldrang nicht widerstehen, selbst wenn dadurch

Körperpflege, Essen, Schlafen, Hausaufgaben und Beziehungen zu Familie und Freunden vernachlässigt werden.

Entscheidend ist nicht nur, wie lange gespielt wird, sondern auch, um welche Art von Spielen es sich handelt. Puzzlespiele wie *Tetris* oder *Solitär* sind nicht nahezu so süchtig machend wie Ego-Shooter-Spiele. Sogar noch gefährlicher in Sachen Abhängigkeit sind die sogenannten Massen-Mehrspieler-Online-Rollenspiele, bei denen eine sehr große Anzahl Spieler in einer virtuellen Welt zusammen spielen. Informieren Sie sich über die Spiele, die Ihr Kind spielt, und beobachten Sie die Suchtgefahr. Nicht alle Spiele sind in dieser Hinsicht gleich.

Gehirnscans legen nahe, dass gewaltintensive Videospiele schon nach einer Woche des Spielens die Gehirnaktivität stark ändern können. Forscher führten ein Experiment mit einer Gruppe junger Männer im Alter von 18 bis 29 Jahren durch, die bis dahin keine oder kaum Erfahrung mit gewaltintensiven Videospielen hatten. Eine Hälfte der Teilnehmer spielte im Laufe einer Woche zehn Stunden Shooting-Spiele und in der darauffolgenden Woche gar nicht. Die anderen Probanden spielten überhaupt nicht. Im Gegensatz zur zweiten Gruppe zeigte sich bei den jungen Männern, die Videospiele gespielt hatten, weniger Aktivität in den Gehirnbereichen, die dafür zuständig sind, Emotionen und aggressives Verhalten zu kontrollieren. Die Auswirkung war auch nach der zweiten Woche noch da, obwohl die Gruppe ja bereits eine Woche zuvor mit dem Spielen aufgehört hatte. Zehn Stunden in einer einzigen Woche reichten schon, um etwas im Gehirn zu ändern.[57]

> Das Gehirn Ihres Kindes wird sich nicht unbedingt gleich in Brei verwandeln, aber verändern kann es sich schnell.

Diese Veränderung und Anpassung des Gehirns nennt man „Gehirnplastizität". Früher glaubten Wissenschaftler und Ärzte, dass die Anatomie des Gehirns nach der Kindheit unveränderlich sei. Doch neuere Forschungen haben bewiesen, dass sich das Gehirn von Erwachsenen sehr wohl als Reaktion auf neue Informationen, Verhaltensweisen und ein neues Umfeld verändern kann.

In den späten 1990ern scannten britische Forscher die Gehirne von Taxifahrern in London. Sie stellten fest, dass der hintere *Hippocampus*, der Teil des Gehirns, der für räumliche Navigation zuständig ist, viel größer war als bei Vergleichspersonen. Je länger der Proband schon als Taxifahrer gearbeitet hatte, umso größer war der hintere *Hippocampus*. Selbst im Erwachsenenalter hatte sich das Gehirn noch verändert.[58]

Einem alten Gehirn kann man immer noch neue Dinge beibringen, aber es ist leichter, diese Tricks zu lernen, wenn man noch jung ist. Das Gehirn Ihres Kindes ist in der Lage, Mathematik, Lesen, Fremdsprachen, Musik und vieles mehr zu lernen.

> Als Eltern können Sie das Gehirn Ihres Kindes auf positive Weise formen, indem Sie Bildschirmzeit mit Lesen, Sport und anderen Aktivitäten ausgleichen.

!

Mein (Arlenes) neunjähriger Ethan liest fürs Leben gern. Wir haben unsere Bücherregale mit Biografien mutiger und interessanter Menschen bestückt, weil wir wollen, dass Ethan seinen Kopf mit Geschichten über Mut und moralischen Charakter füllt. Er hat Bücher über Winston Churchill, Eric Liddell, Corrie ten Boom, Douglas MacArthur und andere bemerkenswerte Persönlichkeiten verschlungen. Als ich seine Schule besuchte, nahm mich die Dame, die die Schulbibliothek betreute, beiseite und erzählte mir von einer Begebenheit.

„Ich las Ethans dritter Klasse Dr. Seuss' Geschichte über Yertle, die Schildkröte, vor", sagte die Bibliothekarin. „Die Geschichte handelt von Yertle, dem König des Teiches, der sich in seinem Bemühen, den Mond zu übertrumpfen, auf seine Untertanen stellt. Ich erzählte der Klasse, dass Dr. Seuss die Figur des Königs einer bekannten Führungspersönlichkeit aus der Geschichte nachempfunden hatte. Konnten die Kinder erraten, wer es war?

Ethans Hand schoss in die Höhe. ‚Hitler', antwortete er."

Die Bibliothekarin war verblüfft. Ethan hatte recht. In ihren vielen Jahren als Bibliothekarin war er der erste Drittklässler, der die Frage richtig beantwortet hatte.

Sie erzählte weiter, dass selbst einige Sechstklässler diese Art von Verbindung nicht herstellen können. Der Vorfall hat einen tiefen Eindruck bei der Bibliothekarin hinterlassen – genauso wie bei mir. Er zeigte mir, wie wir durch die Wahl der Lektüre unseren Sohn beeinflusst hatten und welche positiven Auswirkungen das Lesen auf Ethan hatte.

DIE GEDANKEN ZUR RUHE BRINGEN

Kurt und Lisa haben zwei Kinder im Alter von neun und elf Jahren. Gute Freunde von ihnen haben Kinder im selben Alter, die bereits ihren eigenen Fernseher im Zimmer haben. Folglich bettelten Kurts und Lisas Kinder ständig, weil sie auch ihren eigenen Fernseher bekommen wollten. Doch die Antwort blieb konsequent: „Nein." Kurt und Lisa sind der Meinung, dass ein Übermaß an digitalen Reizen schlecht für das Gehirn ist.

Viele Experten sehen das auch so. Wenn Kinder zu viel Technik benutzen, erzeugt die ständige Reizung des Gehirns eine Erhöhung des Stresshormons Cortisol. Zu viel Cortisol kann das Kind davon abhalten, zur Ruhe zu kommen und sich wohlzufühlen. Dr. Archibald Hart erklärt:

> Cortisol hat zum Teil die Funktion, die Rezeptoren für Ruhe zu blockieren, damit man alarmiert ist und sich auf einen Notfall vorbereiten kann. Allerdings ist es gar kein richtiger Notfall, sondern nur ein vom Videospiel simulierter Notfall. Dieser Ruheverlust kann zu gravierenden Angststörungen führen.[59]

Wenn Ihr Kind stundenlang Videospiele spielt, simst oder in sozialen Medien aktiv ist, wird das Gehirn mit Cortisol überflutet. Um das Stressniveau Ihres Kindes zu reduzieren und die Gedanken zur Ruhe zu bringen, sind die folgenden vier Ratschläge hilfreich:

Auszeit. Wenn man sich körperlich ordentlich betätigt hat, brauchen die Muskeln Ruhe, um sich wieder zu erholen. Dasselbe gilt fürs Gehirn. Es ist zwar nicht so, dass unser Gehirn müde wird, aber es braucht Zeit zwischen den Aufgaben, um Informationen zu verarbeiten und zu festigen. Diese Auszeit fürs Gehirn wird bei Kindern häufig von Bildschirmen verschlungen. Das Gehirn Ihres Kindes muss ab und zu auch mal abschalten können.

Begrenzte Bildschirmzeit. Ohne Grenzen, die auch wirklich durchgesetzt werden, kommt es schnell dazu, dass ein Kind stundenlang von Bildschirm zu Bildschirm springt. Aus einer Fernsehfolge werden schnell zwei. Aus einer kurzen Pause, die mit Videospielen gefüllt wird, wird unversehens eine ganze Stunde. Christine, eine Grundschullehrerin, schätzt, dass ihre Viertklässler mindestens die Hälfte ihrer Freizeit mit Videospielen verbringen. Sie wünscht sich, dass ihre Schüler zu Hause nur begrenzte Zeit vor dem Bildschirm verbringen würden und stattdessen mehr Zeit für Lesen und körperliche Aktivitäten einsetzten.

Bewegung. Ausreichend Bewegung hat viele positive Auswirkungen auf das wachsende Gehirn Ihres Kindes. Es erhöht den Puls (wodurch mehr Sauerstoff ins Gehirn gepumpt wird), verringert Cortisol und verbrennt Adrenalin. Forschungen zeigen, dass Kinder, die regelmäßig Sport machen, bessere Noten erzielen, sich besser konzentrieren können und besser schlafen.[60] Körperliche Betätigung setzt im Gehirn Stoffe frei, die natürliche Stressbekämpfer sind.

Schlaf. Ihr Kind muss jede Nacht bestimmte Schlafphasen durchlaufen, um das, was es tagsüber gelernt hat, zu verarbeiten. Dieses Lernen findet nicht statt, wenn Ihr Kind zu wenig Schlaf bekommt. Ein unausgeschlafenes Kind kann sich nicht konzentrieren und Neues aufnehmen. Daraus entsteht leicht eine Negativspirale, die aber mit ein paar klaren Regeln unterbrochen werden kann. Legen Sie eine Schlafenszeit fest, an die Sie sich konsequent halten, und sorgen Sie dafür, dass das Zimmer dunkel, ruhig und gemütlich ist. Erlauben Sie keine Bildschirme im Schlafzimmer des Kindes, weil helle Bildschirme vor dem Schlafengehen ein Kind wachhalten. Schalten Sie den Fernseher, Computer oder das Tablet eine Stunde vor der Schlafenszeit aus, um eine Stimulation durch Adrenalin zu vermeiden, weil das sich schlafmindernd auf das Kind auswirkt. Denken Sie auch an die Geheimwaffe namens „Bewegung" – je mehr sich das Kind körperlich verausgabt, umso tiefer der Schlaf.

Falls Sie diese Gewohnheiten bis jetzt noch nicht eingeübt haben, ist es nicht zu spät, damit anzufangen. Noch haben Sie Einfluss auf Ihr Kind und können dafür sorgen, dass es schlechte Gewohnheiten ändert.

Jacob, der zu einer meiner (Garys) Konferenzen kam, war Vater von zwei Kindern, 22 und 19 Jahre alt. Er hatte zwar ihre Computer- und Fernsehzeit begrenzt, aber er sagte, dass er heute vieles anders machen würde. „Könnte ich es noch mal machen, würde ich nicht so viel erlauben, wie ich erlaubt habe. Rückblickend kann ich sagen, dass die Werbungen und Sendungen, die sie gesehen haben, kein gutes Vorbild für sie waren. Wir hätten mehr Zeit als Familie verbringen können." Jacobs Kinder sind erwachsen. Für ihn ist es zu spät, die Bildschirmzeit gegen etwas Wertvolleres einzutauschen.

Doch für Sie ist es noch nicht zu spät.

Der Neurowissenschaftler Ben Carson schreibt: „Lassen Sie sich von niemandem versklaven. Wenn Sie sich von den Medien einreden lassen, dass Spiele schauen und Entertainment wichtiger sind als die Entwicklung Ihres Gehirns, dann sind Sie ein Sklave."[61] Ihr Kind und seine mehr als eine Milliarde Gehirnzellen warten darauf, gefördert zu werden – nicht durch Bildschirme, sondern durch seinen Vater oder seine Mutter.

FRAGEN ZUM NACHDENKEN UND DISKUTIEREN

- Was geht Ihnen durch den Kopf, wenn Sie sehen, wie die Augen Ihres Kindes am Bildschirm kleben?

- Wenn Ihr Kind im Kindergarten- und Grundschulalter mit Bildschirmen aufwächst, wie wirkt sich das auf sein Gehirn aus?

- Inwieweit bedroht erhöhte Bildschirmzeit die Entwicklung von Fertigkeiten wie Lesen, Schreiben und anhaltendes Konzentrationsvermögen?

9 | Bildschirmzeit und das Gehirn

- Welche Vorteile hat Bildschirmzeit für das Gehirn? In welchem Verhältnis stehen diese Vorteile zu den Nachteilen?

- Wenn Ihr Kind zum Durchschnitt gehört, dann wird es als Teenager 3.400 Textnachrichten im Monat schreiben. Wie wird sich das Simsen in Zukunft Ihrer Meinung nach auf das Gehirn Ihres Kindes auswirken?

- Glauben Sie, dass die Bildschirmzeit Ihres Kindes zu einer Überdosis an Lust führt?

- Machen Sie sich Sorgen, dass Ihr Kind in Zukunft bildschirmsüchtig werden könnte? Wenn ja, welche Schritte unternehmen Sie, um es davor zu schützen?

- Wenn das Gehirn Ihres Kindes formbar ist und täglich geformt wird, ist die Bildschirmzeit Ihres Kindes dann förderlich oder hinderlich für seine Hirnentwicklung?

- Der Neurochirurg Ben Carson schreibt: „Lassen Sie sich von niemandem versklaven. Wenn Sie sich von den Medien einreden lassen, dass Spiele schauen und Entertainment wichtiger sind als die Entwicklung Ihres Gehirns, dann sind Sie ein Sklave." Nennen Sie eine positive Sache, die Sie tun können, um die Entwicklung des Gehirns Ihres Kindes zu fördern.

„Ich träume von dem Tag, an dem alle Kinder in Familien groß werden,
in denen Liebe und Geborgenheit herrscht, wo sie zum Lernen und Helfen angeleitet werden.
Ich träume davon, dass sie sich nicht nach der Liebe sehnen müssen,
die sie zu Hause nie empfangen haben, nur um sie dann vergeblich zu suchen."

Dr. Gary Chapman

10 | Bildschirmzeit und die Sprachen der Liebe

SuFu. YOLO. kD. Teilweise sieht es so aus, als sprächen Sie und Ihr Kind verschiedene Sprachen. Diese Textabkürzungen stehen für „Suchfunktion", „You only live once" („Du lebst nur einmal") und „kein Ding". Kommunikation ist möglich, wenn man den Code versteht; ohne ihn ist es unglaublich schwer.

Ich (Gary) unterrichte Menschen nun schon seit mehreren Jahrzehnten in den fünf Sprachen der Liebe: in Zärtlichkeit, Lob und Anerkennung, Zweisamkeit, Geschenke und Hilfsbereitschaft. Diese Sprachen der Liebe sind ein Code, der Ihnen zu verstehen hilft, wie Ihr Kind Liebe empfindet.

Nie werde ich das Ehepaar Ben und Emily vergessen, das ein Gespräch mit mir suchte. Ben und Emily besuchten mein Seminar „Die Ehe, die du schon immer wolltest". Sie machten sich über ihren achtjährigen Sohn Caleb Sorgen, der sich in der Schule plagte, aggressiv gegenüber anderen Kindern war und sich sehr an seine Lehrerin klammerte. Vor der dritten Klasse war er ein überdurchschnittlicher Schüler gewesen, zufrieden und unabhängig.

Ich fragte Ben und Emily, ob sich ihr Lebensstil im letzten Jahr geändert hätte. Als Verkäufer musste Ben an zwei Abenden in der Woche lange arbeiten. An den anderen Abenden in der Woche erledigte er seine E-Mails und Textnachrichten. Früher ging er am Wochenende häufig mit Caleb zu Fußballspielen, aber das war jetzt schon ein Jahr her. Emily arbeitete nicht mehr nur noch in Teilzeit wie zuvor, sondern ganztags, was bedeutete, dass sie Caleb nicht mehr von der Schule abholte.

Nachdem sie die fünf Sprachen der Liebe kennenlernten, sahen sie ein, dass Calebs Hauptsprache der Liebe Zweisamkeit war – sich für ihn Zeit zu nehmen. Ihnen wurde bewusst, dass sie in letzter Zeit nicht sonderlich viel Zeit mit ihrem Sohn verbracht hatten. Ich ermutigte Ben, in seinem Terminkalender Zeit für Caleb zu schaffen, und Emily, Zeit mit ihm zu verbringen, wie sie es vor ihrer Ganztagsbeschäftigung getan hatte.

Ungefähr zwei Jahre später besuchten Ben und Emily ein weiteres Seminar von mir. Ich nutzte die Gelegenheit und fragte sie nach ihrem Sohn. Sie lächelten glücklich und erzählten: „Caleb macht sich super. Wir haben uns bewusst für ihn Zeit genommen. Es dauerte nur zwei, drei Wochen, da zeigte sich eine dramatische Veränderung in seinem Verhalten. Seine Lehrerin bat uns um ein Gespräch und wir hatten Sorgen, dass wieder etwas vorgefallen war. Doch diesmal wollte sie nur fragen, was wir denn getan hätten, um solch eine positive Veränderung in Caleb zu bewirken."

Dieses Ehepaar lernte, die Sprache der Liebe ihres Sohnes zu sprechen, um „Ich liebe dich" auf eine Weise auszudrücken, die er verstehen konnte. Bei der Kindererziehung hängt alles von der Liebesbeziehung zwischen Eltern und Kind ab. Nichts funktioniert richtig, wenn das Liebesbedürfnis des Kindes nicht gestillt ist.

> Nur ein Kind, das sich aufrichtig geliebt und umsorgt fühlt, ist in der Lage, erfolgreiche, gesunde Beziehungen zu bauen.

Jedes Kind hat einen emotionalen Tank, der ihm die innere Kraft gibt, um es durch die herausfordernde Zeit der Kindheit und Jugend zu schaffen. Wenn man dem Kind gegenüber die passende Liebessprache spricht, füllt das seinen emotionalen Tank. Ist der Tank Ihres Kindes mit bedingungsloser Liebe gefüllt, ist es viel leichter, mit ihm über Bildschirmgebrauch zu sprechen und Grenzen zu setzen. Fühlt sich Ihr Kind in seiner bevorzugten Liebessprache hingegen vernachlässigt, kann Bildschirmzeit Ihre Beziehung weiter untergraben.

Welche Auswirkung hat moderne Technik auf die Art, wie Sie Ihrem Kind Liebe erweisen?

> Es wird in unserer digitalen Welt, die so viel unserer Aufmerksamkeit fordert, zunehmend schwierig, emotional ausgeglichene Kinder zu erziehen.

!

In diesem Kapitel finden Sie eine kurze Erläuterung für jede Sprache der Liebe. Um mehr über die Sprachen der Liebe zu erfahren, empfehlen wir Ihnen das Buch *Die fünf Sprachen der Liebe für Kinder*[62].

SPRACHE DER LIEBE #1: LOB UND ANERKENNUNG

Lange bevor sie die Bedeutung von Worten verstehen, erhalten Kinder emotionale Botschaften. Der Tonfall, die sanfte Stimmung und das Gefühl der Fürsorge vermitteln emotionale Wärme und Liebe. Durch die Worte ihrer Eltern geleitet lernen kleine Kinder dann zunehmend, selbst Worte und Begriffe zu benutzen. Häufige Worte der Liebe, Anleitung und Ermutigung sind grundlegend für ein gesundes Kind – besonders wenn seine Hauptliebessprache *Lob und Anerkennung* ist.

Doch mit zunehmender Bildschirmzeit bekommen viele Kinder häufiger Rückmeldung von ihren Bildschirmen als in Gesprächen mit Familienmitgliedern. Von einem Fernseher oder einem Tablet wird ein Kind keine liebevollen Worte des Lobes und der Anerkennung bekommen, sondern nur standardisierte Formulierungen. Selbst wenn es bei einem Videospiel gewinnt und den Bildschirm aufblinken sieht, ist das doch nichts im Vergleich zu einem „Gut gemacht!" von einer geliebten Person.

Ein Gerät kann nur sehr wenig Lob und Anerkennung vermitteln; es sei denn, dass Eltern das Gerät benutzen, um dem Kind solche Worte zu sagen oder zu schreiben. Vielleicht schicken Sie eine ermutigende SMS, wenn Sie wissen, dass Ihrem Kind eine Prüfung oder eine schwierige Schulaufgabe bevorsteht. Oder Sie bedanken sich: „Hab gesehen, dass du die Spülmaschine noch ausgeräumt hast. Vielen Dank dafür!" Technik kann benutzt werden, um Ihrem Kind positive Worte mitzuteilen, obwohl Ihre anerkennenden Worte selbstverständlich nicht darauf beschränkt sein sollten.

> Kinder, deren Sprache der Liebe Lob und Anerkennung ist, müssen von Worten getragen werden, die Zuneigung, Lob und Ermutigung ausdrücken und ihnen vermitteln: „Du bist mir wichtig."

Ermutigende Worte sind am effektivsten, wenn sie etwas Spezifisches ansprechen, worin sich das Kind Mühe gibt. Ziel ist, Ihr Kind bei etwas Gutem zu „erwischen" und es dafür zu loben. „Ich habe gesehen, wie du deine Spielsachen mit Christian geteilt hast. Das war super. Du bist ein richtig guter Freund."

Kinder brauchen auch Worte der Orientierung. „Richtig, so wird dein Name geschrieben. Toll gemacht!" – „Nicht aufgeben. Du schaffst das!" Alle Kinder orientieren sich an etwas oder jemandem. Wenn Sie als Mutter oder Vater nicht die Orientierung vorgeben, dann übernehmen andere Einflüsse diese Rolle – wobei Bildschirmzeit sehr großen Einfluss hat. Falls Sie sich nicht sicher sind, ob die Bildschirmzeit Ihres Kindes angebracht ist, fragen Sie sich: „Bietet die Bildschirmzeit meinem Kind positive, liebevolle Orientierung?"

Wenn nicht, dann sollten Sie noch einmal überdenken, wie Sie in Ihrem Zuhause mit Bildschirmen umgehen. Einem Kind, dessen Hauptliebessprache Lob und Anerkennung ist, gibt nichts so sehr das Gefühl, geliebt zu sein, wie ermutigende Worte von Mama oder Papa. Sind jedoch auch die Eltern stark von ihren Bildschirmen vereinnahmt, wirkt sich das negativ auf den Zuspruch von Lob und Anerkennung aus, mit dem Sie das Herz Ihres Kindes erreichen können.

LIEBESSPRACHE #2:
ZWEISAMKEIT – ZEIT NUR FÜR DICH

Der sechsjährige Nathan klopft Mama auf den Arm. „Mama, kannst du mit mir spielen?"

„Ich kann jetzt nicht spielen", sagt Jenny. „Ich muss erst meine Mails beantworten. Vielleicht später, okay?"

Zehn Minuten später ist Nathan wieder da und fragt, ob seine Mama denn jetzt mit ihren Mails fertig ist. „Nein, noch nicht. Bitte stör mich jetzt nicht. Ich sage es dir, wenn ich fertig bin."

Nathan setzt sich aufs Sofa. Er schaltet den Fernseher ein und sucht nach einer Sendung, die ihm gefällt. Jenny bemerkt, dass der Fernseher an ist, und obwohl sie nicht begeistert ist, wenn Nathan zu viel fernsieht, ist sie doch erleichtert, dass er eine Zeit lang beschäftigt ist.

Als Nathans Sendung zu Ende geht, spürt Jenny, wie sich die Anspannung in ihr ausbreitet. Sie weiß, dass Nathan jeden Moment wiederkommen wird, um zu fragen, ob sie spielen kann. Und tatsächlich, da ist er wieder.

„Sieh dir doch noch eine Sendung an", sagt sie. Sie braucht nur noch eine halbe Stunde, sagt sie sich, dann kann sie ihre Aufgabenliste abhaken und Nathan etwas Aufmerksamkeit schenken.

Höchstwahrscheinlich zeigte Nathan durch sein Verhalten seine Hauptliebessprache: *Zweisamkeit – Zeit nur für dich.* Was ihm wirklich das Gefühl gibt, geliebt zu werden, ist die uneingeschränkte Aufmerksamkeit seiner Mutter. Das ist ihm so wichtig, dass er immer wieder zu seiner Mutter zurückkommt. Hätte Jenny eine Viertelstunde lang mit Nathan gespielt, wäre sie wahrscheinlich in der Lage gewesen, später an dem Abend ihre Arbeit ungestört zu erledigen.

Vermutlich würden in vielen Familien die Kinder ihre Computer oder anderen elektronischen Geräte mehr vermissen als ihre Eltern. Und zwar deshalb, weil sie den Großteil ihrer Zeit mit Videospielen, Fernsehen und Simsen verbringen. Kinder werden zunehmend von Einflüssen außerhalb der Familie geformt, und doch brauchen sie den stärkenden Einfluss der persönlichen Zeit mit Eltern.

Es ist schwierig, Zeit mit einem Kind zu verbringen, wenn Bildschirme allgegenwärtig sind. Sicher, man kann miteinander reden, sich SMS schreiben oder mailen, wenn man voneinander getrennt ist. Man kann sich gemeinsam mit der ganzen Familie einen Film anschauen.

> Doch Zweisamkeit bedeutet, dass Ihr Kind Ihre uneingeschränkte Aufmerksamkeit hat.

Wenn ein Fernseher, ein Telefon oder ein Videospiel mit von der Partie ist, dann ist das nicht der Fall.

Zu Zweisamkeit gehört liebevoller Augenkontakt. Fürsorglich in die Augen Ihres Kindes zu sehen, ist eine wirkungsvolle Weise, Liebe von Herz zu Herz auszudrücken. Weil sie in der Schule, bei der Arbeit und in ihrer Freizeit ständig damit beschäftigt sind, in Computer und andere Geräte zu starren, haben sowohl Eltern als auch Kinder immer weniger Zeit, sich gegenseitig in die Augen zu schauen.

Wenn Jenny sich Zeit nimmt, mit ihrem Sohn zu spielen, dann geht es nicht nur darum, etwas zusammen zu machen. Zweisamkeit bedeutet, sein Kind besser kennenzulernen. Je mehr Zeit Sie intensiv mit Ihrem Kind verbringen, umso selbstverständlicher wird es für Sie beide, sich über alles Mögliche zu unterhalten, was das Leben betrifft.

SPRACHE DER LIEBE #3: GESCHENKE, DIE VON HERZEN KOMMEN

Würde man danach urteilen, wie Kinder um Sachen betteln, könnte man glauben, *Geschenke* seien die Hauptliebessprache eines jeden Kindes. Es stimmt, dass alle Kinder ständig mehr und mehr haben wollen, doch die, deren Sprache der Liebe Geschenke ist, reagieren anders, wenn sie ein Geschenk bekommen. Sie verleihen dem Geschenkegeben an sich ein ganz anderes Gewicht. Sie wollen, dass das Geschenk eingepackt oder zumindest auf irgendeine besondere oder kreative Weise überreicht wird. Oft zeigen sie, wie entzückt sie sind, während sie das Geschenk auspacken. Sie tun so, als wäre das eine ganz große Sache – und für sie ist es das auch. So ein Kind will Ihre uneingeschränkte Aufmerksamkeit, während es das Geschenk öffnet. Nachdem es das

Geschenk ausgepackt hat, umarmt es Sie oder bedankt sich überschwänglich bei Ihnen.

Das Geschenk bekommt einen Ehrenplatz und im Laufe der nächsten Tage zeigt das Kind es Ihnen immer wieder. Das Geschenk hat einen besonderen Platz in seinem Herzen, weil es ein Ausdruck Ihrer Liebe ist. Es kommt nicht so sehr darauf an, ob Sie das Geschenk selbst gemacht, gefunden oder gekauft haben; das Geschenk ist wichtig, weil Sie an das Kind gedacht haben.

Das digitale Zeitalter hat dem Geschenkegeben sozusagen Steroide gespritzt. Tausende Werbungen stellen die neuesten Spielzeuge und technischen Spielereien vor, wodurch sie Wünsche in den Kindern wecken, die eine halbe Minute zuvor noch überhaupt nicht existiert haben. Eltern und Großeltern überschütten Kinder teilweise mit so vielen Geschenken, dass ihre Zimmer wie chaotische Spielzeugläden aussehen. Bei so einem Übermaß verlieren Geschenke ihre Besonderheit. Viele Kinder haben mehr Spielsachen, als sie je wertschätzen könnten. Zu verschwenderisch mit Geschenken umzugehen ist so, als würde man ein Kind in einen Spielzeugladen bringen und sagen: „Das alles gehört dir." Anfangs

mag das Kind sich riesig freuen, doch dann läuft es in alle Richtungen, ohne so richtig mit etwas zu spielen.

> Eltern und Großeltern sollten lieber weniger geben und die Geschenke dabei mit Bedacht wählen.

Die folgenden Fragen können helfen, um zu beurteilen, ob man seinem Kind ein bestimmtes Spielzeug oder elektronisches Gerät kaufen sollte oder lieber nicht:

- Was für eine Botschaft vermittelt dieses Spielzeug oder Gerät meinem Kind?
- Ist das eine Botschaft, der ich guten Gewissens zustimmen kann?
- Was lernt mein Kind, wenn es mit diesem Spielzeug oder Gerät spielt?
- Wird es sich voraussichtlich eher positiv oder negativ auswirken?
- Können wir uns dieses Spielzeug oder Gerät überhaupt leisten?

Nicht jede Spielsache muss pädagogisch besonders wertvoll sein, aber sie alle sollten irgendeinem positiven Zweck im Leben Ihrer Kinder dienen. Nehmen Sie sich davor in Acht, elektronische Geräte zu kaufen, die Ihre Kinder Werten und Normen aussetzen, die weit entfernt von denen Ihrer Familie liegen. Durch Fernsehen, Nachbarn und Schulkameraden bekommen sie davon sowieso schon genug.

Lassen Sie sich nicht von Werbemachern oder den Klassenkameraden Ihres Kindes davon überzeugen, dass Sie Ihrem Kind unbedingt teure Geschenke wie das neueste Tablet oder Smartphone kaufen müssen. In der vernetzten Welt von heute sind Geschenke für Kinder erheblich teurer, als sie früher einmal waren. Falls Sie sich wirklich dafür entscheiden, Ihrem Kind ein Tablet, Smartphone oder anderes elektronisches Gerät zu kaufen, dann sollte das eine Geste der Liebe sein. Geben Sie sich besondere Mühe, das Geschenk hübsch zu verpacken, und machen Sie ein besonderes Ereignis daraus. Während Sie das Geschenk überreichen, sagen Sie so etwas wie: „Ich habe dich lieb. Und ich glaube, dass du jetzt ein Alter erreicht hast, wo dir so was nützlich sein kann. Ich werde dir dabei helfen, die Verantwortung zu verstehen, die damit einhergeht." Schlagen Sie emotionales Kapital aus dem Geschenk, indem Sie Ihrem Kind Ihre Liebe deutlich machen.

SPRACHE DER LIEBE #4: HILFSBEREITSCHAFT

Wenn Hilfsbereitschaft die Hauptliebessprache Ihres Kindes ist, dann kommt Ihre Liebe am besten an, wenn Sie etwas für ihn oder sie tun. Wenn Sie eine Fahrradkette reparieren, ein Kleid flicken, Pausenbrote einpacken oder bei den Hausaufgaben helfen, füllt sich der Liebestank Ihres Kindes. Das heißt nicht, dass Sie bei jeder Bitte sofort aufspringen müssen. Aber es heißt, dass Sie sensibel gegenüber den Bitten Ihres Kindes sein sollten, um zu verstehen, dass Ihre Hilfsbereitschaft Ihrem Kind viel bedeutet.

Vielleicht fragen Sie sich, wie Ihre Kinder unabhängig werden und eigene Fähigkeiten entwickeln sollen, wenn Sie ihnen alles abnehmen. Deshalb denken Sie daran, dass die Hilfe altersgerecht sein sollte. Sie sollten einen Fünfjährigen nicht mehr mit einem Löffel füttern oder das Bett eines Achtjährigen machen, nur weil Hilfsbereitschaft seine Hauptliebessprache ist. Mit zunehmendem Alter bringen wir Kindern bei, sich selbst und anderen zu helfen. Nach und nach lernen sie, den Tisch zu decken, das Geschirr zu spülen, staubzusaugen und ihr Zimmer aufzuräumen.

Das sind Fertigkeiten, die Ihr Kind online nicht lernen kann. Wenn man ständig in der digitalen Welt hängt, kann man nur schwer anderen helfen oder sich helfen lassen. Eltern können ihren Kindern vielleicht am Computer helfen oder zeigen, wie man einen Akku wechselt, aber abgesehen davon sind die Möglichkeiten der Hilfsbereitschaft am Bildschirm eher beschränkt.

Auf meinem (Arlenes) Bücherregal sitzt ein kleines Stinktier – ein Kuscheltier, das ein Loch hat, das zugenäht werden muss. Ich kann nicht sonderlich gut nähen, was erklären könnte, warum das Kuscheltier nun schon seit

zwei Wochen da wartet. In Wirklichkeit habe ich aber einfach zu viel um die Ohren, um mich zwischen Schreiben, Bloggen, Mailen, Facebook, Twitter und dergleichen noch um das Stinktier zu kümmern. Obwohl die Technik eigentlich uns dienen soll, dienen am Ende häufig wir ihr, weshalb dann wenig Zeit übrig bleibt, um hilfsbereit zu sein und Kuschelstinktiere für kleine Mädchen zuzunähen.

Vielleicht haben Sie das auch bei sich zu Hause erlebt. Hilfsbereitschaft wird der Bildschirmzeit geopfert. Statt der Bitte Ihres Kindes nachzugehen, ein Poster in seinem Zimmer aufzuhängen oder Filzstifte zu finden, die verloren gegangen sind, sitzen Sie am Computer. „Tut mir leid, Schatz, das geht jetzt nicht. Ich mach das später, okay?"

Wenn Ihr Kind Tag für Tag diese Reaktion von Ihnen bekommt, beginnt es sich vielleicht zu fragen, ob Sie es überhaupt noch lieben.

Das Elternsein ist von dem Moment an, wo das schreiende Baby auf die Welt kommt, ohne jeden Zweifel ein Dienstleistungsberuf. Bei der konstanten Hilfe, die man einem Kind so viele Jahre bieten muss, können Eltern leicht vergessen, dass die alltäglichen Aufgaben, die sie ständig für das Kind erfüllen, eigentlich ein Ausdruck von Liebe sind – mit nachhaltigen Auswirkungen. Oftmals kommen wir Eltern uns mehr wie Sklaven als wie liebende Helfer vor. Nehmen wir jedoch solch eine Haltung ein, kommt das emotional auch bei unseren Kindern an, die dann nur noch wenig Liebe durch die Taten von uns Eltern zu spüren bekommen. Die äußerlichen Bedürfnisse des Kindes mögen gedeckt sein, aber seine emotionale Entwicklung wird stark behindert. Selbst die besten Eltern täten gut daran, ab und zu mal innezuhalten und sich zu fragen, ob ihre Hilfe auch wirklich mit Liebe geschieht.

> Ihre Kinder müssen Ihre liebevolle Hilfsbereitschaft erleben, damit sie durch Ihr gutes Vorbild lernen können, sich um andere zu sorgen.

Wir (Familie Chapman) hatten in den Anfangszeiten unseres Familienlebens jeden Freitagabend ein offenes Haus für Studenten. Es drängten sich 20 bis 60 Studenten in unser Zuhause. Der Ablauf war ganz einfach: Von 20 bis 22 Uhr gab es eine Diskussion über Beziehungen, Moral und gesellschaftliche Fragen, von einer Bibelstelle inspiriert. Dann gab es Getränke und ungezwungene Unterhaltungen. Um Mitternacht schmissen wir die Besucher raus.

Unsere Kinder, Shelley und Derek, waren damals noch klein und liefen bei den Treffen rein und raus, wie es ihnen gerade passte. Es war nicht ungewöhnlich, einen von ihnen vor dem Kamin auf dem Schoß eines Studenten schlafen zu sehen oder mit einem anderen zu reden. Die Studenten gehörten zu unserem erweiterten Familienkreis und die Kinder freuten sich immer auf Freitagabend. Samstagmorgens kamen einige der Studenten oft für „Gutestun"-Projekte zurück, z.B. Laub für Senioren zu kehren oder andere Arbeiten zu verrichten, die getan werden mussten. Shelley und Derek kamen bei diesen Hilfsprojekten immer mit, auch wenn sie mehr im Laub herumsprangen, als dass sie beim Kehren halfen.

Unser Haus für andere zu öffnen und unsere Kinder von Anfang an bei Hilfsprojekten mit einzubeziehen, hat einen tiefen Eindruck bei ihnen hinterlassen, der sich positiv auf ihr Leben ausgewirkt hat.

!

Machen Sie es sich zum Ziel, Ihren Kindern vorzuleben, wie man anderen helfen kann.

Ihre Kinder werden das nicht einfach zufällig oder im Internet aufschnappen. Sie müssen es schon von Ihnen lernen, indem sie sehen, wie Sie ihnen und anderen Menschen mit Freude unter die Arme greifen.

FÜNF WEGE, UM BILDSCHIRMZEIT GEGEN HILFSBEREITSCHAFT EINZUTAUSCHEN

1. Helfen Sie Ihrem Kind, für seine Sportmannschaft zu üben, z. B. mit Torschießen oder Korbwerfen.
2. Stehen Sie eine halbe Stunde früher auf, um Ihre Kinder mit einem besonderen Frühstück zu überraschen.
3. Erstellen Sie gemeinsam mit Ihrem Kind eine Liste der bildschirmfreien Aktivitäten, die es am liebsten mit Ihnen macht. Dann unternehmen Sie ab und zu etwas mit Ihrem Kind, wenn es das überhaupt nicht erwartet.
4. Erstellen Sie Karteikarten für eine Arbeit oder einen Test, der ansteht. Üben Sie zusammen, bis Ihr Kind gut vorbereitet ist.
5. Helfen Sie Ihrem Kind dabei, ein kaputtes Spielzeug oder Fahrrad zu reparieren. Einem Kind, dessen Sprache der Liebe Hilfsbereitschaft ist, vermittelt so etwas Einfaches schon viel Liebe.

SPRACHE DER LIEBE #5: ZÄRTLICHKEIT

Sandra ist eine Fünftklässlerin, deren Familie kürzlich umgezogen ist. „Es war ziemlich schwer für mich in diesem Jahr, wegen dem Umzug und weil ich neue Freunde finden musste", erzählte Sandra. Als sie gefragt wurde, ob sie je das Gefühl hatte, dass ihre Eltern sie nicht liebten, weil sie sie ihrem alten Zuhause entrissen hatten, sagte sie: „Nein, gar nicht, ich weiß, dass sie mich liebhaben. Sie umarmen mich immer ganz viel und geben mir Küsse."

Wie bei vielen Kindern ist Sandras Sprache der Liebe *Zärtlichkeit*. Berührungen dieser Art vermitteln ihr ein Gefühl der Geborgenheit und lassen sie wissen, dass Mama und Papa sie liebhaben. Die Sprache der Zärtlichkeit beschränkt sich nicht auf Umarmungen und Küsse, sondern schließt jede Art der Berührung mit ein. Selbst wenn Sie viel zu tun haben, können Sie Ihr Kind oft sanft am Rücken, am Arm oder an den Schultern berühren. Obwohl diese Liebessprache leicht auszudrücken ist, zeigen viele Forschungen, dass Eltern ihre Kinder nur berühren, wenn es absolut notwendig ist: beim An- oder Ausziehen, beim Einsteigen ins Auto oder beim Zubettgehen. Es scheint, als seien sich viele Eltern nicht bewusst, wie oft ihre Kinder Berührung brauchen und wie leicht sich damit ihr emotionaler Tank beständig mit Liebe füllen lässt.

PRAXISBEISPIEL

Bob hat zwei Kinder im Grundschulalter und eines im Kindergarten. Als die beiden Älteren jünger waren, nahm Bob sie häufig auf seinen Schoß und las ihnen eine Gutenachtgeschichte vor. Gemeinsames Lesen schafft ein Gefühl der Zusammengehörigkeit, ein Gefühl der Liebe für Kinder. Doch dann kam so vieles dazwischen und jetzt lesen die zwei Großen allein. Selbst die Jüngste, Lisa, sitzt mit ihren vier Jahren schon vor dem E-Reader. Bob nimmt Lisa kaum mal auf den Schoß, um ihr ein Kinderbuch vorzulesen. Sie sitzt allein mit ihrem elektronischen Gerät auf der Couch.

Ein E-Reader kann praktisch sein und Platz und Bäume sparen, doch wenn man dieses Gerät zu häufig bei Kindern gebraucht, kommt etwas ganz Wichtiges zu kurz – nämlich die körperliche Berührung zwischen Eltern und Kind. Natürlich kann ein Vater oder eine Mutter das Kind auch auf den Schoß nehmen und zusammen ein E-Book lesen oder ein Videospiel auf einem Tablet spielen. Doch typischerweise berührt ein Kind Mama oder Papa nicht, wenn es mit einem Bildschirm beschäftigt ist. Es wird nicht auf dem Schoß gekuschelt. Es sitzt nicht nahe genug neben Mama oder Papa, dass sich die Körper berühren. Gewöhnen sich Familienmitglieder daran, sich mit Bildschirmen zu beschäftigen, verpassen sie die Zärtlichkeiten, die bei einer intakten Familie Teil des Alltags sein sollten.

Sollte die Hauptliebessprache Ihres Kindes Zärtlichkeit sein, werden Sie das leicht merken. Solche Kinder springen die Eltern ständig an, stupsen und wollen andauernd neben ihnen sitzen. Ich (Arlene) glaube, dass unsere jüngste Tochter, Lucy, die vier Jahre alt ist, Zärtlichkeit als ihre Hauptliebessprache hat. Ständig will sie neben mir sitzen und eines ihrer Lieblingsworte ist „Kuscheln!" Sie bittet mich jeden Tag, ihr den Rücken zu massieren, und morgens stürmt sie als Erstes in mein Zimmer, um sich eine Umarmung abzuholen.

Wenn Sie Ihren Arm um Ihr Kind legen, zusammen toben oder die Hände abklatschen, zeigen Sie dem Kind damit Ihre Liebe. Sie signalisieren damit, dass Sie gerne mit dem Kind zusammen sind.

> Körperliche Berührung ist eine äußerst wirkungsvolle Art, um Kindern Liebe zu vermitteln, und zwar allen Kindern, nicht nur Kleinkindern.

Auch als Schulkind hat Ihr Kind noch ein starkes Bedürfnis nach Zärtlichkeit. Eine morgendliche Umarmung, bevor sich das Kind auf den Schulweg macht, kann einen ganzen Tag lang den Unterschied zwischen innerer Geborgenheit und Unsicherheit ausmachen. Eine Umarmung, wenn das Kind nach Hause kommt, kann beeinflussen, ob es gut gelaunt ist oder den Rest des Tages um Ihre Aufmerksamkeit ringt. Tendenziell sprechen ältere Jungen mehr auf etwas rauere Formen der körperlichen Zuneigung an wie miteinander ringen, sich spielerisch hauen, ungestüm umarmen, abklatschen und dergleichen. Mädchen können diese Formen der Berührung ebenfalls gefallen, sie ziehen aber häufig zärtlichere Berührungen wie Umarmungen und Händehalten vor. Zu solchen liebevollen Berührungen werden Bildschirme nicht in der Lage sein, ganz gleich, wie weit sie noch entwickelt werden.

Jetzt, da Sie mit den fünf Sprachen der Liebe vertraut sind, fragen Sie sich vielleicht: *Was ist die Hauptliebessprache meines Kindes?* Wenn Sie sich eingehender mit dieser Frage beschäftigen wollen, empfehle ich Ihnen den Ratgeber *Die Fünf Sprachen der Liebe für Kinder*. Es gibt einige Kinder, die sich von ihren Eltern nicht geliebt fühlen. Das liegt nicht daran, dass ihre Eltern sie nicht lieben würden, sondern weil sie nicht genügend Liebe in ihrer eigenen Liebessprache bekommen. Solche Kinder neigen dazu, lethargisch zu sein und sich von anderen Menschen zurückzuziehen. In der heutigen Welt ist die erste Adresse, an die man sich zurückzieht, ein Bildschirm in Form von Tablet, Fernsehen, Spielkonsole oder Smartphone. Die Technik an sich trägt nicht die Schuld; der Bildschirm ist einfach ein moderner Zufluchtsort, an den sich ein Kind flüchten kann, wenn es sich von seinen Eltern nicht geliebt fühlt.

Viele Eltern erlauben Bildschirme in ihrem Zuhause, weil sie nicht wollen, dass ihre Kinder technisch hinterherhinken. Doch denselben Eltern ist nicht unbedingt bewusst, dass ihre Kinder auch emotional hinterherhinken können, und das mit erheblich verheerenderen Folgen. Ein Kind kann emotional nämlich so hinterherhinken, dass es diesen Rückstand nie aufholen kann.

Je besser Sie lernen, Ihrem Kind gegenüber die Sprachen der Liebe zu sprechen – Zärtlichkeit, Lob und Anerkennung, Zweisamkeit, Geschenke und Hilfsbereitschaft –, umso mehr geben Sie Ihrem Kind die intellektuellen und emotionalen Anreize, die es unbedingt braucht, um sich zu entfalten.

Die Liebe, die Sie Ihrem Kind erweisen, zeigt der Welt, dass die Sprache der Liebe nicht in erster Linie in Posts und Pixeln gesprochen wird, sondern von Eltern.

FRAGEN ZUM NACHDENKEN UND DISKUTIEREN

- *Zärtlichkeit:* Haben Sie jeden Tag körperlichen Kontakt mit Ihrem Kind, indem Sie es umarmen, an die Hand fassen, neben ihm sitzen, mit ihm toben und dergleichen?

- *Lob und Anerkennung:* Wann haben Sie das letzte Mal Ihr Kind für etwas Bestimmtes gelobt? Was haben Sie gesagt?

- *Zweisamkeit:* Wie können Sie sich in Ihrem Tagesablauf Zeit für Ihr Kind nehmen und trotzdem noch Ihre Arbeit fertig bekommen?

- *Geschenke:* Ist Ihr Kind zu sehr auf materielle Dinge ausgerichtet? Bettelt es ständig nach einem elektronischen Gerät, z.B. nach einem Tablet oder einer Videospielkonsole?

- *Hilfsbereitschaft:* Wie unterstützen Sie Ihr Kind regelmäßig?

- Was ist Ihrer Meinung nach die Hauptliebessprache Ihres Kindes oder was sind die zwei Hauptsprachen?

- Wie können Sie heute Ihrem Kind Ihre Liebe in seiner Liebessprache zeigen?

„Wer den Herrn achtet, lebt in Sicherheit;
er wird auch seinen Kindern eine sichere Zuflucht sein."
Sprüche 14,26 ; NLB

11 | Bildschirmzeit und Sicherheit

Amy und Bill gaben ihr Bestes, um die Bildschirmzeit ihrer Tochter Kathy sicher und verantwortungsvoll zu gestalten. Die Zeit am Bildschirm war auf zwei Stunden am Tag begrenzt und im Kinderzimmer waren keine elektronischen Geräte erlaubt. Kathy benutzte den Computer oder das Smartphone in einem allgemein zugänglichen Bereich wie am Küchentisch oder im Wohnzimmer. Mit den Internetfiltern, die sie auf dem Computer und dem Smartphone installiert hatten, waren sich Kathys Eltern sicher, dass sie alles getan hatten, um Kathy zu schützen.

Was sie nicht wussten, war, dass sich Kathy immer mehr für ein populäres soziales Netzwerk interessierte. Sie loggte sich jeden Tag ein, um Spiele zu spielen, mit Online-Freunden zu chatten und einen Mode-Blog zu lesen. Obwohl die Webseite für Kinder freigegeben war, schaute sie sich Trailer für Filme an, die erst ab 12 Jahren frei waren, und in dem Chatroom las sie Antworten auf die Frage: „Woher weiß ich, dass er mich mag?"

Kathy wurde zunehmend unsicherer wegen ihres Aussehens und fragte sich, warum keine Jungen in der Schule sie zu mögen schienen. Sie wurde von den Kommentaren beeinflusst, die sie online von anderen Kindern las, und ihre Eltern wussten überhaupt nichts davon.

Kathy benutzt ein soziales Netzwerk für Jugendliche zwischen neun und sechzehn Jahren, und wie Sie sich vorstellen können, gibt es einen großen Entwicklungsunterschied zwischen diesen beiden Altersgruppen. Was für eine 16-Jährige angebracht sein mag, ist für die zehnjährige Kathy nicht gut.

Regeln über den Gebrauch von Bildschirmen sind fraglos hilfreich und notwendig, aber es gibt etwas, was noch mehr zur Sicherheit Ihres Kindes beiträgt. Doch das erfordert, dass Sie als Eltern aktiv werden, um Ihrem Kind eine richtige Bildschirmnutzung beizubringen und seinen Charakter zu formen.

DAS HERZ VOR ANGRIFFEN SCHÜTZEN

Wenn Eltern an Sicherheit im Netz denken, richten viele ihr Augenmerk auf Pädophile, Fremde und manche Schauergeschichten der Cyberwelt. Vielleicht liegt das daran, dass etliche tragische Vorkommnisse uns dazu zwingen, auf den digitalen Umgang unserer Kinder zu achten – wie bei dem schrecklichen Vorkommnis, bei dem ein zwölfjähriges Mädchen vom Turm einer verlassenen Zementfabrik in ihren Tod sprang. Zwei Mädchen, zwölf und vierzehn Jahre alt, wurden festgenommen und beschuldigt, sie im Internet verhöhnt und tyrannisiert zu haben, indem sie Kommentare posteten wie: „Trink Bleiche und stirb."[63]

Derartige Geschichten sind herzzerreißend und dienen als Weckruf, Cyber-Mobbing ernst zu nehmen. Die Gefahr, die von Fremden kommen kann, ist nicht zu leugnen; doch es ist viel wahrscheinlicher, dass der Schaden, der einem Kind online zugefügt wird, von einem Freund oder Bekannten kommt.

Cyber-Mobbing bedeutet, digitale Medien absichtlich dafür zu benutzen, um Falsches, Feindseliges oder Peinliches über den anderen zu verbreiten.

Das stellt für ältere Kinder und Jugendliche das gängigste Online-Risiko dar. Es kann jedem Jugendlichen passieren, der online ist, und schwerwiegende Folgen wie Depression, Angstzustände und extreme Isolation nach sich ziehen.

Bei der JIM-Studie 2012 (Jugend, Information, [Multi-]Media) ging es auch um das Thema „Probleme im Internet". Die Befragten, Jugendliche zwischen 12 und 19 Jahren, gaben Folgendes an:

- Über 15% wurden bereits falsche oder boshafte Aussagen im Internet verbreitet. Besonders betroffen waren dabei die 14- und 15-Jährigen.
- 16% der Befragten gaben an, dass über sie bereits peinliche oder beleidigende Fotos und Videos ohne Erlaubnis online gestellt wurden.
- 28% sagten, dass es für sie selbst bzw. im Freundeskreis schon Ärger wegen Einträgen im Internet gegeben habe.
- Und 23% gaben an, dass sie von mindestens einer Person aus ihrem Bekanntenkreis wussten, die schon mal im Internet fertiggemacht wurde.[64]

Parry Aftab ist Geschäftsführer einer Homepage, die sich mit Themen rund um Internetsicherheit für Kinder befasst (www.WiredSafety.org). Er hat die Erfahrung gemacht, dass Cyber-Mobbing bereits in der zweiten Klasse anfängt, da Kinder schon sehr früh damit beginnen, Textnachrichten zu schreiben und sich bei interaktiven Webseiten zu beteiligen.

Inzwischen fängt das mit sechs oder sieben an. Etwa mit 14 Jahren nimmt es allgemein wieder ab. Danach hat man zwar vielleicht Cyber-Stalking und -Belästigung, aber dann ist es meist mehr sexuell orientiert; man macht mit einem Mädel oder Kerl Schluss und greift ihn dann an, weil man unglücklich ist.[65]

Es ist nichts Neues, dass Kinder sich übereinander lustig machen und Gehässiges sagen.

> Doch Technik kann eine gemeine Bemerkung aufbauschen und verbreiten, wodurch ein Kind Schaden und Angst wie nie zuvor erleidet.

Jüngere Kinder sind emotional noch nicht gefestigt genug, um mit digitalen Angriffen auf ihr Selbstvertrauen umgehen zu können. Kinder und Jugendliche posten die Geheimnisse anderer, stehlen Passworte, greifen andere an, während sie sich hinter einer gefälschten Identität verbergen, und machen peinliche Fotos, um sie dann online mit anderen zu teilen.

> Als Eltern sind wir dafür verantwortlich, die geistige und emotionale Gesundheit unserer Kinder zu schützen.

Wir können nicht einfach die Hände über dem Kopf zusammenschlagen und sagen: „Ich verstehe die neueste Technik einfach nicht." Das wäre ungefähr so, als ließe man ein Kind unbeaufsichtigt in einem überfüllten Einkaufszentrum umherlaufen, weil man aus der Übersichtskarte nicht schlau wird. Wir müssen uns mit der Cyberwelt vertraut machen, damit wir unsere Kinder sicher und gut informiert durch den digitalen Spielplatz der modernen Gesellschaft geleiten können.

Jedes Kind muss Beziehungskompetenzen entwickeln, damit es alle Menschen gleichwertig behandelt und in der Lage ist, gesunde, positive Beziehungen zu bauen, im direkten Gegenüber genauso wie im Internet. Aus einem Kind, dem es an grundlegenden Beziehungskompetenzen fehlt, kann ein kleiner Tyrann werden, der wenig Mitgefühl zeigt und rücksichtslos mit anderen umspringt. Oder aus ihm kann ein Opfer werden, das nicht weiß, wie es sich Hilfe holen soll, um mit einem solchen Tyrannen umzugehen. Sie können Ihrem Kind helfen, sein Herz vor Angriffen zu schützen, wenn Sie diese Richtlinien befolgen:

- Ermutigen Sie Ihr Kind, dass es Ihnen (d.h. Mama oder Papa) jeden Vorfall von Cyber-Mobbing berichtet.
- Ihr Kind sollte Online-Tyrannen blockieren und nie auf ihre Kommentare antworten.
- Sprechen Sie mit Ihrem Kind darüber, wie gefährlich es ist, andere online anzugreifen.
- Machen Sie Ihrem Kind deutlich, nie etwas zu posten, was es nicht auch Ihnen oder einem Lehrer zeigen würde.
- Wenn Ihr Kind einen verletzenden Kommentar erhält, sagen Sie ihm fünf Dinge, die Ihnen an Ihrem Kind gefallen.
- Beaufsichtigen Sie die Online-Zeit Ihres Kindes.

Falls Ihr Kind selbst derjenige ist, der andere tyrannisiert, dann lassen Sie es wissen, dass Sie es nicht verurteilen. Ansonsten kann es sein, dass Ihr Kind so sehr von Schuldgefühlen geplagt ist, dass es nie wieder seine Gefühle zum Ausdruck bringt, besonders, wenn es leicht auf Autorität reagiert.

> Zur richtigen Erziehung gehört auch, das Kind wissen zu lassen, dass es bei Ihnen immer Liebe findet und Sie immer daran interessiert sind, wie es sich fühlt, ob es nun glücklich oder traurig oder wütend ist.

Ist die Grundlage der bedingungslosen Liebe erst einmal gelegt, können Sie auch daran arbeiten, künftig das Verhalten Ihres Kindes zu korrigieren.

SEXUALTÄTER, DATENSCHUTZ UND PORNOGRAFIE

1996 eröffnete die Abteilung für Cyberkriminalität des amerikanischen Justizministeriums Ermittlungen in 113 Fällen der sexuellen Ausbeutung Minderjähriger, die im Internet begangen worden sind. Im Jahr 2007 war diese Zahl auf 20.200 Fälle gestiegen.[66] Diese abscheulichen Verbrechen an Kindern haben in wenigen Jahren erschreckend weit um sich gegriffen. Als Eltern ist es wichtig, dass Sie sich über das Verhalten von Sexualtätern informieren, damit

Sie wissen, was Sie und Ihre Kinder im Netz vermeiden sollten. Chat-Rooms für Kinder sind nicht nur wegen Cyber-Mobbings problematisch, sondern auch, weil sie ein Nistplatz für Sexualtäter sein können. Erklären Sie Ihrem Kind, dass jemand in einem Chat-Room nicht unbedingt der ist, für den er sich ausgibt. Jemand, der sich als 13-jähriges Mädchen ausgibt, kann in Wirklichkeit ein 40-jähriger Mann sein. Nur weil etwas online geschrieben steht, muss es noch lange nicht wahr sein.

Dem FBI-Sonderermittler Peter Brust zufolge ist es normal, dass Sexualtäter Freundeslisten auf mehreren Festplatten und Computern speichern. Teilweise haben sie mehr als tausend Online-Freunde, die sie katalogisieren. Sie wissen, wann die anderen abends online sind und was sie mögen.

„Ich bin immer wieder verblüfft, wie oft ich bei einem Vortrag in einer Schule oder Elterngruppe von einem Vater oder einer Mutter höre: ‚Ich hatte keine Ahnung, dass mein Kind zu diesem sozialen Netzwerk gehörte oder diesen Bildschirmnamen oder jenes Profil hatte‘“, sagt Brust.[67]

In den Gesprächen, die dieser Sonderermittler mit jugendlichen Opfern und Nicht-Opfern geführt hat, hatten die Nicht-Opfer etwas gemeinsam: Sie schalteten bei Sicherheitsfragen den gesunden Menschenverstand ein und schützten ihre Privatsphäre. Die Opfer suchen hingegen gewöhnlich Informationen über Sex; sie sind auf der Suche nach Romantik und einer Beziehung. Das spielt den Sexualtätern in die Hände. Durch viele Online-Gespräche bauen sie genug Vertrauen auf, um ein persönliches Treffen mit dem Jugendlichen zu arrangieren.

ÜBER DATENSCHUTZ

Webseiten und Apps sammeln eine Menge persönlicher Daten von Kindern. Wenn Kinder sich bei einer Seite registrieren müssen, um ein Spiel zu spielen, einen Blog zu lesen oder an einem Wettbewerb teilzunehmen, müssen sie teilweise Name, Anschrift oder Stadt, Geburtstag und Lieblingsaktivitäten oder Lieblingsprodukte angeben. Anhand dieser Daten können Kundenlisten erstellt werden, die dann an Unternehmen verkauft werden.

Bringen Sie Ihrem Kind bei, die Datenschutzerklärungen der Webseiten und Apps zu lesen, die es benutzt. Informieren Sie sich darüber, welche Daten gesammelt und wie sie verwendet werden. Außerdem können Sie auf der Startseite nach einem TÜV-Prüfsiegel für Datenschutz suchen. Um dieses Siegel zu erhalten, müssen teilnehmende Webseiten ihre Datenschutzerklärung öffentlich zugänglich machen und ihre Datenschutzpraktiken prüfen lassen.

Soziale Netzwerke wie Facebook und Instagram haben die Regel, dass ein Minderjähriger mindestens 13 Jahre alt sein muss, ehe er sich ein Konto einrichten darf. Das Gesetz zum Schutz der Privatsphäre von Kindern im Internet (COPPA) schränkt Webseiten beim Sammeln von Daten Minderjähriger ein. Wie Sie jedoch vielleicht aus eigener Erfahrung oder von Bekannten wissen, geben viele Kinder ein falsches Alter an, sodass sich angeblich 7,5 Millionen US-amerikanische Kinder ein Konto eingerichtet haben.[68]

Was kann es schaden, wenn Ihre Zehnjährige bei Facebook sein möchte, um sich mit Klassenkameraden und Oma austauschen zu können? Soll man sich deshalb als Eltern Sorgen machen? Ja, und zwar aus mehreren Gründen: Erstens gibt es das Problem, dass man ein falsches Alter angeben muss. Wenn Sie Ihrem Kind dabei helfen, was vermitteln Sie ihm dann in Bezug auf Ehr-

lichkeit? Wenn Ihr Kind es ohne Ihre Erlaubnis tut, untergräbt das Ihre Autorität. Zudem könnten Fremde das Profil Ihres Kindes sehen. Wenn Ihre Tochter laut ihrer Facebook-Angaben 18 wird und somit erwachsen ist (obwohl sie in Wirklichkeit vielleicht erst 15 Jahre alt ist), können Fremde sie und ihre Freundesliste sehen.

Bei Instagram kann jeder automatisch alle Fotos sehen, die man hochlädt; es sei denn, dass man sein Profil auf Privat stellt (wodurch dann nur noch die Leute die Fotos sehen können, die man auf seinen Freundes- und Follower-Listen hat). Beim Hochladen kann die Geolocation eines Fotos leicht ermittelt werden. Achten Sie also darauf, dass Ihr Kind das Geotagging ausgeschaltet hat.

Snapchat ist eine App, die Benutzern ermöglicht, ein Foto mit jemandem bis zu zehn Sekunden lang zu teilen, ehe es sich auflöst und endgültig gelöscht wird. Diese App zielt besonders auf Teenager ab und ist perfekt für Sexting geeignet. Sexting ist eine zunehmend verbreitete Praktik, bei der sexuell anzügliche Textnachrichten, Fotos oder Videos verschickt werden. Obwohl sich das Snapshot-Foto schnell wieder auflöst, könnte der Empfänger einen

Screenshot vom Foto machen oder das Bild abfotografieren. Falls Ihr Kind anzügliche Fotos in dem Glauben verschickt, dass sie sich nach zehn Sekunden ja auflösen, kann es eine böse Überraschung erleben, wenn das Foto gespeichert und vielleicht später mit anderen geteilt wird.

In diesem digitalen Zeitalter muss die Privatsphäre eines Kindes wachsam von den Eltern geschützt werden. Viele Kinder und jüngere Teenager überblicken die Situation nicht und verstehen nicht, wie wertvoll die Privatsphäre ist.

ÜBER PORNOGRAFIE

Pornografie ist leichter zu finden denn je. Die Zeiten, in denen man sich in einen zwielichtigen Bezirk schleichen und in einem Sexshop nach Material suchen musste, sind längst vorbei. Pornografie ist auf all den Geräten, die wir jeden Tag benutzen, frei zugänglich – auf Smartphones, Computern und Tablets. Bedenken Sie einmal die folgenden ernüchternden Statistiken:

- 90% der Jungen und 35% der Mädchen im Alter von 14-17 Jahren gaben an, gelegentlich Pornos zu schauen.
- Nur 16% der Eltern von Jugendlichen, die Pornos gesehen haben, wussten davon.
- Die Porno-Branche setzt weltweit ca. 40 Milliarden Euro um. Das ist so viel, wie der komplette Internethandel in Deutschland umsetzt.
- Es gibt 260 Millionen rein pornografische Internetseiten.
- 75% der befragten Jungen sind aus Versehen schon mehrfach auf pornografische Internetseiten gestoßen.
- Für Jungs findet der erste Kontakt mit Pornografie durchschnittlich im Alter von 12 Jahren statt.[69]

Ein Kind mag einfach neugierig sein oder aus Versehen auf einen Link klicken, während es bei Google nach etwas anderem sucht. Trotz eines guten Computerfilters können Kinder Zugang zu Pornografie finden, zum Beispiel durch Peer-to-Peer-Netzwerke (P2P), in denen man Daten mit anderen P2P-Nutzern austauschen kann. Hat man ein Peer-to-Peer-Programm installiert, kann man bestimmte Dateien auf seinem Computer mit jedem auf der Welt teilen, der danach sucht. 35 Prozent der Peer-to-Peer-Downloads sind pornografischer Natur. Wenn Kinder im Internet auf Pornografie stoßen, handelt es sich meist nur um Fotos. Hardcore-Pornos muss man gewöhnlich mit einer Kreditkarte kaufen. Doch durch Peer-to-Peer-Netzwerke können Kinder sich Filme anschauen, die nicht jugendfrei sind, ohne dass sie vom Internetfilter blockiert werden. Um das zu verhindern, überprüfen Sie Ihren Computer in gewissen Abständen, um sicherzugehen, dass niemand P2P-Netzwerkprogramme wie BitTorrent, Bearshare oder Limewire installiert hat.

Einmal Pornografie zu sehen, wird vermutlich keine nachhaltigen Auswirkungen auf Ihr Kind haben, aber regelmäßiger Konsum schon. Je härter die Pornografie, umso destruktiver ist sie für die Gedanken und Gefühle Ihres Kindes. Pornografie vermittelt ein falsches Bild von menschlicher Sexualität und stiftet nur Verwirrung. Frauen werden abgewertet, „perfekte" Körpertypen werden vergöttert und falsche Erwartungen geschaffen, die in eine zukünftige Beziehung getragen werden. Kinder schauen sich Pornografie heimlich an und zerstören dadurch das Vertrauensverhältnis zu den Eltern.

> **!** Bevor Kinder auf pornografisches Material stoßen, ist es sehr wichtig, dass Sie als Eltern offen mit ihren Kindern über Sexualität sprechen.

Erklären Sie Ihrem Kind den Unterschied zwischen Männern und Frauen. Zeigen Sie ihm mithilfe angemesse-ner Zeichnungen, wie ein männlicher Körper und wie ein weiblicher Körper aussieht. Reden Sie offen darüber, was mit dem Körper Ihres Kindes passiert, wenn es ein Teenager wird. Diese Dinge zu erklären, bevor sie passieren, zeigt Ihrem Kind, dass Sexualität kein Tabuthema ist.

Sprechen Sie mit Ihrem Kind über Adam und Eva und darüber, dass Gott sie aus gutem Grund gekleidet hat. Dann können Sie über Pornografie reden und darüber, dass es gegen diesen Anstand verstößt. Warnen Sie Ihr Kind vor, dass es irgendwann auf dem Bildschirm bestimmt mal auf Bilder von nackten oder zum Teil nackten Menschen stoßen wird. Sagen Sie dem Kind, dass es in dem Fall das Fenster sofort schließen und Ihnen davon erzählen soll.

Wir empfehlen Ihnen, lieber mehrere kürzere Gespräche über Sexualität und Pornografie zu führen, damit es nicht eine ewig lange Unterhaltung wird, bei der das Kind innerlich abschaltet und sich fragt, wann das Gespräch endlich vorbei ist. Erwähnen Sie das Thema öfter, wenn Ihr Kind in die Pubertät kommt. Ihr Kind braucht und will Hilfe von Ihnen, um zu verstehen, wie sein Körper funktioniert und wie es mit seinen sexuellen Gefühlen umgehen soll.

Legen Sie Familienrichtlinien bezüglich Pornografie fest. Lassen Sie Ihre Kinder wissen, welche Konsequenzen es gibt, wenn Sie herausfinden, dass es sich trotz Verbot Pornografie ansieht. Ziehen Sie Grenzen, bleiben Sie aber auch gleichzeitig ruhig und mitfühlend. Zuzugeben, dass man sich Pornografie angesehen hat, ist peinlich, und wenn ein Kind das Gefühl hat, dass es von seinen Eltern verachtet wird, wird es alles daransetzen, es zu verheimlichen.

Sollten Sie feststellen, dass Ihr Kind regelmäßig Pornografie konsumiert und anscheinend nicht in der Lage ist, damit aufzuhören, suchen Sie einen professionellen Berater auf, der Ihr Kind von diesem ungesunden Verhalten wegführen kann. Lassen Sie nicht zu, dass Ihr Sohn oder Ihre Tochter mit Pornografie aufwächst. Das würde sich auch noch im Erwachsenenalter negativ auf Ihr Kind auswirken.

SICHERES HEIM, GLÜCK ALLEIN

Trotz der Tücken, die Technik birgt, hat sie ihre Vorteile. Die siebenjährige Anna hatte ein breites Grinsen auf dem Gesicht, als ihre Mutter sie von der Schule abholte. Für diesen Abend hatte sie eine Skype-Verabredung mit ihrem Papa. Annas Vater war auf einem sechsmonatigen Militäreinsatz und Skype half enorm, die Familie zusammenzuhalten. Einige Wochen zuvor, als Anna sich mit ihren Mathehausaufgaben schwergetan hatte, hatte ihr Papa dabei geholfen, das Problem zu lösen, obwohl er Tausende Kilometer von ihr entfernt war.

„Hallo Papa!", sagte Anna laut und winkte lebhaft in die kleine Kamera am Bildschirm. „Schau mal!", rief sie und zog ihre Lippen mit ihren Fingern auseinander. „Ich habe einen Zahn verloren!"

„Wow", antwortete Annas Vater lachend. „Schau dir mal meine Zähne an. Ich hab sie noch alle und hab keinen einzigen verloren!"

Vor Jahren hätte Annas Vater unmöglich mit seiner Tochter so unmittelbar sprechen und ihre Zahnlücke sehen können. Video-Gespräche ermöglichen es Familien heute, in Kontakt zu bleiben, selbst wenn man geografisch gesehen voneinander getrennt ist. Diese Verbindung zwischen Familienmitgliedern, die durch die Technik ermöglicht wird, kann einem Kind ein Gefühl der Liebe und Geborgenheit vermitteln.

> Wie können Sie in Ihrem Zuhause Ihrem Kind mithilfe moderner Technik ein Gefühl der Geborgenheit geben?

Während Sie überlegen, wie Sie trotz der Anwesenheit von Bildschirmen nicht nur ein trautes, sondern auch ein sicheres Heim schaffen können, können Sie sich einige klärende Fragen über den Mediengebrauch Ihrer Familie stellen:

- Nutzen wir Bildschirme dafür, um als Familie zusammenzukommen? Wenn ja, wie?
- Werden die Eltern-Kind-Beziehungen durch Bildschirmzeit eher gestärkt oder eher geschwächt?
- Fördert die Bildschirmzeit zu Hause Bildung und positive Werte?

- Lernen meine Kinder durch den Medienkonsum schlechte Worte und Werte?

> Ihr Zuhause sollte ein sicherer Ort für Ihr Kind sein, ein liebevolles Umfeld voller Geborgenheit.

Das Zuhause sollte kein Ort sein, an dem sich die Familienmitglieder alle an ihre Bildschirme zurückziehen und in die Cyberwelt flüchten. In der heutigen digitalen Welt muss man sich genau überlegen, was für eine Rolle Bildschirme zu Hause spielen sollten. Ein bildschirmfreies Zuhause zu haben, ist vermutlich unrealistisch, doch wie wäre es mit einem bildschirmsicheren Zuhause?

Eine gute Grundregel ist es, die Kinderzimmer frei von elektronischen Geräten aller Art zu halten, besonders bei den jüngeren Kindern. Wenn die Tür zu ist und das Licht aus, weiß man nicht, was da vor sich geht. Sich vor dem Schlafengehen mit einem Bildschirm zu beschäftigen, kann einen gesunden Schlafrhythmus stören, ganz zu schweigen davon, dass es dem Kind unbeaufsichtigten Zugang zu fragwürdigen Inhalten ermöglicht.

Die Realität ist jedoch, dass heutzutage viele Kinder einen Fernseher oder Computer auf ihrem Zimmer haben. Eine Studie von 2010 zeigte, dass 45 Prozent der 6- bis 13-Jährigen in Deutschland einen eigenen Fernseher im Kinderzimmer besitzen.[70] Ein Grund dafür ist reine Bequemlichkeit. Wenn die Erwachsenen des Hauses eine Sendung sehen wollen und die Kinder eine andere – warum sollte man die Kinder nicht einfach in einem anderen Zimmer fernsehen lassen? Dann braucht man sich nicht mehr abzuwechseln, muss keine Kompromisse finden und Opfer füreinander in Kauf nehmen. Die Fortschritte der Technik ermöglichen es uns, immer alles sofort zu bekommen, was wir wollen. Die Vorlieben des Einzelnen, von Eltern genauso wie von Kindern, nehmen die erste Stelle ein.

Wir mögen mit mehreren Bildschirmen im Haus an Bequemlichkeit gewinnen, doch wir verlieren die Chance, die Gemeinsamkeit der Familien der Vergangenheit zu erleben, die sich um einen Fernseher versammelten, um sich die gleiche Sendung anzusehen. Und darum geht es: um die Gemeinsamkeit, nicht um Nostalgie einer vergangenen Zeit. Zum Schwarz-Weiß-Fernsehen der 1950er-Jahre werden wir nicht mehr zurückkehren und die meisten von uns sind dankbar dafür.

> Technik schafft unseren Kindern Zugang zu allen möglichen Informationen, guten wie schlechten. Es liegt an uns Eltern, unsere Kinder zum Positiven der Technik hinzuführen und gleichzeitig die Risiken zu minimieren.

Der Familiencomputer oder das Familientablet sollte an einer Stelle benutzt werden, wo es alle sehen können. In etlichen Familien werden abends alle elektronischen Geräte eingesammelt und die Smartphones, Tablets und Spielgeräte in einen Behälter getan, der über Nacht im Schlafzimmer der Eltern steht. Natürlich kann es auch Ausnahmen geben. Sollte es in Ihrer Nachbarschaft beispielsweise viele Einbrüche gegeben haben, kann es sicherer sein, wenn Ihr Kind ein Handy am Bett hat.

Es ist ein erster guter Schritt, wenn Sie als Eltern wissen, wo sich die elektronischen Geräte im Haus befinden. Zusätzlich dazu können Sie Internet-Sicherheit praktizieren, indem Sie filtern, was gesehen werden darf. Internetsicherheitssoftware kann Ihre Familie vor schädlichen Inhalten schützen, indem sie fragwürdige Webseiten, Videos, Musik, Textnachrichten und soziale Netzwerke blockiert. Einige Programme lassen Eltern zwischen vorbestimmten Kategorien wählen; andere Programme bieten eine Liste, zu der Eltern Seiten hinzufügen oder von der sie Seiten streichen können. Eine schwarze Liste filtert Webseiten anhand bestimmter Kategorien wie sexuellem Material oder Gewalt heraus. Gewöhnlich tun Filter das, indem sie Webadressen nach Schlüsselworten innerhalb der Seite absuchen. Sie können auch eine „weiße Liste" erstellen, bestehend aus Webseiten, die Ihr Kind beim Websurfen benutzen darf.

So empfehlenswert es ist, Filter auf Ihren Computern und Smartphones zu installieren, garantiert es doch nicht, dass Ihr Kind vor allen gefährlichen Inhalten geschützt wird. Einige Kinder stoßen aus Versehen auf etwas, was zu viel Sexualität oder Gewalt darstellt; andere Kinder suchen absichtlich danach. Ein Kind, das unbedingt etwas Verbotenes sehen will, wird Mittel und Wege finden, um Filter und Kontrollsysteme zu umgehen.

Wiegen Sie sich nicht in einer falschen Sicherheit, nur weil Sie ein erstklassiges Internetsicherheitssystem installiert haben. Statt sich darauf zu verlassen, dass Technik Ihr Kind vor unguter Internetnutzung schützt, sollten Sie darauf achten, was Ihr Kind sich anschaut, und ihm immer wieder Anweisungen geben, was digitale Sicherheit betrifft.

Wenn Eltern ihren Kindern beibringen, was im Internet und auf Bildschirmen gesund und was ungesund ist, werden irgendwann die eigenen Augen und Ohren des Kindes zum besten Filter, den es gibt.

ABER ALLE ANDEREN HABEN DOCH AUCH EIN SMARTPHONE!

Viele Fünft- und Sechstklässler an der Schule meiner (Arlenes) Kinder haben genauso ein Smartphone wie ich. Vermutlich kennen Sie selber Kinder in dem Alter oder noch jünger, die ihr eigenes Smartphone haben. Also: Wie jung ist zu jung für ein Smartphone? Jedes Kind und jede Familie ist anders, daher gibt es keine eindeutige Antwort auf diese Frage. Grundschulkinder brauchen jedoch definitiv keinen mobilen Internetzugang. Es wäre unzumutbar,

Ihrem Kind die Verantwortung zu übertragen, sich sicher im Internet zurechtzufinden. Das wäre so, als würde man ein Kind auf einer Straße alleinlassen, auf der Sexshops und Drogenhändler ihr Unwesen treiben, und sich der Hoffnung hingeben, dass das Kind schon nicht in Schwierigkeiten kommen wird.

Wenn Sie Ihrem Kind im Grundschulalter ein Mobiltelefon geben möchten, dann wählen Sie besser ein einfaches Handy, mit dem man keine Fotos verschicken oder ins Internet gehen kann. Auch hier ist es wichtig, dass Sie darauf achten, wie Ihr Kind das Handy benutzt. Sie können das Guthaben des Handys mit einer bestimmten Anzahl Minuten aufladen und es nachts ausschalten. Eltern sollten ihrem Kind monatlich auch verdeutlichen, wie viel Geld auch ein einfaches Handy kostet, damit es versteht, dass die Handynutzung nicht umsonst ist. Dadurch lernen Kinder finanzielle Verantwortung und Wertschätzung für die Geräte, die ihnen Mama und Papa zur Verfügung stellen.

Eine Möglichkeit, Ihrem Kind einen verantwortungsvollen Umgang mit seinem Handy beizubringen, ist folgende: Im ersten Monat darf Ihr Kind das Handy nur für Gespräche mit Mama und Papa nutzen. Im zweiten Monat können Sie das auf ein, zwei vertrauenswürdige Freunde ausweiten. Wenn Eltern schrittweise Freiheit geben, können sie besser beurteilen, wie das Kind mit den geschenkten Freiheiten umgeht. Sie können auch von Anfang an einen „Handyvertrag" mit Ihrem Kind machen, damit die Erwartungen klar und deutlich feststehen und es später keine Überraschungen gibt. Ihr Vertrag könnte folgende Regeln beinhalten:

- Ich gebe meine Handynummer niemandem, ohne es erst mit meinen Eltern abzuklären.
- Ich nehme mein Handy nicht mit in ein Klassenzimmer, wenn es dort nicht erlaubt ist.
- Ich nehme Anrufe von meinen Eltern immer an. Wenn ich gerade in der Klasse bin, rufe ich sie zurück, sobald mir das möglich ist.
- Ich werde für alle Gebühren aufkommen, die über die abgesprochenen monatlichen Kosten hinausgehen.

Paul und sein Freund Christopher, beide elf Jahre alt, sind schon seit dem Kindergarten befreundet. Schon als sie klein waren, besuchten sie sich häufig gegenseitig. Vor Kurzem hat Christopher ein Smartphone bekommen. Als die Jungs bei Christopher zu Hause waren, verbrachten sie einige Zeit damit, abwechselnd Spiele auf dem Smartphone zu spielen. Pauls Mutter war besorgt, weil ihr Sohn jetzt so leichten Internetzugang hatte. Doch sie wusste auch, dass sie die Jungs unmöglich ständig überwachen konnte.

Was können Sie für die Sicherheit Ihres Kindes tun, wenn es mit anderen Kindern spielt? Anderen Familien kann man ja schlecht seine eigenen Bildschirm- und Smartphone-Regeln auferlegen. Hier sind einige Richtlinien für den Umgang mit Bildschirmen bei Freunden Ihres Kindes:

Unterscheiden Sie zwischen gravierenden und weniger gravierenden Dingen. Fragen Sie sich: „Wird das in einer Woche auch noch eine Rolle spielen?" Sollte Ihr Kind sich beim Haus eines Freundes Pornografie ansehen, dann lautet die Antwort: Ja. Doch wenn es eine halbe Stunde lang harmlose Videospiele spielt, lautet die Antwort vermutlich: Nein. Das ist so, als wenn Ihr Kind woanders pausenlos nascht; solange es bei Ihnen zu Hause etwas Gesundes zu essen bekommt, wird ihm etwas Süßes bei seinem Freund schon nicht schaden.

Lernen Sie andere Familien kennen. Nehmen Sie sich die Zeit, die Eltern der Freunde Ihrer Kinder kennenzulernen. Folgende Fragen müssen erlaubt sein: „Was für Fernsehsendungen und Videospiele erlauben Sie bei sich zu Hause? Kontrollieren Sie, was die Kinder sich ansehen?" Denken Sie nicht, dass es unhöflich ist, so etwas zu fragen; es ist Ihre Verantwortung, sichere Grenzen für Ihr Kind zu stecken, wenn es sich außerhalb Ihrer Aufsicht befindet.

Machen Sie sich zum Sündenbock. Wenn man zu viele Fragen stellt, kann das leicht als Kritik und Besserwisserei rüberkommen. Sagen Sie den anderen Eltern einfach, dass Sie etwas übervorsichtig sind. Es wirkt sympathischer, sich selbst zu kritisieren, statt die Eltern anzugreifen, die es in dieser Hinsicht nicht so genau nehmen. Man kann sagen: „Es tut mir leid, dass ich so viel frage; vielleicht bemuttere ich mein Kind manchmal etwas zu sehr."

Sollten Sie feststellen, dass Ihre Familienwerte hinsichtlich Bildschirmzeit nicht mit denen der anderen Familie vereinbar sind, dann ist es wahrscheinlich gut, wenn sich Ihr Kind von dem Freund außerhalb der Schule distanziert. Jede Familie hat das Recht, andere Werte zu haben.

Es geht nicht darum, dass Ihr Kind zu gut für ein anderes Kind ist. Es geht darum, dass Sie der Schutz Ihres Kindes sind.

> **Es ist Ihre Verantwortung, das zu filtern, was Ihrem Kind durch Augen und Ohren ins Herz dringt.**

> **!**

Es gibt keinen Internetsicherheitsersatz für engagierte Eltern.

FAMILIENVERSPRECHEN ZUR BILDSCHIRMSICHERHEIT

Wenn Sie mit Ihrem Kind über das Internet, Sicherheitsmaßnahmen und Ihre diesbezüglichen Sorgen sprechen, kann es hilfreich sein, wenn Sie als Familie Ihre Regeln und Vereinbarungen schriftlich festhalten. Folgendes „Familienversprechen" kann Ihnen dabei als Vorlage dienen:

- Ich werde nie persönliche Informationen wie Familiennamen, Adresse oder Telefonnummer weitergeben.
- Ich werde nicht den Namen meiner Schule, Stadt oder den Arbeitsplatz meiner Eltern weitergeben.
- Ich werde niemandem meine Passwörter geben.
- Ich werde mich an den Zeitrahmen halten, den meine Familie steckt.

- Ich werde meinen Eltern erlauben, den Verlauf meiner Internetnutzung zu überprüfen, wann immer sie es für notwendig halten.
- Ich werde mich online nur mit Menschen austauschen, die ich persönlich kenne.
- Ich werde meiner Mutter oder meinem Vater sofort sagen, wenn ich etwas sehe, was mir komisch erscheint, oder wenn jemand fragt, ob er sich mit mir treffen kann.
- Ich werde auf keiner Seite bleiben oder auf eine Seite klicken, wo steht: „Erst ab 18.“
- Ich werde ohne Aufsicht einer meiner Eltern keine Bilder oder Dateien herunterladen.
- Ohne Erlaubnis meiner Eltern werde ich niemandem online Fotos von mir oder meiner Familie schicken.
- Ich werde nichts online sagen, was ich nicht auch persönlich sagen würde.

FRAGEN ZUM NACHDENKEN UND DISKUTIEREN

- Haben Sie schon Erfahrungen mit Cyber-Mobbing gemacht oder kennen Sie jemanden, der damit Erfahrungen gemacht hat?

- Reden Sie darüber, wie Sie altersgerecht mit Ihrem Kind das Thema Pornografie angehen wollen. Was ist Ihrer Meinung nach wichtig zu sagen? Wie können Sie am besten die Geräte Ihres Kindes kontrollieren?

- Haben Sie Ihrem Kind den Wert der Privatsphäre erklärt und ihm deutlich gemacht, dass man online keine persönlichen Daten preisgeben sollte? Wie können Sie Ihrem Kind verständlich machen, dass das wichtig ist?

- Fördert die Bildschirmzeit Ihres Kindes das Lernen und positive Werte?

JETZT MAL EHRLICH

- Benutzen Sie einen Internet-Filter bzw. planen Sie, in Zukunft einen zu benutzen?

- Ab welchem Alter sollte Ihr Kind ein Mobiltelefon bekommen? Sagen Sie warum.

- Gehen Sie das „Familienversprechen zur Bildschirmsicherheit" zusammen mit Ihren Kindern durch, die alt genug sind, um es zu verstehen.

„Regeln ohne Beziehung führen zu Rebellion."
Josh McDowell

12 | Bildschirmzeit und elterliche Autorität

Mein (Arlenes) Mann James war gerade auf dem Spielplatz, als er einen Vater sah, der mit seinen beiden Kindern ohne Fahrradhelme die Straße entlangradelte. Die Kinder waren in einem ähnlichen Alter wie unsere Kinder zu dem Zeitpunkt, ungefähr fünf und sieben Jahre alt. Sie hielten an dem Spielplatz an und James kam mit dem Vater ins Gespräch. Er fragte ihn: „Warum haben Ihre Kinder denn keine Fahrradhelme auf?"

„Ich kann sie nicht dazu bewegen, sie aufzusetzen", antwortete er mit einem Seufzen. „Sie weigern sich, Fahrrad zu fahren, wenn sie ihre Helme aufsetzen müssen."

James war verblüfft. Wir sind große Befürworter von Sicherheit auf dem Fahrrad, und das aus einem ganz persönlichen Grund. Als unser Sohn Ethan in der zweiten Klasse von der Schule mit dem Fahrrad nach Hause fuhr, hielt er nicht an einem Stoppschild in unserer Siedlung an. Er bog im weiten Bogen nach rechts ab und prallte gegen ein entgegenkommendes Auto. Das war vermutlich der furchtbarste Moment in James' Leben, als er auf seinem Fahrrad um dieselbe Ecke bog und sah, wie Ethan auf der Straße lag. Der Krankenwagen kam, um Ethan in die Kinderklinik zu bringen. Sein Fahrrad war hinüber, sein Helm verbeult, aber Ethan konnte noch am selben Abend mit einigen blauen Flecken aus dem Krankenhaus entlassen werden.

Der Unfall wäre tragisch gewesen, wenn Ethan seinen Helm nicht aufgehabt hätte. James erzählte dem Vater auf dem Spielplatz diese Geschichte und hoffte, dass es ihn motivieren würde, seine Kinder zum Tragen eines Helmes zu bewegen. Leider sah er sie wenige Wochen später wieder bei dem Spielplatz auf ihren Fahrrädern – ohne Helme.

Was kann einen Vater oder eine Mutter davon abhalten, wesentliche Sicherheitsmaßnahmen für das eigene Kind durchzusetzen? Leider leben wir in einer Kultur, in der es zunehmend normal ist, dass die Kinder und nicht die Eltern den Ton angeben. Aus irgendeinem Grund haben sich Erwachsene von kleinen Mädchen mit Zöpfen und wütenden kleinen Jungen, die ihren Willen nicht bekommen, fertigmachen lassen. Dabei sind es doch die Eltern, die für die Erziehung ihrer Kinder verantwortlich sind, nicht andersherum. Erwachsene sind älter und erfahrener. Wir wissen, was ein Kind in unserer Kultur bis zum 18. Lebensjahr lernen muss.

> Es ist unsere Aufgabe, unsere Kinder bis zum Erwachsenenalter mit allem auszustatten, was sie brauchen, um ein gutes, verantwortungsvolles Leben zu führen.

!

Das Elternsein ist kein Spiel, bei dem man den Schwarzen Peter weitergeben kann. Schule, Regierung, religiöse Organisationen oder Kinderbetreuung

nehmen Ihnen die Erziehungsverant-
wortung für Ihr Kind nicht ab. Obwohl eine gesellschaftliche Beteiligung
durchaus wichtig ist, so ist Ihr Kind
doch in jeder Phase auf Ihre Anleitung
angewiesen.

Die heutige Erziehung ist sehr auf
die Launen des Kindes ausgerichtet und
fast so etwas wie ein Beliebtheitswettbewerb geworden. Wir möchten so gerne, dass unsere Kinder uns lieben, und
scheuen uns davor, Staub aufzuwirbeln.
Oder wir haben nicht den Nerv dazu,

uns mit den Wutanfällen, Tränen und
Willenskämpfen auseinanderzusetzen.
Da ist es wichtig, sich daran zu erin-
nern, dass Sie die Mutter oder der Vater
sind, nicht der Freund Ihres Kindes.
Natürlich sollten Sie liebevoll zu Ihrem
Kind sein und die Liebessprache Ihres
Kindes sprechen, aber Sie müssen auch
als Autoritätsfigur fungieren. Ihr Kind
wird im Lauf seines Lebens Dutzende
Freunde haben, aber es wird immer nur
eine Mutter und einen Vater haben.

Robert, Vater von zwei Töchtern im Alter von sieben und neun Jahren, kam ins Wohnzimmer. Seine Mädchen hatten es sich auf der Couch gemütlich gemacht; die eine hatte ein Smartphone in der Hand und simste, die andere spielte ein Videospiel. Im Fernsehen lief eine Komödie. Keines der Mädchen schien zuzuschauen, also schaltete Robert auf einen Sportsender um. Die Mädchen sahen beide auf und protestierten: „He, wir haben uns das angeschaut!"

Später postete Robert diesen Kommentar auf Facebook: „Meine Kinder scheinen zu denken, wenn sie vor dem Fernseher sitzen, dann hätten sie das Anrecht auf den Fernseher, selbst wenn sie eigentlich gar nicht zusehen. Sie sind doch an ihrem Computer und ihrem Smartphone. Liege ich da falsch?"

Robert mag es interessieren, was seine Freunde dazu sagen. Doch unabhängig von der Meinung der Allgemeinheit sollten Eltern die Autorität haben, zu entscheiden, was im Fernsehen läuft und wer es sehen darf. Doch ohne klare Leitung fühlen sich die Kinder von heute dazu berechtigt, dass alles nach ihrer Nase gehen muss.

Wir leben in einer ganz neuen Zeit, in der Kinder digitale Einheimische und Eltern digitale Einwanderer sind.

> Viele Kinder wissen mehr über Technik als wir Eltern, und das macht die Welt ganz anders, als sie vor mehreren Hundert Jahren gewesen ist.

EINE ANDERE WELT

Wir Eltern werden mehr denn je gebraucht, um dem Kind durch Information, Korrektur und positives Vorleben zu zeigen, wie man mit Bildschirmen umgeht, selbst wenn die digitale Welt uns teilweise wie eine fremde Welt erscheint.

Im Zeitalter der Druckerzeugnisse konnten Eltern lesen und hatten Zugang zu Informationen, die Kinder nicht hatten. Das führte automatisch zu einem Wissensvorsprung der Erwachsenen und zu einer klaren Abgrenzung zur Kindheit. Sendemedien ermöglichten es Kindern dann zum ersten Mal, durch Fernsehen Einblick in die Welt der Erwachsenen zu bekommen – in eine Welt, die vorher in Büchern versteckt war, die Kinder nicht lesen konnten.

Inzwischen ist es fast schon umgekehrt. Eltern mühen sich, das vernetzte Leben ihrer Kinder zu verstehen, und fragen sie um Rat, sei es bei Passwörtern oder beim Simsen. Apps können Ihrem Kind Mathematik oder Fremdsprachen beibringen. Da kann man als Eltern leicht in den Hintergrund treten und das Smartphone die Rolle des Privatlehrers übernehmen lassen.

> Doch auch wenn Kinder ihren Eltern in digitaler Hinsicht überlegen sind, brauchen sie immer noch eine Autoritätsfigur, die sie führen kann.

Falls Sie ein Tablet besitzen, fragen Sie sich vielleicht: „Gehört das mir oder meiner Tochter? Sie benutzt es ja mehr als ich!" Kinder sind die Nutznießer der teuren elektronischen Geräte ihrer Eltern geworden. Die Grenze zwischen Kindern und Erwachsenen verwischt. Wir benutzen dieselben Geräte und haben Zugang zu denselben Vorzügen und Gefahren des Internets. Durch Textnachrichten haben Kinder online genauso ein Sozialleben wie ihre Eltern.

Teilweise sind Kinder mehr in Technik vertieft als ihre Eltern.

Geben Sie Ihren elterlichen Einfluss nicht auf, nur weil Sie die neueste technische Spielerei oder Website nicht ganz verstehen. Informieren Sie sich, was für Apps und Webseiten Ihr Kind benutzt. Wenn nötig, bitten Sie andere Eltern um Hilfe oder absolvieren Sie Kurse, um sich ein Grundverständnis anzueignen. Sie dürfen sich nicht abhängen lassen, während Ihr Kind ganz allein in eine sich rapide entwickelnde Bildschirmwelt reist. Ohne elterliche Autorität wird Google zur Antwort auf die Fragen des Lebens.

BEWERTEN SIE DAS DIGITALE LEBEN IHRER FAMILIE

Wir leben nicht nur in einer multikulturellen Welt; wir leben in einer multimoralischen Generation. Verschiedene Menschen haben verschiedenste Vorstellungen davon, was richtig und falsch ist. Viele moralische Maßstäbe, die jahrhundertelang galten, werden infrage gestellt. Die Unterhaltung auf dem Bildschirm steht häufig im Widerspruch zu Moralvorstellungen, die wir unseren Kindern vermitteln möchten.

Wir sind jedoch nicht verantwortlich für das, was andere tun oder lassen; wir sind für unsere eigene Familie verantwortlich. Eltern haben die Freiheit und das Recht, zu entscheiden, was ihre Kinder sehen dürfen.

Falls Sie schon mal zusammen mit kleineren Kindern an Ihrer Seite eine Sportübertragung im Fernsehen gesehen haben, waren Sie vermutlich auch entsetzt darüber, wie viel Sexualität es teilweise in den Werbespots gibt. Beim alljährlichen „Super Bowl" in den USA gibt es in der Halbzeit immer ein Mini-konzert, bei dem die größten Popstars ihre Songs singen – mit entsprechender Show. Leider schauen sich viele Teen-ager das heute tagtäglich an. Wenn wir nicht aufpassen, werden unsere Kinder viel zu früh sexuellen und vulgären In-halten ausgesetzt. Machen Sie es sich als Vater oder Mutter zur Aufgabe, alles zu bewerten, was Ihr Kind in Ihr Zu-hause bringt. Was für Musik hört es? Was sieht es sich im Fernsehen oder auf DVD an?

Sie können einen moralischen Verfall Ihres Kindes verhindern, indem Sie ihm helfen, gute Ent-scheidungen zu treffen.

Nachdem Sie zusammen eine Fernseh-sendung gesehen haben, sprechen Sie darüber, was für Werte dadurch vermit-telt werden. Schauen Sie auf die Texte der Lieblingslieder Ihres Kindes und vergewissern Sie sich, dass sie nichts Unanständiges enthalten. Wenn Ihr Kind zu einem Teenager heranwächst, werden Sie immer häufiger auch zuhö-ren müssen, was Ihr Kind denkt, und die Medienwahl gemeinsam treffen. Doch solange Ihr Kind noch im Grund-schulalter oder noch jünger ist, können Sie einfach klare Richtlinien aufstellen und durchsetzen, was akzeptabel ist und was nicht.

Manchmal muss man gegen den Strom schwimmen, um die Werte der eigenen Familie zu schützen. Wenn Sie Ihrem Kind einen Film nicht erlau-ben, den andere Kinder sehen, heißt das nicht, dass die anderen Familien schlechte Menschen sind. Es heißt nur, dass der Film aus Ihrer Sicht für Ihr Kind nicht geeignet ist.

!

Genauso wie Sie anderen Familien die Freiheit geben, zu entscheiden, was am besten für ihre Kinder ist, so sollten Sie auch für sich selbst diese Freiheit in Anspruch nehmen, ohne sich ein schlechtes Gewissen zu machen.

Sie sollten nicht dem Gruppendruck nachgeben oder Ihre Entscheidungen so treffen, dass Sie bloß niemandem auf die Füße treten. Bewerten Sie die Bildschirmzeit Ihres Kindes stattdessen mit diesem ABC:

Atmosphäre: In welcher Stimmung ist mein Kind nach der Bildschirmzeit?

Benehmen: Was für ein Verhalten meines Kindes wird durch den Inhalt gefördert?

Charakter: Was für Charakterzüge werden vorgelebt und von meinem Kind wahrgenommen?

Nehmen Sie sich jetzt kurz Zeit, die derzeitigen Gewohnheiten Ihres Kindes zu beurteilen. Wie wirkt sich die Bildschirmzeit auf die Stimmung Ihres Kindes aus? Auf sein Verhalten? Auf seinen Charakter? Sind Sie zufrieden mit dem, was Ihr Kind auf dem Bildschirm sieht und wie lange es jeden Tag am Bildschirm ist?

PRAXISBEISPIEL

Belinda ist Mutter von zwei Kindern im Alter von elf und dreizehn Jahren. Sie und ihr Mann haben keine festen Regeln, wie lange die Kinder am Bildschirm sein dürfen, aber sie versuchen, dass ihre Kinder nur altersgerechte Sendungen sehen. An Schultagen sehen die Mädchen gewöhnlich drei Stunden am Tag fern; an Samstagen oder Sonntagen bis zu sechs Stunden.

„Ich mache mir Sorgen darüber, dass meine Kinder so viel Zeit vor dem Bildschirm verbringen", erzählt Belinda. „Ich habe den Eindruck, dass sie dadurch frecher geworden sind und sie weniger Lust haben, etwas mit der Familie zu unternehmen. Wir haben versucht, feste Regeln einzuführen, aber das hat ihnen nicht gefallen. Wir waren auch etwas nachlässig bei der Umsetzung der Regeln."

Belinda und ihr Mann sind nicht zufrieden mit dem Einfluss, den die Medien auf die Haltung und das Verhalten der Mädchen ausüben, sind aber nicht bereit, unliebsame Änderungen vorzunehmen. Denken Sie daran: Elternsein ist kein Beliebtheitswettbewerb. Vielmehr erfordert es Rückgrat und eine dicke Haut, um die Regeln, wenn nötig, anzupassen und durchzusetzen.

EINE MEDIENFREIE ZONE SCHAFFEN

Es ist Samstag und eigentlich der ideale Tag, um eine gemeinsame Radtour zu machen oder das neue Museum zu besuchen, über das die Kinder gesprochen haben. Doch der Tag kommt nicht so richtig in Gang. Die Kinder schalten nach dem Frühstück den Fernseher ein, und obwohl Sie es nicht geplant hatten, schauen Sie sich einen Film an. Nach drei Stunden vor dem Fernseher fühlen Sie sich träge und es scheint zu viel Mühe zu kosten, alle aus der Tür zu bekommen.

Was ist mit Ihrem Samstag passiert? Die Bequemlichkeit, zu Hause zu bleiben, hat Ihre Pläne für einen tollen Ausflugstag zum Scheitern gebracht. Die Fernbedienung war nur einen Hand-griff entfernt, das neue Museum hingegen 30 Kilometer. Bildschirme – das Smartphone, der Computer, das Tablet oder der Fernseher – sind für viele Familien zur Aktivität geworden, auf die man automatisch immer zurückfällt. Sie erfordern keine Anstrengung und werden schnell genauso zur Gewohnheit wie das Zähneputzen am Morgen.

WILLENSKRAFT ALLEIN REICHT NICHT

> Ändern Sie die schlechten Bildschirm-Angewohnheiten Ihrer Familie!

Dazu müssen Sie neue Gewohnheiten schaffen und das Gehirn Ihres Kindes neu „verkabeln", damit es auch Spaß an bildschirmfreien Aktivitäten hat.

Vielleicht haben Sie die Aussage gehört, dass das Umfeld stärker ist als die Willenskraft. Das trifft zu, wenn es ums Essen geht (in einer Bäckerei lässt sich die Willenskraft zu einer Null-Diät nur schwer aufrechterhalten), und es trifft auch auf die Bildschirmzeit zu. Wenn Sie Ihrem Kind sagen, seine Bildschirmzeit sei auf zwei Stunden pro Tag beschränkt – ihm dann jedoch einen Fernseher ins Zimmer stellen und ein Tablet mit seinen Lieblingsspielen in die Hand drücken, wird es natürlich entsprechend zu kämpfen haben. Das ist so, als würde man auf Süßigkeiten verzichten wollen, während man einen Teller voll frisch gebackener Kekse vor sich stehen hat. Ein derart verlockendes Umfeld zehrt schnell die Selbstbeherrschung auf, ganz gleich, wie viel Willenskraft man hat.

> **!** Helfen Sie Ihrem Kind, Selbstbeherrschung zu üben, indem Sie medienfreie Zonen in Ihrem Zuhause schaffen.

Wenn Ihr Kind rund um die Uhr leicht sofortigen Zugang zu Bildschirmen hat, wird es sich auch ständig zu ihnen hinziehen lassen. Viele Eltern geben ihrem Kind sehr früh ein eigenes Smartphone. Es ist unglaublich schwierig, der Bildschirmzeit von sich aus Grenzen zu setzen, wenn man ständig ein Smartphone in der Tasche hat. Wenn Sie Ihrem Kind ein Smartphone oder Tablet geben, setzen Sie klare Grenzen und überprüfen Sie, ob diese eingehalten werden. Einem Kind ein Smartphone oder iPad ohne Einschränkungen, ohne Grenzen, ohne Anweisungen und ohne Erwartungen zu geben, ist für Kinder in jedem Alter schädlich.

Wie also schafft man zu Hause medienfreie Zonen für die Kinder? Hier sind einige Ideen.

Machen Sie das Kinderzimmer zu einer medienfreien Zone. Stellen Sie Ihrem Kind keinen Fernseher ins Zimmer. Sammeln Sie alle Geräte wie Smartphones und Tablets vor dem Schlafengehen ein. Setzen Sie eine Zeit fest, beispielsweise 19:30 Uhr, zu der alle mobile Elektronik abgegeben werden muss. Ziehen Sie das einen Monat lang konsequent durch; danach wird es für die ganze Familie zur Gewohnheit werden.

Erlauben Sie keine Handys oder Bildschirme beim Essen. Gemeinsame Essenszeiten sind die perfekte Gelegenheit, um eine emotionale Verbindung zu Ihrem Kind aufzubauen. Lassen Sie sich diese wertvollen Momente nicht durch digitale Ablenkungen wie Handys oder Fernsehen rauben. Wenn Sie Schulkinder haben, dann verbringen Ihre Kinder vermutlich jeden Tag mehr Zeit ohne Sie als mit Ihnen. Je begrenzter die Zeit, die die Familie jeden Tag miteinander hat, umso wichtiger werden die gemeinsamen Mahlzeiten.

Nutzen Sie Autofahrten für Gespräche, nicht für Kopfhörer, Filme oder Videospiele. Wie oft haben Sie schon Eltern in einem Auto vorne sitzen sehen, während die Kinder auf der Rückbank saßen und entweder auf einen Bildschirm starrten oder Ohrhörer eingestöpselt hatten? In unserer vielbeschäftigten Welt sind Autofahrten ein Geschenk, um Zeit miteinander zu verbringen. Opfern Sie diese Zeit nicht, indem Sie Ihr Kind sich in seine Geräte verkriechen lassen. Nutzen Sie die Fahrt, um über den Tag zu sprechen. Oder verwandeln Sie Ihr Auto in eine fahrbare Universität, indem Sie sich zusammen Hörbücher oder Podcasts anhören, die einen positiven Einfluss haben können und Gesprächsstoff liefern.

Füllen Sie die Freizeit Ihres Kindes mit bildschirmfreien Aktivitäten. Jeder Tag sollte mit gesunden Aktivitäten wie Spielen, Lesen, Hausaufgaben, Gesprächen und Bewegung gefüllt sein. Wenn Ihr Kind nicht im Sportverein ist, dann planen Sie Spielzeit für draußen ein. Sollte das in Ihrer Nachbarschaft nicht möglich sein, schaffen Sie bei sich zu Hause Platz, wo Ihr Kind den Hampelmann, Liegestützen, Kniebeugen und dergleichen machen kann. Bestehen Sie auf täglichem Lesen und bieten Sie Ihrem Kind interessante Titel von der Bücherei zur Auswahl an. Ermuntern Sie zu Spielzeiten, indem Sie Brettspiele und Spielsachen auf Regale stellen, wo sie für Ihre Kinder leicht zugänglich sind. Kinder entwickeln sich besser, wenn ihr Leben strukturiert ist und sie jeden Tag wissen, was sie erwarten können. Wenn man sie an eine tägliche Routine gewöhnt, die aus Lesen, Hausaufgaben, Spiel und Sport besteht, dann kann man Bildschirmzeiten als Teil des Lebens einplanen, ohne dass sie zum Hauptteil werden.

WIE MAN UNGESUNDE VERHALTENSMUSTER ÄNDERT

Eigentlich wollten Anna und Thomas noch keine Videospielkonsole für ihre beiden Jungen kaufen, die erst drei und fünf Jahre alt waren. Doch da Freunde und Cousins Spielkonsolen hatten, bettelten die Jungen ständig danach. Als Weihnachtsüberraschung beschlossen Anna und Thomas dann, dass es Zeit für ihre erste Videospielkonsole sei. Natürlich waren die Jungen hin und weg. Es gab feste Regeln: Die Jungen durften nach dem Frühstück und vor dem Abendbrot jeweils eine halbe Stunde lang spielen. Nach einigen Monaten wollten die Jungen dann jedoch Spiele spielen, die ihren Eltern ungeeignet für ihr Alter erschienen. Anna und Thomas sagten, dass diese Spiele nicht für sie geeignet seien, doch das dauernde Betteln ging weiter.

Sie bettelten nicht nur ständig, Spiele spielen zu dürfen, die für ältere Kinder gedacht waren, sondern fingen auch an, mit Annas Smartphone zu spielen, wann immer sie unterwegs waren. Obwohl das die ursprünglich angedachte Bildschirmzeit überschritt, überließ Anna den Jungen beim Einkaufen ihr Smartphone, um sie ruhig zu halten. Dann passierte das Gleiche beim Karatetraining, dann im Restaurant. Es wurde normal für die Jungen, den ganzen Tag über Annas Smartphone zu benutzen, während sie Besorgungen machte. Anna fühlte sich schrecklich, dass ihre Jungen so viel an den Videospielen hingen, aber sie wusste einfach nicht, wie sie ihnen die Privilegien wieder wegnehmen sollte, die sie ihnen gegeben hatte.

Ich (Gary) berate viele Eltern wie Anna, die sich scheuen, Änderungen vorzunehmen, die ihren Kindern nicht gefallen. Ihr Kind mag einen Wutanfall bekommen, doch wenn Sie sich von diesem Wutanfall einschüchtern lassen, wenn das Kind erst drei ist, dann wird es auch noch mit dreizehn Wutanfälle haben. Lassen Sie einen Wutanfall Ihres Kindes nie zu seinen Gunsten ausfallen. Wenn es mithilfe eines Wutanfalls bekommt, was es haben will, dann bringen Sie Ihr Kind dadurch so weit, mehr Wutanfälle zu haben, weil das ja funktioniert. Sagen Sie Ihrem Kind lieber: „Wenn du zappeln und schreien willst, nur zu. Geh und mach das auf deinem Zimmer. Aber bewirken wirst du dadurch nichts. In unserem Haus ist das nicht die Art, wie man Sachen bekommt. Wenn du dich beruhigt hast, kannst du mir deinen Wunsch nennen. Dann werden wir entscheiden, ob die Sache gut für dich ist. Aber nur weil du schreist, werden wir die Regeln nicht ändern."

Kinder sträuben sich gegen Veränderungen, besonders wenn es darum geht, ihre Bildschirmzeit einzuschränken.

> Doch wenn die Zeit mit besseren Aktivitäten gefüllt wird, werden Ihre Kinder eines Tages zu schätzen wissen, was Sie getan haben.

Sollte Anna beispielweise die Bildschirmzeit ihrer Söhne mit einer halben Stunde Vorlesezeit ersetzen, mag ihnen das zwar anfangs nicht gefallen, doch nachdem sie gute Bücher kennengelernt haben, die sie in Welten der Fantasie entführen, werden sie ihrer Mutter irgendwann dafür danken, dass sie ihre Söhne gelehrt hat, Lesen zu einem Teil ihres Lebens zu machen.

Vielleicht ist Ihnen bewusst, dass Sie einige Fehler gemacht haben, indem Sie Ihrem Kind zu viel erlaubt haben, was Bildschirmzeit betrifft, oder es dabei zu wenig beaufsichtigt haben. Dann ist es Zeit für ein Gespräch mit Ihrem Kind, vielleicht angefangen mit einer Entschuldigung. Statt Ihr Kind zu beschuldigen, zu viele Videospiele gespielt zu haben, gestehen Sie Ihre Verantwortung ein. „Mama und ich haben darüber nachgedacht und uns ist bewusst geworden, dass wir einen Fehler gemacht haben, als wir dir dieses Gerät gegeben haben. Du warst noch nicht alt genug dafür. Deswegen werden wir jetzt Folgendes tun: Wir werden es dir drei Monate lang wegnehmen. Wir möchten, dass du lernst, auch ohne dieses Gerät zu leben, zu gehorchen und Freude an anderen Menschen zu haben. Nach drei Monaten werden wir entscheiden, ob es gut ist, dir das Gerät wieder zurückzugeben."

Indem Sie einen zeitlichen Rahmen setzen, wie beispielweise diese drei Monate, nehmen Sie das Gerät nicht auf unbestimmte Zeit weg und machen daraus keine endlose Bestrafung. Sie geben Ihrem Kind die Chance, eine Zeit lang etwas anderes auszuprobieren, und genug Zeit, um mit schlechten Gewohnheiten zu brechen und bessere einzuüben. Vielleicht haben Sie sich die Dinge schon eine ganze Zeit lang entgleiten lassen. Sie hatten klare Richtlinien, die verletzt wurden, und Sie hätten viel früher eingreifen sollen. Sie können die Vergangenheit nicht ändern, aber Sie können da anfangen, wo Sie jetzt sind.

Haben Sie keine Angst, im Interesse Ihres Kindes Entscheidungen zu treffen, die anfangs keine große Zustimmung finden. Ihr Ziel als Vater oder Mutter ist nicht, dass Ihr Kind ständig nur Dinge tut, die ihm Spaß machen.

> Ihr Ziel ist es, Ihr Kind zu einem guten, selbstbewussten, verantwortungsvollen Menschen zu erziehen.

Ziehen Sie ab jetzt klare Grenzen. Teilen Sie die neuen Bildschirmregeln mit und machen Sie deutlich, was passiert, wenn die Regeln verletzt werden. Und dann ziehen Sie es konsequent durch. Konsequenz verhindert, dass Ihr Kind aufgrund von sich ständig ändernden Regeln verbittert wird.

IMMER FÜR DICH DA

Natalie und Ben haben vier Kinder im Alter von 18, 15, 13 und 10 Jahren. Wenn die Kinder das Highschool-Alter erreicht haben, bekommen sie ein einfaches Handy. Damit können sie keine Fotos empfangen und haben keinen Internetzugang, aber sie dürfen zu Hause am Tablet soziale Netzwerke wie Facebook und Twitter nutzen. Abends werden alle Handys und Tablets eingesammelt und jeder Sonntag ist „Handy-freier" Tag. Die beiden jüngeren Kinder haben weder Handy noch E-Mail-Konto. Bis zur Highschool sind ihnen soziale Medien untersagt.

Obwohl sie striktere Regeln haben als ihre Altersgenossen, haben Natalies und Bens Kinder diese Einschränkungen ohne große Probleme akzeptiert. Die Familienregeln wurden den Kindern von Anfang an klar gesagt. Es gab keine bösen Überraschungen wie: „Was soll das heißen, ich darf kein Handy haben, bis ich in der Highschool bin?"

Natalie und Ben haben eine enge Beziehung zu ihren Kindern. Sie sorgen dafür, dass der Liebestank ihrer Kinder immer voll ist, indem sie die fünf Sprachen der Liebe nutzen. Die Regeln werden nicht rücksichtslos von gefühllosen Eltern vorgeschrieben; sie werden in Liebe von einer Mutter und einem Vater festgelegt, die sich um ihre Kinder kümmern.

Ihre Kinder müssen wissen, dass Sie immer für sie da sind.

Es gibt kein Computerprogramm auf der Welt, das mit engagierten, liebenden Eltern vergleichbar ist, die ihr Kind richtig anleiten. Wenn Sie Ihre Rolle als Autoritätsfigur in Ihrem Zuhause erfüllen, wird Ihr Kind statt in der Bildschirmwelt immer mehr an Sicherheit in der wirklichen Welt gewinnen.

EIN KLEINER HINWEIS FÜR GROSSELTERN

Früher freute sich Nora immer darauf, wenn ihre Enkel zu Besuch kamen. Doch in letzter Zeit hat sich das geändert. Die Enkel umarmen sie kurz, dann fragen sie sofort, ob sie Noras iPad haben dürfen. Haben die Kinder das iPad erst einmal in der Hand, wollen sie nicht mehr Monopoly mit ihr spielen oder auf der Couch sitzen, um miteinander zu plaudern. Nora kann mit dem Unterhaltungswert des Bildschirms nicht konkurrieren, also sitzt sie einfach neben den Kindern, während sie ihre Spiele spielen. Sie vermisst die guten alten Tage, bevor sie ihr iPad hatte und noch mit ihren Enkeln zusammen sein konnte.

Haben Sie schon Ähnliches erlebt wie Nora? Probieren Sie das nächste Mal, wenn Ihre Enkel zu Besuch kommen, die folgende Liste von richtigem und falschem Verhalten aus.

RICHTIG

- Machen Sie Ihr Zuhause zu einem medienfreien Ort für Ihre Enkel.

- Füllen Sie die gemeinsame Zeit mit Aktivitäten wie Spaziergängen, Spielen oder Backen.

- Malen Sie Bilder oder basteln Sie etwas zusammen.

- Machen Sie langsam! Das Leben Ihrer Enkel ist vermutlich ziemlich gehetzt und freie Zeit mit Ihnen ist kostbar.

- Stellen Sie Ihren Enkeln Fragen über Schule, Freunde und das Leben.

- Erzählen Sie Geschichten aus Ihrer eigenen Kindheit und was Sie gelernt und erreicht haben.

FALSCH

- Reden Sie sich ein schlechtes Gewissen ein, bis Sie überzeugt sind, dass Ihren Enkeln die bildschirmfreien Regeln bei Ihnen zu Hause nicht gefallen.

- Sehen Sie zusammen mehr als zwei Stunden lang fern.

- Geben Sie ihrem Wunsch nach mehr Bildschirmzeit nach.

- Erlauben Sie ihnen, etwas zu sehen oder zu spielen, was sie zu Hause nicht dürfen.

- Kaufen Sie Ihrem Enkel ein Smartphone, Tablet oder ähnliches Gerät, ohne es erst mit Mama und Papa abzusprechen.

FRAGEN ZUM NACHDENKEN UND DISKUTIEREN

- Müssen Sie Ihr Zuhause von den Kindern „zurückerobern", die den Ton angeben und Ihre Grenzen übertreten?

- Tun Sie sich schwer damit, Überblick über den Computergebrauch Ihres Kindes zu haben, weil Sie die Programme nicht verstehen, die Ihr Kind nutzt?

- Wenn Sie die Bildschirmzeit Ihres Kindes verringern wollen: Macht es Ihnen nichts aus, die Änderungen konsequent durchzusetzen, oder haben Sie Sorge, bei Ihrem Kind auf Widerstand zu stoßen?

JETZT MAL EHRLICH

- Was ist Ihnen wichtiger: Dass Ihr Kind Sie mag oder dass Ihr Kind Sie respektiert?

- Gibt es digitalfreie Bereiche bei Ihnen zu Hause (z.B. ein bildschirmfreies Zimmer) oder digitalfreie Zeiten in Ihrem Tagesablauf (d.h. bestimmte Zeiten, zu denen die Geräte abgeschaltet werden)? Wenn ja, welche Vorteile hat das Ihrer Familie gebracht?

- Wenn Sie Ihrem Kind zu viele Privilegien am Bildschirm gegeben haben (und es nicht kontrolliert haben), was haben Sie jetzt vor?

- Für Großeltern: Welche frustrierenden Erfahrungen mit Ihren Enkelkindern in Hinblick auf Bildschirmzeit haben Sie gemacht? Was für Richtlinien hätten Sie gerne bei sich zu Hause, wenn die Kinder zu Besuch kommen?

„Die schrecklichste Form von Armut ist Einsamkeit und das Gefühl,
nicht geliebt zu sein."

Mutter Teresa

13 | Bildschirmzeit und Alleinerziehende

Sarah, zehn Jahre alt, sitzt auf dem Bürgersteig, ihr Rucksack liegt neben ihr. Die nachmittägliche Kinderbetreuung ist vorbei; sie sieht Mama und springt ins Auto. Nach dem Abendessen macht Sarah ihre Hausaufgaben fertig und schaltet den Fernseher ein. Wie jeden Abend schaut sie sich einige Stunden lang Sendungen an, ohne große Gefühlsregungen. Das ist ihr allabendliches Ritual vor dem Schlafengehen. Doch es war nicht immer so.

Früher kuschelte sie sich mit Mama aufs Sofa, um eine Geschichte zu lesen, oder radelte mit ihrem Papa um den Block. Doch seitdem sich ihre Eltern letztes Jahr scheiden ließen, lebt Sarah mit ihrer Mutter und sieht ihren Vater nur am Wochenende. Nach der Arbeit ist ihre Mutter meist sehr müde, also hat Sarah gelernt, sie nicht zu fragen, ob sie mit ihr spielen oder ihr etwas vorlesen kann. Sie vermisst, wie ihre Familie früher einmal war.

Es lässt sich nur schwer eine andere Veränderung nennen, die sich so tief greifend auf unsere Gesellschaft ausgewirkt hat wie Scheidung. Das Berlin-Institut für Bevölkerung und Entwicklung gibt an, dass jede fünfte Familie in Deutschland eine Ein-Eltern-Familie ist. Seit den Siebzigerjahren hat sich ihre Zahl verdoppelt.[71]

Da so viele Kinder in Ein-Eltern-Familien aufwachsen, ist es gut, einige der Besonderheiten dieser Familien anzusprechen, besonders in Bezug auf Bildschirmzeit.

Alleinerziehende Mütter und Väter versuchen, sich um die Bedürfnisse ihrer Kinder zu kümmern, während sie gleichzeitig ihrem Beruf nachgehen. Daneben suchen sie auch nach ein wenig persönlichem Leben für sich selbst – und wissen, welche Spannungen es dadurch an der heimischen Front geben kann.

Sollte das Ihre Situation beschreiben, dann wissen Sie selbst am besten, was für zeitliche Engpässe, finanzielle Schwierigkeiten und Zeiten der Einsamkeit Sie erlebt haben. Sie bezweifeln, ob Sie sich angemessen um Ihr Kind kümmern können. Häufig fühlen Sie sich damit überfordert, das alles allein bewerkstelligen zu müssen.

Wenn Ihr Kind fragt, ob es noch eine halbe Stunde länger fernsehen oder am Computer spielen darf, gibt Ihnen das ungestörte Zeit, Mails zu beantworten, die Küche sauber zu machen oder etwas sehr benötigte Ruhe zu genießen. Der Bildschirm wird zu einem praktischen Helfer, der Ihr Kind beschäftigt und aus Schwierigkeiten heraushält. Viele alleinstehende Eltern können sich Freizeitaktivitäten für ihre Kinder nicht leisten; außerdem fehlt häufig die Zeit oder Kraft, um ihre Kinder überall hinzufahren. Fernsehen, Videospiele und Internet bieten da den leichtesten Zeitvertreib für das Kind.

NEBENEFFEKTE VOM BILDSCHIRMKONSUM

In den Herzen von Kindern, deren Eltern sich scheiden lassen, sitzt häufig tiefe Wut, die sich lange hält. Kinder, die einen Elternteil durch einen Todesfall verloren haben, brauchen Zeit zum Trauern. Da so viel ihrer Energie in Gefühle der Trauer, Wut oder Unsicherheit fließt, kann das schlechtere Zensuren, aggressiveres Verhalten, weniger Respekt vor Erwachsenen und intensive Einsamkeit zur Folge haben.

Während ein Kind sich in einer emotional derart labilen Lage befindet, füllt es die innere Leere häufig mit Videospielen, Filmen, virtuellen Welten oder Online-Gemeinschaften. Die übermäßige Bildschirmzeit erhöht jedoch die Wahrscheinlichkeit, dass sich die emotionalen Probleme nur noch tiefer verankern, statt sie zu beseitigen. Der Mayo-Klinik[72] zufolge gibt es eine Verbindung zwischen zu viel Bildschirmzeit und ...

... Übergewicht: Je mehr Ihr Kind fernsieht, umso größer ist das Risiko, dass es übergewichtig wird. Kinder sind vor dem Fernseher nicht nur bewegungslos, sondern werden auch mit Werbung für Süßigkeiten, Chips und Ähnlichem bombardiert. Außerdem stopfen sich Kinder beim Fernsehgucken oft gedankenlos Snacks in den Mund.

... unregelmäßigem Schlaf: Kinder, die viel fernsehen, schlafen häufiger nicht so leicht ein oder haben einen unregelmäßigen Schlafrhythmus. Schlafmangel kann zu Aufmerksamkeitsstörungen in der Schule, Erschöpfung und Überernährung führen.

... Verhaltensstörungen: Grundschulkinder, die mehr als zwei Stunden am Tag fernsehen oder am Computer verbringen, zeigen häufiger soziale oder emotionale Schwierigkeiten und Konzentrationsstörungen.

... schlechten schulischen Leistungen: Grundschulkinder, die einen Fernseher im eigenen Zimmer haben, sind in der Schule häufig schlechter als Klassenkameraden, die keine Bildschirme auf dem Zimmer haben.

... Gewalt: Ein Kind, das brutalen Videospielen oder Fernsehsendungen ausgesetzt ist, wird unempfindlich gegenüber Gewalt. Als Folge davon können Kinder möglicherweise gewaltsames Verhalten als geeignete Lösung sehen, um mit Problemen umzugehen.

... weniger Zeit zum Spielen: Wenn Kinder ihre Freizeit mit Computern und Fernsehen füllen, haben sie weniger Zeit für aktives, kreatives Spielen.

Diese Nebeneffekte können sich bei jedem Kind zeigen, unabhängig davon, ob es in einer Ein-Eltern- oder Zwei-Eltern-Familie lebt. Doch besonders schädlich sind diese Nebeneffekte für ein Kind, das sowieso schon mit emotionalen und verhaltensbezogenen Problemen zu kämpfen hat.

Die Lösung für Kinder aus Ein-Eltern-Familien ist nicht in noch mehr Bildschirmzeit zu finden. Kinder, die mit negativen Gefühlen belastet sind, tun sich sowieso schon schwer damit, klar zu denken. Gemeinsames Lesen ist eine viel positivere Lösung, die dem Kind helfen kann, klare Gedanken über seinen Kummer und seinen Verlust zu fassen. Suchen Sie altersgerechte Geschichten aus und nutzen Sie die Möglichkeit für eine gemütliche, beziehungsfördernde Zeit. Achten Sie darauf, wie Ihr Kind auf das reagiert, was Sie ihm vorlesen. Fragen Sie nach, was ihm durch den Kopf geht, um einen guten Gesprächseinstieg zu finden. Wenn Sie sich gemeinsam Geschichten ausdenken, gewinnen Sie einen Einblick, was in Ihren Kindern so vor sich geht. Manchmal ist es einfacher für Kinder, anhand einer erdachten Geschichte ihre Gedanken auszudrücken, als ihre Gefühle exakt in Worte zu fassen.

Die meisten alleinerziehenden Eltern müssen arbeiten gehen und sind abends erschöpft. Fraglos haben sie damit zu kämpfen, um genug Energie für alle Herausforderungen bei der Arbeit, im Haushalt und in der Erziehung aufzubringen. Trotzdem ist es wichtig, dass Eltern nicht ständiges Fernsehen, Videospiele und andere Bildschirme zulassen, nur weil sie zu geschafft sind, um sich aktiv mit ihren Kindern zu beschäftigen.

Wie können alleinerziehende Eltern die Bildschirmzeit ihres Kindes einschränken und gleichzeitig die wertvolle Zeit für sich selbst gewinnen, die sie unbedingt brauchen? Eine der besten Möglichkeiten ist es, die Kinder früh ins Bett zu bringen. Ihr Kind kann sich an eine frühe Schlafenszeit gewöhnen. Falls Ihr Kind so früh noch nicht einschlafen kann, sagen Sie ihm: „Du musst noch nicht sofort ins Bett, aber du solltest in deinem Zimmer bleiben und dich ruhig beschäftigen. Du kannst noch eine Zeit lang ein Buch lesen, bevor du das Licht ausmachst." Das ermöglicht alleinerziehenden Eltern, am Ende des Tages noch etwas Zeit für sich zu haben, einmal tief durchzuatmen und ungestört Dinge im Haushalt zu erledigen.

Eine frühe Schlafenszeit ist nicht nur für Alleinerziehende eine gute Idee. Meine (Garys) Enkel, die 10 und 14 Jahre alt sind, gehen gewöhnlich um 20 Uhr ins Bett. Sie können noch lesen, bevor sie das Licht ausmachen, aber sie wissen, dass es um 20 Uhr Zeit ist, zur Ruhe zu kommen. Kinder gewöhnen sich schnell an das, was man mit ihnen einübt. Alleinerziehende Eltern, die mit ihren Kindern eine frühe Schlafenszeit einüben, bekommen dadurch die dringend benötigte Auszeit für sich selbst, während sie ihren Kindern gleichzeitig gesunden Schlaf ermöglichen.

Es ist wichtig, dass Eltern sich bewusst machen, wie viel Zeit jeden Tag dem Bildschirm gewidmet ist. Forschungen zeigen, dass Kinder, die mit einer alleinstehenden Mutter aufwachsen, täglich mehr Zeit vor dem Bildschirm verbringen.[73]

Falls Ihr Kind täglich mehr als zwei Stunden fernsieht oder Videospiele spielt, arbeiten Sie daran, die Zeit zu begrenzen. Sie können mit den folgenden simplen Schritten beginnen:

Entscheiden Sie vorher, welche Sendungen Ihr Kind sehen darf. Warten Sie, bis die Sendezeit gekommen ist, bevor Sie den Fernseher anschalten.

Schalten Sie den Fernseher aus, wenn die Sendung vorbei ist. Benutzen Sie den Fernseher nicht als Hintergrundgeräusch.

Erstellen Sie eine wöchentliche Bildschirmzeittabelle. Schreiben Sie auf, wie viel Bildschirmzeit Ihrem Kind zur Verfügung steht, und sorgen Sie dafür, dass Ihr Kind die Zeiten abhakt, die aufgebraucht sind. Entscheiden Sie, ob ungenutzte Zeiten von einem Tag auf den anderen übertragen werden dürfen oder nicht.

Legen Sie bestimmte Tage fest, zum Beispiel das Wochenende, an denen Videospiele oder Fernsehen erlaubt sind, während andere Tage medienfrei bleiben.

Erlauben Sie kein Essen vor dem Fernseher oder Computer. Irgendwann wird sich der Hunger melden und Ihr Kind wird aufstehen, um etwas zu essen.

Sprechen Sie mit Ihrem Kind darüber, warum Sie diese Änderungen in Sachen Bildschirmzeit einführen. Erklären Sie, welche Vorteile es hat, weniger vor dem Bildschirm zu hocken und mehr Zeit mit Spielen oder Lesen zu verbringen. Anfangs wird sich Ihr Kind vermutlich dagegen sträuben, doch irgendwann wird es sich bei Ihnen dafür bedanken, dass sie ihm beigebracht haben, seine Medienzeit zu regulieren.

VERSCHIEDENE ELTERN, VERSCHIEDENE REGELN

Erik ist ein lebhafter Sechsjähriger, der liebend gerne Videospiele spielt. Wenn er am Wochenende bei seinem Vater zu Hause ist, darf er so viel spielen, wie er will. Erik und sein Vater spielen stundenlang zusammen. Doch an Wochentagen, wenn er bei seiner Mutter zu Hause ist, darf Erik nur eine Stunde am Tag spielen.

„Mama", beschwert Erik sich, „warum darf ich nie länger spielen, so wie bei Papa? Ich kann gar nicht abwarten, bis ich wieder bei Papa bin."

Eriks Mutter hat ihm erklärt, dass bei ihr andere Regeln herrschen als bei Papa. Natürlich ist sie frustriert über den lockeren Umgang ihres Ex-Mannes mit Eriks Medienzeit und Erik ist frustriert, weil er nicht bekommt, was er gerne hätte.

In einigen Ein-Eltern-Familien haben Kinder wie Erik regelmäßigen Kontakt mit dem anderen Elternteil. Andere leiden unter negativem Kontakt oder einem gänzlichen Fehlen einer Beziehung. Wenn, wie bei Erik, beide geschiedene Eltern weiter die Erziehung übernehmen, wäre es ideal, wenn sie sich über die Regeln für Bildschirmnutzung einigen können, damit sie für das Kind bei beiden Eltern möglichst gleich sind.

Wenn Eriks Mutter Videospiele verbietet und sein Vater ihm grenzenlose Spielzeit bietet, wird Erik zwischen diesen beiden Umfeldern hin- und hergerissen. Trotzdem ist es vernünftig, dass Eriks Mutter Grenzen setzt: „Bei uns zu Hause spielen wir nur eine Stunde am Tag. Ich kann nicht bestimmen, was dein Vater tut. Er ist dein Vater. Er wird tun, was er für das Beste hält. Aber ich bin deine Mutter und auch ich muss tun, was ich für das Beste halte."

Teilweise sind geschiedene Partner nicht gut aufeinander zu sprechen. Doch selbst dann würde es sich lohnen, sich über Medienrichtlinien zu einigen, die bei beiden Eltern gelten. Vielleicht kann es Ihnen helfen, sich mit einem Berater oder Pastor hinzusetzen und gemeinsame Richtlinien zu erarbeiten. Manchmal führt so etwas zu guten Ergebnissen, manchmal wird kein Kompromiss erzielt, weil einer der Eltern nicht nachgeben will. Doch dem Kind zuliebe ist es immer ratsam, es zumindest zu versuchen.

Manchmal neigt einer der geschiedenen Partner dazu, das Kind mit Geschenken wie Videospielen oder einem Tablet zu überschütten, vielleicht aufgrund des Trennungsschmerzes oder wegen Schuldgefühlen, die Familie verlassen zu haben. Wenn diese Geschenke allzu teuer und unangebracht sind und sich stark von dem abheben, was der andere Elternteil dem Kind ermöglichen kann, dann ist das eigentlich eine

Form von Bestechung, ein Versuch, die Liebe des Kindes zu erkaufen. Es kann auch eine unbewusste Art sein, sich an seinem Ex zu rächen.

Ein Kind, das bei Mama enge Bildschirmregeln hat, bei Papa dagegen großzügige Freiheit genießt, wird natürlich das Haus bevorzugen, wo mehr erlaubt ist. Nachdem man ein Wochenende lang mit neuen Spielsachen, Filmen und unbegrenzten Videospielen verbracht hat, ist es extrem langweilig, in der Woche wieder bei dem anderen Elternteil zu sein, wo weniger erlaubt wird. Das kann zu Wutgefühlen führen. Irgendwann kommt jedoch die Zeit, wo das Kind merkt, dass der Elternteil, der strengere Regeln durchgesetzt hat, sich eigentlich mehr um es gekümmert hat. Wenn Kinder älter werden, merken sie irgendwann, dass der andere Elternteil sich mithilfe von Geschenken und Laxheit nur ihre Gunst erwerben wollte.

Kinder sind dankbar, wenn geschiedene Eltern sich arrangieren können, um ihre Kinder mit ähnlichen Werten und Medienrichtlinien großzuziehen. Obwohl es immer noch ungewöhnlich ist, dass geschiedene Ehepaare ihren Kindern zuliebe auf diese Weise zusammenarbeiten, versuchen es mehr und mehr Eltern zumindest.

ALLEINERZIEHENDER VATER UND BILDSCHIRMSMART: JOHNS GESCHICHTE

John ist alleinerziehender Vater von zwei lebhaften Jungen, Lukas, sieben Jahre alt, und Daniel, neun. Vor einigen Jahren kam Johns Frau durch einen tragischen Autounfall ums Leben. Mithilfe des erweiterten Familien- und Freundeskreises versuchte die Familie, sich an die neue Situation zu gewöhnen. Für die Jungs bedeutete der Sommer, zwei Monate lang bei Oma in einem anderen Bundesstaat zu sein.

Bei Oma durften die Jungs stundenlang fernsehen und in ihrer Freizeit Videospiele spielen, solange sie wollten, was sie zu Hause nicht durften. Die beiden nahmen zwar auch an einem Ferienangebot für Kinder teil, wo sie viel draußen waren, aber sie verbrachten trotzdem bis zu fünf Stunden am Tag vor dem Bildschirm.

Als sie vom Sommer bei Oma nach Hause kamen, klebten Lukas und Daniel förmlich am Fernseher. John sagte sich: „So geht das nicht. Meine Kinder werden nach der Schule nicht so vor dem Bildschirm hängen."

Er überlegte lange und teilte dann seinen Söhnen seinen Beschluss mit: „Einen Monat lang werden wir kein Fernsehen und keine Filme gucken oder Videospiele spielen. Wenn der Monat vorbei ist, feiern wir das mit einem Ausflug zu einem Freizeitpark."

Die Jungs protestierten nicht, weil der Freizeitpark so verlockend war. Statt nach der Schule fernzusehen, lasen die Jungen Bücher. Sie können sich Johns Freude vorstellen, als er sah, wie seine Jungen statt am Bildschirm nun an Büchern klebten. Manchmal bemerkte John beim Aufstehen, dass seine Kinder schon um 6 Uhr wach waren und lasen.

Nach einigen Wochen sagte Daniel: „Ich bin froh, dass wir das tun. Bücher sind viel besser als Fernsehen."

Natürlich hatte der Monat auch seine Herausforderungen, zum Beispiel, als John gerne ein Football-Spiel sehen oder mit den Jungen am Wochenende zu einem neuen Film ins Kino gehen wollte, es aber nicht durfte. Doch im Großen und Ganzen war das einmonatige Medienfasten ein Hauch frischer Luft und gab dem Lesen einen neuen Stellenwert in ihrem Zuhause.

Als der Monat vorbei war, verfielen die Jungen jedoch schnell wieder dem Fernsehen. „Es ist so leicht, da wieder reinzurutschen", gab John zu. Inzwischen gelten strenge Regeln für Lukas und Daniel. Sie dürfen nur eine Stunde am Morgen vor der Schule fernsehen und eine Stunde nach der Schule. Sie können sich auch Bonuspunkte verdienen, wenn sie am Wochenende nicht fernsehen, und diese Bonuspunkte machen sich durch mehr Taschengeld bezahlt.

„Das Fernsehen schreit um Aufmerksamkeit und lenkt leicht ab", sagt John. „Wenn man mit jemandem reden möchte, muss man mit dem Fernseher konkurrieren. Ohne Fernsehen haben Kinder Besseres zu tun. Sie zeichnen oder lesen, schreiben Geschichten oder reden miteinander."

John hat folgenden Rat für alleinerziehende Eltern: „Benutzen Sie das Fernsehen nicht als Krücke. Ihre Kinder können Bücher, Spiele und Spielsachen haben, und die werden sie auch benutzen. Vielleicht protestieren Ihre Kinder anfangs. Aber sagen Sie einfach: ‚Tut mir leid, aber wir schalten den Fernseher nicht an.' Vielleicht bekommen Ihre Kinder eine Woche lang einen Wutanfall, aber schließlich werden sie sich darauf einlassen. Sie müssen bereit sein, in Ihre Kinder zu investieren."

DEN TANK IHRES KINDES FÜLLEN, SELBST WENN IHRER LEER IST

Den Liebestank Ihres Sohnes oder Ihrer Tochter zu füllen, kann teilweise unmöglich erscheinen. Sie sind geschafft, Ihr Kind ist anstrengend und Sie haben das starke Bedürfnis, sich selbst mal etwas Gutes zu tun. Doch ganz gleich, wie herausfordernd die Situation ist:

> Sie können jeden Tag kleine Schritte unternehmen, um Ihren Kindern Liebe zu erweisen, besonders indem Sie die Hauptliebessprache Ihres Kindes nutzen.

Kinder in Ein-Eltern-Familien haben die gleichen Bedürfnisse wie Kinder in anderen Familien. Anders ist nur, wie diese Bedürfnisse gestillt werden; denn es gibt nur noch einen Elternteil, der das tun muss. Und dieser Elternteil ist häufig seelisch verletzt – sei es durch eine Scheidung oder den Tod des Partners.

Die Kinder sind auch verletzt. Die Emotionen, die am häufigsten vorkommen, sind Angst, Wut und Sorgen. Filme, Fernsehen, Videospiele und virtuelle Welten bringen selten Heilung in diese Bereiche. Viel eher verschlimmert übermäßige oder unangemessene Bildschirmzeit diese negativen Gefühle nur noch. Negative Gefühle leeren schnell den emotionalen Tank des Kindes. Leugnen, Zorn und dann Feilschen wollen – das sind normale Reaktionen auf die Trauer, die von Kindern nach einer Scheidung oder dem Tod von einem der Eltern durchgemacht wird. Einige Kinder stehen diese Trauerphasen schneller durch, wenn Erwachsene, die in ihrem Leben eine Bedeutung haben, versuchen, offen mit ihnen über ihren Verlust zu sprechen. Sie brauchen jemand, mit dem sie reden und weinen können.

Leider verhindert Bildschirmzeit diese Art von tiefem Austausch und kann den Heilungsprozess des Kindes aufhalten, weil es nie die Zeit bekommt, wirklich zu trauern. Digitale Ablenkungen schieben den Schmerz hinaus und häufig kommen Jahre später diese Gefühle der Angst, des Zorns und der Sorge wieder zum Vorschein. Viel zuhören, weniger reden, dem Kind helfen, sich der Realität zu stellen, den Schmerz anerkennen und Mitgefühl zeigen – das alles gehört zum Heilungsprozess dazu. Doch per SMS oder Chat geht das nicht.

> ! Wenn Sie die Hauptliebessprache Ihres Kindes kennen, gelingt es auch besser, seine emotionalen Bedürfnisse zu stillen.

So ist beispielsweise Robbies Sprache der Liebe Zärtlichkeit. Sein Vater verließ die Familie, als Robbie neun war. Zurückblickend sagt Robbie:

Wäre da nicht mein Opa gewesen, weiß ich nicht, ob ich es geschafft hätte. Das erste Mal, als ich ihn sah, nachdem mein Vater uns verlassen hatte, schloss er mich in seine Arme und hielt mich ganz lange einfach fest. Er sagte nichts, aber ich wusste, dass er mich liebte und immer für mich da sein würde. Jedes Mal, wenn er uns besuchte, umarmte er mich zur Begrüßung, und wenn er wieder wegging, machte er es noch einmal. Ich weiß nicht, ob er sich bewusst war, wie viel mir diese Umarmungen bedeuteten, aber für mich waren sie wie Regen in der Wüste.

Meine Mutter half auch viel, indem sie mich reden ließ und Fragen stellte und mich ermutigte, über meinen Seelenschmerz zu reden. Ich wusste, dass sie mich liebte, aber in der ersten Zeit war ich nicht bereit, ihre Liebe anzunehmen. Sie versuchte mich zu umarmen, aber ich schob sie von mir. Ich glaube, ich gab ihr die Schuld dafür, dass mein Vater uns verlassen hatte. Erst als ich herausfand, dass er sie für eine andere Frau verlassen hatte, ging mir auf, dass ich sie falsch beurteilt hatte. Dann fing ich an, auf ihre Umarmungen einzugehen, und wir bauten wieder eine enge Beziehung auf.

Den Liebestank des Kindes zu füllen, während der eigene so leer ist, mag schwer sein. Doch wer weise ist, der versteht – wie Robbies Mutter –, was das Kind braucht, und der wird versuchen, es dem Kind zu geben.

Wenn Sie schon einmal in einem Flugzeug geflogen sind, dann haben Sie die Anweisungen eines Flugbegleiters gehört, dass man bei einem Notfall erst die eigene Sauerstoffmaske anlegen soll, bevor man seinem Kind hilft. Vernachlässigen Sie Ihre eigenen emotionalen Liebesbedürfnisse nicht, denn sie sind genauso real wie die Bedürfnisse Ihres Kindes. Da das Bedürfnis nun nicht mehr durch den Ehegatten oder das Kind gedeckt werden kann, muss man als Alleinerziehender lernen, sich Unterstützung von Freunden und Verwandten zu holen.

EINE GEMEINSCHAFT FINDEN

Keine Mutter, kein Vater kann allein das Liebesbedürfnis eines Kindes stillen. Da kommen Großeltern und andere Angehörige des weiteren Familienkreises mit ins Spiel, genauso wie eine Kirchengemeinde oder Freunde vor Ort. Der weitere Familienkreis ist immer wichtig, aber sie spielen eine noch wichtigere Rolle, wenn Kinder Verlust erleiden oder es ihnen zu Hause an Halt mangelt. Opas und Omas, die in der Nähe wohnen, können ihren Enkeln während der Woche helfen, wenn die Eltern arbeiten müssen. Ihre Gegenwart kann ihren Sohn oder ihre Tochter, die das Kind allein erziehen müssen, ermutigen. So können die Großeltern den Alleinerziehenden ein wenig emotional entlasten.

Natürlich ist das nicht immer möglich. Ihre nächsten Angehörigen leben vielleicht Hunderte Kilometer von Ihnen entfernt. Wenn Sie alleinerziehend sind, warten Sie nicht darauf, dass andere Menschen Hilfe anbieten. Einige zögern vielleicht, weil sie sich nicht in Ihre Familienangelegenheiten einmischen wollen. Andere mögen sich gar nicht bewusst sein, was Sie gerade durchmachen.

> **!** Wenn Sie oder Ihre Kinder Hilfe brauchen, schauen Sie, was für Möglichkeiten es in Ihrem Umfeld gibt.

Vielleicht gibt es jemanden in der Schule Ihres Kindes oder in Ihrer Gemeinde, der Ihnen auf der Suche helfen kann. Je mehr Ihre Kinder positiven Rollenbildern ausgesetzt sind, umso besser.

Ein Kind allein zu erziehen, ist eine der schwersten Aufgaben, die es gibt.

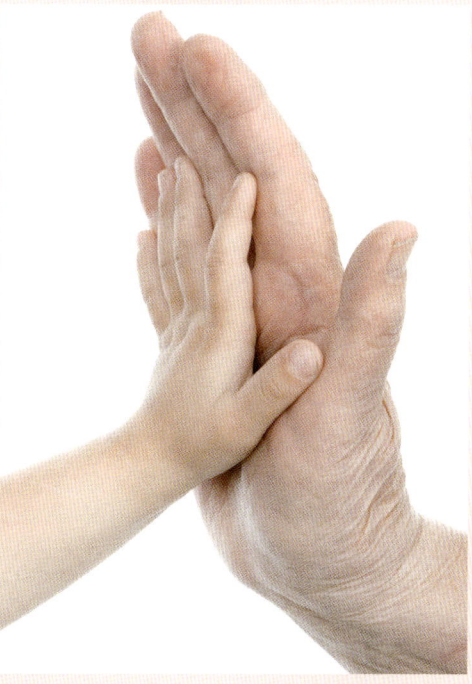

Alice, schon seit mehreren Jahren geschieden, klammerte sich an ihren Sohn, um Liebe und Annahme zu erfahren. Sie gab ihm alles, was ihr möglich war, und wollte ihm immer alles recht machen, weil sie Angst davor hatte, von ihm abgelehnt zu werden. Als ihr Sohn ins Teenageralter kam, wurde er wie besessen von Videospielen und Alice korrigierte ihn nie, auch wenn seine schulischen Leistungen darunter litten. Sie war abhängig davon, dass ihr Sohn sie mochte, weil sie dadurch die Liebe und Annahme erfuhr, die sie so sehr brauchte.

Alleinerziehende Eltern brauchen starke Freundschaften außerhalb der Familie, damit sie nicht von ihren Kindern abhängig sind, ihre emotionalen Bedürfnisse zu stillen. Alleinerziehende können zwar durch soziale Netzwerke auch online Kontakte pflegen, aber richtig erfüllende Beziehungen müssen im direkten Gegenüber oder im direkten Gespräch am Telefon gepflegt werden. Zu viele Erwachsene verlassen sich auf Textnachrichten und Tweets, um den Kontakt mit anderen aufrechtzuerhalten, und das reicht einfach nicht. Einige alleinstehende Mütter verbringen Stunden mit WhatsApp oder Facebook, ohne je wirklich mit irgendjemand eine tiefere Verbindung zu knüpfen.

Zum Schluss noch ein warnendes Wort, wenn es darum geht, neue Freunde zu finden: Alleinerziehende Eltern sind oft sehr anfällig für Angehörige des anderen Geschlechts, die sie in einer Zeit der Schwäche ausnutzen wollen. Da man als Alleinerziehender so ein starkes Liebesbedürfnis hat, besteht die Gefahr, diese Liebe von jemandem anzunehmen, der das Gegenüber sexuell, finanziell oder emotional ausnutzen will. Also wählen Sie Ihre neuen Freunde mit Bedacht. Die sicherste Quelle der Liebe und Gemeinschaft ist bei Menschen zu finden, die man schon lange kennt und die Beziehungen zum weiteren Familienkreis haben. Ein Alleinerziehender, der sein Bedürfnis nach Liebe und Gemeinschaft auf unverantwortliche Weise stillt, rutscht am Ende von einem Kummer in den nächsten.

> Als Mutter oder Vater haben Sie den größten Einfluss auf das Leben Ihres Kindes.

Wenn Sie mit Ihrem Single-Dasein mit Würde und Weisheit umgehen, kann das eine enorme Quelle der Kraft für Ihr Kind sein. Sie können helfen, das Gefühl der Geborgenheit in Ihrem Kind wiederherzustellen – nicht durch die Gesellschaft von Bildschirmen, sondern durch Ihre Gesellschaft und die Freundschaft anderer. Knüpfen Sie ein Netzwerk von Menschen, denen Sie und Ihr Kind am Herzen liegen, dann wird sich Ihr Kind gut auf die wirkliche Welt einstellen, statt sich in eine Bildschirmwelt zu flüchten. Vielleicht erreicht Ihr Kind nicht unbedingt das nächste Level im neuesten Videospiel, doch es erreicht immer höhere Stufen der emotionalen Reife, zu der Sie durch Ihr positives Beispiel die Richtung weisen können.

FRAGEN ZUM NACHDENKEN UND DISKUTIEREN

- Was sind einige der besonderen Herausforderungen, denen Sie als Alleinerziehender gegenüberstehen?

- Hat Ihr Kind mit irgendeinem der folgenden Probleme zu kämpfen: Übergewicht, unregelmäßiger Schlaf, Verhaltensstörungen, schlechte schulische Leistung oder Gewalttätigkeit? Glauben Sie, dass die Zeit an Bildschirmen mit dazu beiträgt?

- Um wie viel Uhr geht Ihr Kind schlafen? Ist es früh genug, dass Sie am Ende des Tages auch noch etwas Ruhe haben können?

- Erziehen Sie das Kind zusammen mit einem Ex-Partner? Gibt es beim anderen Elternteil andere Bildschirmregeln als bei Ihnen? Wenn ja, wie können Sie sich arrangieren, um konsequentere Richtlinien zu haben?

- Würden Sie gerne mal ein Medienfasten ausprobieren wie John, der Vater in diesem Kapitel? Was könnte Ihrer Meinung nach für Sie und Ihre Kinder funktionieren?

JETZT MAL EHRLICH

- Was hindert Sie daran, jeden Tag den Liebestank Ihres Kindes zu füllen?

- Haben Sie ein Netzwerk von Menschen, die Sie als Mutter oder Vater unterstützen?

- Was sind einige konkrete Maßnahmen, wie Sie sich Unterstützung suchen können, falls Sie momentan noch keine haben?

„Ich glaube, die schädlichste Auswirkung der digitalen Welt ist,
dass Eltern selbst so von digitalen Medien abhängig sind,
weil sich das ganz schnell auf die Kinder überträgt."
Anonymer Studenten-Pastor[74]

14 | Bildschirmzeit und Sie

PRAXISBEISPIEL

Richard, dreifacher Vater, arbeitet als unabhängiger Bauunternehmer und hängt ständig an seinem Smartphone. Es gibt Arbeiten zu überprüfen und zukünftige Aufträge einzuholen. Richard ist als Leiter der Männerarbeit auch in seiner Gemeinde aktiv. Er plant gemeinsames Grillen, Arbeitseinsätze und Frühstückstreffen. Es gelingt ihm hervorragend, die Männer durch Anrufe und Textnachrichten über bevorstehende Termine zu informieren, doch seinen Kindern kommt es so vor, als wäre Richard ständig nur mit seinem Smartphone beschäftigt.

Richards Frau Nancy schneidet in dieser Hinsicht nicht viel besser ab. Ihre Kinder und Richards Freunde nennen sie die „Twitter-Königin", und das ist nicht als Kompliment gemeint. Nancy überfliegt unablässig ihre Tweets und postet mehrmals am Tag. An kinderfreien Abenden, wenn sie mit Richard essen geht, sitzt sie mit ihrem Smartphone in der Hand, antwortet auf Tweets oder schreibt selber welche, zum Beispiel über die Menü-Auswahl. Ihre ständige Verbindung zu sozialen Medien macht Richard schier verrückt, aber er will nicht ständig nörgeln.

Nancy hat auch sozusagen eine Frauenarbeit in ihrer Gemeinde. Ihre Abhängigkeit von sozialen Medien fing nämlich ganz unschuldig an. Ihr fiel auf, dass eine Frau aus der Gemeinde Probleme hatte, und deshalb schickte sie ihr in der Woche einen ermutigenden Tweet. Die Empfängerin des Tweets war so davon berührt, dass Nancy anfing, immer mehr Frauen in der Gemeinde Textnachrichten zu senden, um sie zu ermutigen. Ehe sie es sich versah, kommunizierte sie nur noch durch soziale Medien. Digital verbunden zu sein, wurde einfach Teil ihres Lebens und sie wusste nicht, wie sie damit aufhören sollte.

Richard und Nancy sind nicht die einzigen Eltern, die sich schwer damit tun, ihre Bildschirmzeit im Gleichgewicht mit ihrer Familienzeit zu halten. Eltern kleben an ihren Smartphones, während sie ihre Kinder vom Parkplatz zum Pausenhof bringen. Zu Hause starren Mama und Papa ständig auf Bildschirme, sei es vor dem Computer, Tablet, Fernsehen oder Smartphone. Immerzu checken wir Mails, soziale Medien, Aktienkurse, tägliche Nachrichten und SMS. Schlagzeilen erregen unsere Aufmerksamkeit, während die Kinder unbeachtet bleiben.

Kein Kind konkurriert gerne mit Bildschirmen um die Aufmerksamkeit der Eltern, und das sollten sie auch nicht müssen. Und doch werden Erwachsene immer abhängiger von ihren Geräten und untergraben dadurch die Kommunikation mit ihren Kindern. Kinder brauchen zwar nicht ständig die Aufmerksamkeit ihrer Eltern, aber sie müssen in dem Wissen aufwachsen können, dass sie einen höheren Stellenwert haben als der Lärm der Bildschirmwelt.

GENAUSO WERDEN WIE SIE

Kinder lernen von Anfang an, ihre Eltern nachzuahmen. Die Professoren Andrew Meltzoff und Patricia Kuhl von der Universität Washington zeigten Videos von Babys, die gerade mal 42 Minuten alt waren und bereits Erwachsene imitierten. Wenn ein Erwachsener die Zunge rausstreckte, machte das Baby es nach. Noch nicht mal eine Stunde alt, und schon spiegelten die Babys das Verhalten der Erwachsenen wider.[75] Als Sie Vater oder Mutter wurden, haben Sie schnell gemerkt, dass Ihr Baby auf Schutz und Führung durch Sie angewiesen ist.

> Jetzt, wo Ihr Baby zu einem Kind herangewachsen ist, braucht es Ihre Weisheit in digitalen Angelegenheiten, da es höchstwahrscheinlich Ihrem Beispiel folgen wird.

Kleinere Kinder sehen, worauf Eltern ihre Aufmerksamkeit lenken, und folgen ihrem Blick. Wenn Eltern von Smartphones, Tablets oder Computern fasziniert sind, weckt das natürlich die Neugier des Kindes. Steht bei Eltern ein Smartphone im Mittelpunkt, denkt sich ein Kleinkind: „Damit muss ich spielen!" Das Kind ist gar nicht mal vom Smartphone an sich fasziniert; zunächst ist es einfach von allem fasziniert, was die Aufmerksamkeit der Mutter findet.

> **!**
>
> Das, was wir in digitaler Hinsicht *vorleben*, ist wichtiger als das, was wir über Bildschirmzeit *sagen*.

Wenn wir als Eltern alle unsere freien Stunden völlig von elektronischen Medien aller Art vereinnahmen lassen, sagen wir dadurch dem Kind: „Das ist es, worum es im Leben geht. Das ist die Norm." Allzu oft sagen Eltern zwar das Richtige, doch auf falsche Weise. Wir sagen unseren Kindern, sie sollen ihre Bildschirmzeit begrenzen, doch dann sind wir nach der Arbeit selbst stundenlang online. Wir sagen, soziale Medien seien ungesund, haben aber gleichzeitig im Hintergrund Facebook laufen. Wir sagen, Videospiele seien eine Zeitverschwendung, entspannen uns dann aber nach der Arbeit zwei Stunden lang mit einem Videospiel. Wie ein Kind einmal bemerkte: „Meine Eltern sagen, dass ich viel Zeit an meinem iPad verschwende, aber dann sehe ich, dass sie genau dasselbe machen."

Es ist unfair, von einem Kind etwas zu erwarten, wozu seine Eltern selbst nicht in der Lage sind. Howard Hendricks formuliert es so: „Man kann nichts vermitteln, was man selbst nicht besitzt."[76] Die effektivste Erziehung findet statt, wenn Eltern ihrem Kind anhand ihres eigenen positiven Medienumgangs zeigen, wie man vernünftig mit der digitalen Welt umgeht. Wenn Ihr Vorbild in digitalen Angelegenheiten für Ihre Kinder noch nicht ganz so nachahmenswert ist, kann es an der Zeit sein, selbst mal eine Pause einzulegen und zu lernen, dass es in Ordnung ist, in einer allzu verdrahteten Welt auch mal nicht erreichbar zu sein.

DAS SMARTPHONE ZUR SEITE LEGEN

Es kommt nicht darauf an, ob Sie Hausfrau oder Topmanager sind. Die Versuchung, ständig Bildschirme zu benutzen, umgibt uns alle. Smartphones und Tablets begleiten uns den ganzen Tag lang. Die Bildschirmwelt ist verlockend und bietet bei jedem Zugriff etwas Neues. *Pieps.* Jemand hat eine SMS geschickt. Klar, da müssen Sie natürlich sofort nachgucken. Sie müssen ja schließlich wissen, ob es etwas Dringendes oder Wichtiges ist. Es ist zwar keins von beiden, aber Sie sind dressiert worden, immer von jetzt auf gleich zu reagieren.

Bildschirmzeit führt häufig zu so etwas Angenehmem wie einer Mail mit einer guten Nachricht oder einem witzigen Foto. Ein Schuss Dopamin wird freigesetzt und diese periodisch auftretende Belohnung führt dazu, dass man nicht genug vom Bildschirm kriegen kann. Ganz gleich, ob es eine SMS ist, in der sich jemand bedankt oder die uns ein Sonderangebot für Schuhe mitteilt – die Befriedigung, die durch den Klick kommt, ist real. Wenn man nicht aufpasst, kann dieser Rausch, auf blinkende Lichter und summende Geräte zu reagieren, süchtig machen.

„Das Smartphone schaltet nie ab, also schalten wir auch nie ab", sagt der Techniksucht-Therapeut Dr. David Greenfield. „Es liegt beim Schlafen neben dem Kissen. Doch wir sind nicht dazu geschaffen, rund um die Uhr wachsam zu sein."[77]

Die vernetzte Welt hat den Arbeitsplatz ins Wohnzimmer gebracht. Wir sind nicht mehr gezwungen, unsere Arbeit im Büro zu lassen; durch unsere Geräte schleppen wir endlose Mails und Probleme mit nach Hause. Arbeitgeber schlagen Kapital aus dieser Vernetzung, indem sie erwarten, dass Mails und Textnachrichten immer auf der Stelle beantwortet werden, selbst außerhalb der Arbeitszeit. Oder vielleicht haben wir unsere Arbeitszeit im Büro „vertwittert" oder durch Internetsurfen und persönliche Mails vergeudet und müssen jetzt zu Hause die Arbeit nachholen.

Ist es wirklich so wichtig, rund um die Uhr vernetzt zu sein?

Für einige Berufssparten lautet die Antwort: Ja. Doch für die meisten von uns lautet die Antwort: Nein. Sie können Grenzen setzen und zu bestimmten Zeiten nicht durch Anrufe oder Mails erreichbar sein. Schlechte Planung der Bildschirmnutzung darf man nicht dem Chef zuschieben.

Jeder muss selbst Verantwortung dafür übernehmen, wie viel er an Bildschirmen hängt und wie viel Zeit er jeden Tag der Technik widmet.

Bei vielen Eltern ist es nicht der Job, der sie den ganzen Tag lang an ihr Smartphone bindet. Es ist einfach zur Gewohnheit geworden, ständig das Smartphone zur Hand zu nehmen, durch Mails zu scrollen oder sich durch Seiten zu klicken. Unter Freunden hat sich die Erwartung aufgebaut, dass man immer sofort auf Textnachrichten und Posts in sozialen Medien antwortet. Während wir uns verbiegen, um auf alle anderen innerhalb von Minuten zu reagieren, hängen unsere Kinder in der Warteschleife. Sie beobachten uns und nehmen sich unsere digitale Abhängigkeit zum Vorbild.

Das Smartphone war eigentlich dazu gedacht, das Leben einfacher zu machen. Wenn man einen Anruf nicht beantworten kann, dann kann der Anrufer eine Nachricht auf der Mailbox hinterlassen oder eine SMS senden. Man muss nicht sofort antworten. Die digitale Information, die der Anrufer hinterlassen hat, löst sich ja nicht einfach in Luft auf. Wer einen Anruf entgegennimmt oder eine SMS beantwortet, während er eigentlich gerade mit seinen Kindern spricht, setzt damit ein Zeichen: Das Smartphone hat Vorrang vor dem persönlichen Gespräch.

Natürlich gibt es auch Ausnahmen. Wenn man wirklich einen wichtigen Anruf erwartet, kann man den anderen in der Familie sagen, dass man ihn entgegennehmen muss, wenn er kommt. Falls Ihr Kind mit Ihnen reden will, während Sie gerade mitten beim Simsen sind, darf man ruhig sagen: „Einen Moment, Schatz, lass mich nur kurz diese SMS fertig schreiben." Doch dann wenden Sie sich auch tatsächlich dem

Kind zu, wenn Sie mit der SMS fertig sind, statt mit etwas anderem weiterzumachen. In den paar Sekunden, in denen Ihr Kind eine Frage stellt oder etwas erzählt, schenken Sie Ihrem Kind uneingeschränkte Aufmerksamkeit, Auge in Auge. Dieser kurze, konzentrierte, positive Blickwechsel zeigt: „Du bist mir wichtig", besonders bei einem Kind, dessen Hauptliebessprache die Zweisamkeit ist.

Einige Jugendliche und junge Erwachsene, die von der ständigen digitalen Verbindung desillusioniert sind, haben ein neues Spiel erfunden: Wenn sie in einem Restaurant essen gehen, stapeln sie ihre Smartphones in der Mitte auf den Tisch. Wer beim Essen zuerst zu seinem Smartphone greift, muss etwas ausgeben. Andere haben angefangen, ihr Smartphone zu Hause bei der Eingangstür immer in einen Behälter zu tun, so ähnlich, wie man es mit einem Regenschirm tun würde. Der Familie zuliebe Abstand von seinem Smartphone zu nehmen, ist eine gesunde Idee, ganz gleich, wie genau Sie das bei sich zu Hause handhaben wollen.

MOBILTELEFONE NACH ZAHLEN

Umfragen haben folgende Ergebnisse gezeigt:

- 90 Prozent der über 14-Jährigen in Deutschland besitzt ein Mobiltelefon. [78]
- 63 Prozent der Bundesbürger ab 14 Jahre nutzt ein Smartphone. [79]
- Eine Studie über die Handy-Nutzung von Studenten zeigte, dass sie ihr Mobiltelefon im Durchschnitt achtzigmal am Tag aktivierten (tagsüber alle 12 Minuten). Bei manchen Probanden fielen diese Zahlen sogar doppelt so hoch aus. „Wir wissen, dass der Umgang mit dem Mobiltelefon suchtähnliche Symptome hervorrufen kann", erklärte Dr. Christian Montag, der an der Studie beteiligt war. [80]
- 50% der Internet-Nutzer gehen mobil ins Internet. [81]

DIGITALE AUSZEITEN

Als mein (Arlenes) Mann und ich vor über 15 Jahren heirateten, hatte er einen merkwürdigen Wunsch. Er fragte, ob wir den ersten Monat unserer Ehe unser Zuhause fernsehfrei halten könnten. Er wollte gerne abends nach der Arbeit schöne Stunden mit mir verbringen, statt die Glotze einzuschalten. Obwohl mir das wie eine ziemliche Zumutung vorkam (ich arbeitete damals als Fernsehproduzentin), entschlossen wir uns, es auszuprobieren. Als wir dann den Fernseher zurück in die Wohnung holten, erschien er wie ein lärmender Eindringling in unserer friedlichen Oase. Seitdem haben wir uns nie Kabelfernsehen zugelegt oder zu Hause ferngesehen.

Folglich wachsen unsere Kinder (vier, sieben und neun Jahre alt) in einem fernsehfreien Zuhause auf. Das Leben meiner Kinder wird nicht von den neuesten Sendungen bestimmt. Den Fernseher als Hintergrundgeräusch zu haben – das kennen sie gar nicht. Wenn wir einen Filmeabend haben oder uns ein witziges Video im Internet anschauen, dann ist das ein großes Ereignis und die Kinder kommen sofort angelaufen. Aber ich kann ehrlich sagen, dass uns ein medienarmes Leben ein familienreiches Leben beschert hat. Ethan, Noelle und Lucy wachsen mit einer Begeisterung für Bücher, Musik und Bewegung auf, mit reichlich Zeit für fantasievolles Spielen. Ich will damit nicht sagen, dass jede Familie unbedingt das Kabelfernsehen abschaffen muss. Aber ich möchte Sie damit ermutigen, dass man Kinder selbst in unserer von den Medien gesättigten Welt durchaus auch anders erziehen kann.

Mein Ältester, Ethan, geht in die vierte Klasse und seine Freunde können gar nicht glauben, dass er zu Hause weder Fernseher noch Videospiele hat.

„Du Armer, was machst du denn den ganzen Tag lang?", fragen sie.

Ethan lächelt dann und sagt, dass er gerne liest, Klavier spielt und Sachen mit Lego baut. Anfangs mag es schwer sein, den Fernsehkonsum in Ihrer Familie zu begrenzen, doch bei der Abwesenheit von Fernsehen werden sich mit der Zeit gesündere Alternativen einstellen.

Bevor Sie denken, dass ich ganz gegen Bildschirmzeit immun bin, sollte ich aber lieber ein Geständnis ablegen. Ich sehe zwar nicht fern, aber mein Heimcomputer mit seinen zwei Bildschirmen ist ständig am Laufen. Dauernd sitze ich vor meinem Computer, schreibe Bücher oder Blogs, checke Mails und soziale Medien, bringe meinen Kalender und meine Kontakte auf den neuesten Stand. Ich habe meinen Kindern erklärt, dass Mama Autorin ist, die von zu Hause aus arbeitet, was meine Bildschirmzeit meinen Kindern gegenüber legitimiert. Aber ich weiß, dass ich oft bei Amazon einkaufe oder den Blog eines Freundes lese und unnötige Minuten mit meinen Bildschirmen verbringe, statt eine Pause einzulegen.

Ehepartner haben eine besondere Begabung, Bereiche aufzuzeigen, in denen man sich bessern kann. Als ich James über meinen Umgang mit Bildschirmen befragte, rief er aus: „Du bist ständig an deinem Computer!"

Als Folge experimentiere ich momentan gerade damit, meinen Computer nach dem Abendessen auszulassen. Das zwingt mich, tagsüber produktiver zu sein, und stellt sicher, dass ich abends meine Zeit nicht gedankenlos online vergeude.

Die meisten Erwachsenen checken ihre Geräte mehrmals pro Stunde. Doch auf Bildschirme zu starren, ist ganz und gar nicht entspannend. Das heißt, wenn Sie sich für Ihre Geräte eine Sperrzeit setzen und sie jeden Abend zur gleichen Zeit abschalten, bereiten Sie sich besser auf eine erholsame Nacht vor. Sie können nicht nur Ihren Kindern, sondern auch sich selbst Zeitlimits setzen. Wie viel Fernsehen wollen Sie pro Tag sehen? Wie lange wollen Sie online bleiben?

William Powers, Autor des Buches *Einfach abschalten: Gut leben in der digitalen Welt*, beschloss, ein simples Experiment durchzuführen, um die Idee eines Wochenendes, bei dem man mal richtig auftanken kann, wieder neu zu beleben. Seine Familie beschloss, ihren eigenen digitalen Sabbat zu schaffen, indem sie von Freitagabend bis Montagmorgen ihr Modem abschaltete. Zunächst war das unglaublich schwer für William, seine Frau und seinen Sohn. Ihnen wurde bewusst, wie abhängig sie von der digitalen Vernetzung waren. Nachdem ihnen zwei Monate lang die dunklen Bildschirme entgegengestarrt hatten, wurde es allmählich leichter. Nach vier, fünf Monaten fingen sie an, die Vorteile sogar zu genießen. William Powers schreibt darüber:

Wir lösten unsere Gedanken von den Bildschirmen, an denen sie geklebt hatten. Wir waren ganz anwesend und wir waren uns ganz der Anwesenheit der anderen bewusst, ohne dass jemand dazwischenfunkte. In unserem Denken fand eine atmosphärische Veränderung statt, eine Verlagerung zu einer langsameren, weniger ruhelosen, entspannteren Art des Denkens. Wir konnten einfach an einem einzigen Ort sein, uns mit einer einzigen Sache beschäftigten und Freude daran haben. ... Das digitale Medium ermöglicht es, alles für einen späteren Gebrauch zu speichern. Es war also immer noch da, nur etwas weiter weg. Die Idee, dass wir Abstand zu dieser Fülle und dem überfüllten Teil unseres Lebens schaffen konnten, war auf eine bedeutsame Weise beflügelnd. Es war eine Erinnerung, dass es an uns lag, diesen Abstand zu schaffen.[82]

Ich (Gary) habe auf meiner Facebook-Seite eine Frage gepostet, wie man mehr Abstand zu seinen digitalen Geräten gewinnen kann. Hier sind einige der Antworten, die ich erhalten habe:

- Wir haben einen Behälter an unserer Eingangstür, auf dem steht: „Solange Sie keinen Anruf von Gott, dem Papst oder dem Präsidenten erwarten, deponieren Sie Ihr technisches Gerät bitte hier, damit wir die Zeit zusammen voll auskosten können."
- Von dem Moment, wo wir nach Hause kommen, schalten wir die Geräte bis zum nächsten Morgen aus.
- Versuchen Sie, zwei Tage die Woche ohne Bildschirme zu Hause auszukommen. Das ist so entspannend und erfrischend. Genießen Sie die frische Luft an den anderen Tagen. Das nenn ich Glück!
- WiFi hat einen Timer, sodass es sich über Nacht automatisch ausschaltet.

Es gibt viele Wege, wie man einen digitalen Sabbat auf sich und seine Familie zuschneiden kann.

> Je mehr Sie sich vom Lärm des Bildschirms entfernen, umso klarer können Sie die Herzen Ihrer Kinder hören.

!

In einer Ratgeber-Kolumne des *Wall Street Journal* fragte ein Vater:

> *Lieber Dan,*
> *ich vergeude ungefähr zwei Stunden jeden Tag mit dämlichen Spielen auf meinem iPhone. Das mag nicht so wild sein, kostet mich aber meine Konzentration bei der Arbeit und frisst Zeit auf, die ich mit Frau und Kindern verbringen könnte. Haben Sie eine Idee, wie ich diese schlechte Gewohnheit loswerden kann?*

Hier ist die Antwort des Kolumnisten Dan Ariely:

> *Schlechte Gewohnheiten kann man unter anderem dadurch bekämpfen, dass man Regeln aufstellt. Wenn man abnehmen will, kann man sich beispielweise die Regel machen: „Ich trinke keine zuckerhaltigen Getränke mehr." Doch um effektiv zu sein, müssen die Regeln klar und gut definiert sein. ... In Ihrem Fall können Sie beschließen, dass Sie ab jetzt zwischen 6 Uhr morgens und 21 Uhr abends nicht an Ihrem iPhone spielen. Um sich zu helfen, die Regel auch wirklich einzuhalten, sollten Sie Ihrer Familie Ihren Entschluss mitteilen. Oder Sie könnten sich ein Spieleverbot für Wochentage oder die Arbeitsstunden setzen. Viel Erfolg.[83]*

> **!** Regeln für den Umgang mit digitalen Medien sind nicht nur für Kinder gut; auch Eltern können sie gut gebrauchen.

Seien Sie konsequent, wenn Sie Regeln zu Zeitlimits, erlaubten Inhalten und Ausnahmen aufstellen. Natürlich ist es nicht leicht, neue Regeln einzuführen. Da so viele Erwachsene ihren Onlinegebrauch von sich aus einfach nicht einschränken können, gibt es Programme, die digitale Aktivitäten aufzeichnen, ablenkende Webseiten blockieren und ein Alarmsignal geben, wenn der Benutzer die vorbestimmte Zeit überschritten hat. Sich von seinem Ehepartner oder einem Freund zur Verantwortung ziehen zu lassen, kann auch gut funktionieren, solange beide Parteien wissen, was es zu fragen und anzumerken gilt, und solange es klare Belohnungen und Konsequenzen gibt.

Benutzen Sie positive Sprache, wenn Sie sich die neuen digitalen Hausregeln setzen. Legen Sie die Betonung nicht auf das, was Sie verpassen, sondern auf das, was Sie gewinnen, wenn Sie die Verbindung zueinander mehr pflegen und mal Pause von der Technik machen. Gewöhnen Sie sich an, Ihr Smartphone beiseitezulegen oder sich von Ihrem Computer wegzudrehen, wenn jemand aus der Familie mit Ihnen redet. Augenkontakt ist die Grundlage für das Einfühlungsvermögen von Familienmitgliedern. In einer Welt, die vom Bildschirm beherrscht wird, muss man dafür kämpfen, die emotionalen Verbindungen am Leben zu halten.

Meine (Arlenes) Freundin Jody, Mutter von vier Kindern, merkte, dass sie die Bildschirmregeln zu Hause ändern musste, nicht nur für die Kinder, sondern auch für sich selbst. Sie beschloss, einige Tage lang eine „digitale Entgiftungstherapie" zu machen, wobei sie die folgenden Beobachtungen machte:

*Schon nach nur einem Tag waren meine Kinder ruhiger und mehr in der Lage, ein ver-
nünftiges Gespräch miteinander zu führen. Der Drang nach Minecraft, My Little Pony,
YouTube, Google etc. hatte ihr gegenseitiges Einfühlungsvermögen verdrängt. Ehrlich
gesagt habe ich selbst auch damit zu kämpfen. Teilweise will ich mein Smartphone am
liebsten aus dem Fenster werfen, weil es oft passiert, dass ich eigentlich nur meine Mails
checken will, dann jedoch Ideen bei Pinterest pinne, die ich nie benutzen werde, oder meine Zeit bei Facebook oder Instagram vergeude. Das macht mich so unaufmerksam und
unproduktiv, was das genaue Gegenteil von dem ist, wozu das Smartphone ja eigentlich
da ist. Das kann so ein Fallstrick sein und ich möchte nicht, dass meine Kinder mich als
unkonzentriert in Erinnerung behalten.*

Welche Richtlinien für den Gebrauch digitaler Medien würden Ihnen persönlich helfen, Ihre Bildschirmzeit optimal zu nutzen? Sabbattage, an denen Sie eine Bildschirmpause einlegen? Eine Ausschaltzeit abends? Ein Behälter, in den Sie bei Mahlzeiten Ihr Smartphone legen? Jeder ist anders, also passen Sie Ihren Plan dem Zeitplan und den Prioritäten Ihrer Familie an. Allerdings sollten Sie schon ganz konkrete Richtlinien festlegen, sonst laufen Sie Gefahr, kostbare Stunden online zu vergeuden, wo Sie doch eigentlich die Beziehungen zu Ihrem Ehepartner und Ihren Kindern pflegen können.

Falls Sie verheiratet sind, denken Sie daran, dass Ihre Kinder sehr wohl merken, wie Sie miteinander in Bezug auf Technik umgehen. Sind Sie beide immerzu mit Bildschirmen beschäftigt oder reden, lachen und kuscheln Sie miteinander? Nehmen Sie einen Anruf entgegen, selbst wenn Sie mitten in einem wichtigen Gespräch sind? Wenn Ihr Smartphone Vorrang vor Ihrem Ehepartner hat, dann stimmt etwas nicht.

Teilweise stimmen Ehepaare nicht über Bildschirmregeln für sich selbst und ihre Familie überein. Das ist ein häufiges Problem, nicht nur in Bezug auf Technik, sondern auf jeden Lebensbereich. Zwei Menschen stimmen nicht immer miteinander überein. Mann und Frau müssen dem anderen aufmerksam zuhören und Verständnis entgegenbringen. Geben Sie dem anderen positive Signale und sagen: „Ich verstehe deinen Standpunkt. Können wir uns irgendwo in der Mitte treffen?"

Vielleicht meint einer von Ihnen, drei Stunden am Tag sei eine gute Grenze für Bildschirmzeit, während der andere meint, zwei Stunden seien schon mehr als genug. Dann einigen Sie sich auf zweieinhalb Stunden. Versuchen Sie, Regeln zu finden, mit denen Sie beide leben und die Sie konsequent einhalten können, statt die Bildschirmzeit zu einem Schlachtfeld ausarten zu lassen.

VERABSCHIEDEN SIE SICH VOM ELEKTRONISCHEN BABYSITTER

Vielleicht sind Sie nun bereit, Ihren persönlichen Umgang mit dem Bildschirm zu ändern, möchten aber immer noch nicht den elektronischen Babysitter für Ihre Kinder aufgeben.

Norman, Vater von zwei Jungen im Alter von zwei und vier Jahren, verlässt sich auf den Fernseher, um die Jungen zu unterhalten, wenn er von der Arbeit nach Hause kommt. Seine Frau hat meist Spätschicht und er braucht Zeit, um sich nach einem anstrengenden Arbeitstag etwas zu entspannen und Abendessen zu machen. „Wenn die Jungen vor dem Fernseher sitzen, sind sie ruhig. Ich muss zugeben, das ist ein toller Babysitter, wenn man einen braucht."

Fraglos ist es leichter, Ihre Kinder stundenlang fernsehen zu lassen, als alternative Aktivitäten anzubieten oder ihr Verhalten zu überwachen.

Doch der leichteste Weg ist nicht immer der beste Weg.

Was für Resultate kann ein elektronischer Babysitter bringen, verglichen mit einem engagierten Vater oder einer aufmerksamen Mutter? Was Sie in den ersten 18

Jahren des Lebens Ihres Kindes tun, hat eine erhebliche Auswirkung auf seine spätere Entwicklung. Ihre Investition als Mutter oder Vater wird sich gewaltig im Leben Ihres Kindes bezahlt machen, besonders im Alter zwischen 18 und 35 Jahren.

Wir können Eltern verstehen, die aus der Not heraus den Weg des geringsten Widerstands wählen, doch zu viele Familien schlagen viel zu bereitwillig den leichten Weg der digitalen Abhängigkeit ein und die Folgen für die Gesellschaft werden negativ sein. Zu viele Teenager sind depressiv, sexuell aktiv, drogenabhängig und rebellisch gegenüber Autoritäten. Als Eltern müssen Sie Ihr Herzblut dafür verwenden, um die negativen Auswirkungen von Bildschirmzeit und elektronischen Babysittern zu bekämpfen.

Fangen Sie mit einer ehrlichen Beurteilung an, wie Sie selbst mit Bildschirmen umgehen. Eltern, die in Gegenwart ihrer Kinder ständig zu ihren Smartphones und Tablets greifen, fördern den übermäßigen Gebrauch von Bildschirmen bei ihren Kindern. Sie haben die einmalige Gelegenheit, Ihren Kindern beizubringen, ihre Bildschirmzeit zu meistern – indem Sie Ihre eigene meistern.

FRAGEN ZUM NACHDENKEN UND DISKUTIEREN

- Stimmen Sie mit dieser Aussage überein: „Ich glaube, die schädlichste Auswirkung der digitalen Welt ist, dass Eltern selbst so von digitalen Medien abhängig sind, weil sich das ganz schnell auf die Kinder überträgt"?

- Weiß Ihr Kind, dass es Ihnen wichtiger ist, Zeit mit ihm zu verbringen, statt bei sozialen Medien auf dem neuesten Stand zu sein oder Mails zu beantworten?

- Beschreiben Sie, wie Sie an einem typischen Tag mit digitalen Medien umgehen. Wären Sie zufrieden, wenn Ihr Kind später genauso mit Bildschirmen umgeht wie Sie?

JETZT MAL EHRLICH

- Fühlen Sie sich wohl dabei, die Technik zu bestimmten Zeiten auch mal abzuschalten und nicht durch Telefon oder Mail erreichbar zu sein?

- Wenn Sie eine Woche lang ganz ohne digitale Verbindung irgendwo stranden würden – wären Sie dann erleichtert, gleichgültig oder total gestresst?

- Wann schalten Sie Ihr Mobiltelefon aus?

- Was sind einige positive Maßnahmen, die Sie getroffen haben, um Ihre persönliche Bildschirmzeit einzugrenzen und mehr Zeit mit Ihrer Familie zu genießen?

- Was für ein Experiment in Sachen „digitaler Sabbat" würden Sie gerne mit Ihrer Familie durchführen?

- Sind Sie bereit, sich von Ihrem digitalen Babysitter zu verabschieden? Wie können Sie als Vater oder Mutter aktiv werden und sich weniger auf Videospiele und Fernsehen verlassen, um Ihr Kind zu beschäftigen?

„Die Jugend denkt nicht weit genug in die Zukunft.
Es gibt großartige Zukunftsaussichten und wir sollten die Jugend ermuntern,
von ihnen zu träumen."
Henrietta C. Mears

Schluss | Zwei Familien – eine Geschichte

Julia und Elena wuchsen als Nachbarskinder auf. Sie waren im gleichen Alter und verbrachten zahllose Stunden damit, draußen zu spielen, Fahrrad und Roller zu fahren, Seil zu springen und sich Spiele auszudenken. Doch nachdem Julia ein Tablet zu ihrem siebten Geburtstag bekam, spielte sie immer häufiger Videospiele und kam immer weniger nach draußen. Innerhalb weniger Monate schien Julia ein ganz anderes Mädchen zu sein.

Elena klopfte immer wieder an die Tür, doch die Antwort war immer dieselbe: „Tut mir leid, Julia ist gerade mit einem Spiel beschäftigt. Vielleicht kommt sie später raus." Doch später kam nie.

Obwohl Julias Mutter lachend Bemerkungen darüber machte, dass sie ihre Tochter an die Videospiele verloren hatte, war sie innerlich besorgt. Sie wusste: Ein kleines Mädchen, das vier, fünf Stunden am Tag an einem Tablet hing, süchtig nach

Videospielen, das hatte keine richtige Kindheit. Sie versuchte, Julia zum Aufhören zu bewegen, was zur Folge hatte, dass ihre Tochter schrie und mit den Fäusten auf den Tisch hämmerte und das Tablet zurückforderte. Ihre Mutter wusste nicht, was sie machen sollte. Sie hatte nicht die Ausdauer, ständig gegen Julia anzukämpfen.

Auf der anderen Straßenseite war Elenas Bildschirmzeit auf eine halbe Stunde am Wochenende und an zwei Abenden in der Woche, an denen sie kein Fußballtraining hatte, begrenzt. Ihre Eltern hatten die Webseiten, die sie sich ansehen durfte, sorgfältig ausgewählt. Elena suchte sich andere Kinder in der Nachbarschaft, mit denen sie spielen konnte. Sie war ein unbeschwerter Typ und freundete sich schnell mit anderen an, auch wenn sie es vermisste, mit Julia zu spielen. Bildschirme machten nur einen kleinen Teil in Elenas Leben aus und sie verstand einfach nicht, warum Julia am Wochenende unbedingt im Haus bleiben wollte.

Die Geschichte dieser beiden Familien wird jetzt gerade geschrieben. Wie wird Technik sich auf Julia und Elena als Erwachsene auswirken? Diese beiden Mädchen aus der gleichen Nachbarschaft steuern auf zwei sehr unterschiedliche Ziele zu.

WER REGIERT IM SCHLOSS?

Mein (Arlenes) Mann James redet gerne mit jedem Vater, den er kennt, über einen bestimmten Artikel, der im *Wall Street Journal* erschienen ist. Er trug den Titel *Eine Fahrt in Papas fahrbarer Denkfabrik*. In dem Artikel stellt der Autor die Autofahrten von gestern den Autofahrten von heute gegenüber:

In der Generation meines Vaters war das Auto eines Mannes sein Hoheitsgebiet. Und seine Kinder waren sein unfreiwilliges Publikum. Wir haben uns seine Musik angehört. Wir haben seine Fragen beantwortet. ... Jetzt habe ich meine eigenen Kinder, aber ich fahre keine Denkfabrik mehr. Ich fahre nur noch eine Fabrik. Es ist ein Minivan, aber da ist nichts Mini dran. Ich nenne ihn meinen Maxivan – oder besser gesagt, die Kinder nennen ihn ihren Maxivan. Sie müssen verstehen, meine Kinder betrachten das als ihr Auto, nicht als meins. Und da haben sie gar nicht unrecht.[84]

James hatte schon vor Langem beschlossen, dass er nicht in seinem Minivan gefangen sein und sich Zeichentrickfilme und endlose Reimlieder anhören wollte. Er wollte sich sein Auto zurückerobern. Die Kindermusik wurde mir nichts, dir nichts durch Unterhaltungen und Hörbuch-Biografien ersetzt. Der Familienbus verwandelte sich in eine Uni auf Rädern und Papa regierte wieder in seinem Hoheitsgebiet. Es geht nicht darum, dass Sie sich unbedingt pädagogisch wertvolle Inhalte anhören müssen. Es geht darum, dass *Sie* entscheiden können, was *Sie* sich anhören, weil es *Ihr* Auto ist, nicht das Auto Ihres Kindes. Es ist Zeit, dass Sie sich Ihr Auto zurückerobern, so wie Sie sich Ihr Zuhause von unerwünschter Technik zurückerobern können.

> Sie sind derjenige, der am Steuer sitzt und entscheidet, welche Richtung Ihre Familie einschlägt.

Wenn Sie eine wenig befahrene Straße einschlagen, gehen Sie gegen den Strom unserer Bildschirmwelt an. Möglicherweise wird Ihr Kind kein Handy haben, obwohl seine Altersgenossen eins haben. Möglicherweise wird Ihr Kind sich nicht mit dem Videospiel auskennen, über das alle reden. Kommentare zu bestimmten Rockstars oder Musikclips wird Ihre Tochter unter Umständen nicht begreifen.

Doch was kann Ihr Kind gewinnen, wenn Sie den Einfluss von Bildschirmen auf sein Leben minimieren? Freiheit von Sucht, starke Familienbeziehungen, Einfühlungsvermögen, kritisches

Denkvermögen und Geduld kommen einem da in den Sinn. Die Datenautobahn des Bildschirm-Entertainments mag befahrener und bequemer sein, aber Bildschirmzeit formt nicht den Charakter und die erstklassigen Beziehungen, die sich die meisten Eltern für ihre Kinder wünschen.

Als meine (Garys) Kinder aufwuchsen, legten wir die Richtlinie fest, nicht mehr als eine halbe Stunde am Tag fernzusehen. Das war vor langer Zeit und Bildschirme waren damals nicht nahezu so weit verbreitet bei Leuten zu Hause wie heute. Doch dieses Zeitlimit fürs Fernsehen zu setzen, war ganz wichtig, weil meine Kinder sonst unter Umständen jeden Tag stundenlang ferngesehen hätten, wenn meine Frau Karolyn und ich keinen Plan gehabt hätten.

Dasselbe Prinzip, das unserem Zuhause vor Jahrzehnten Orientierung gab, gilt auch heute noch.

> Der enge Familienzusammenhalt aus vergangener Zeit kann auch in der digitalen Gegenwart eine Realität für Sie sein.

Wenn Sie ein Ziel und einen Plan haben, dann kann Bildschirmzeit ein wunderbares Mittel sein, um die Familie zusammenzubringen. Doch wenn es eine Aktivität ist, auf die man automatisch immer zurückfällt, raubt die Technik Ihrer Familie immer wieder schöne Stunden und gemeinsame Erinnerungen.

> Was für ein Zuhause wollen Sie schaffen?

Ein Zuhause, das sich um Bildschirme dreht, oder ein Zuhause, das sich um Menschen dreht? Wenn Sie sich für Letzteres entscheiden, wird sich Ihr Leben vermutlich von vielen anderen Familien unterscheiden.

> Doch Ihr Zuhause wird wie ein einladendes Licht auf einem Hügel sein, das nicht nur Ihren Kindern Orientierung bietet, sondern auch Ihrer Umgebung.

JETZT MAL EHRLICH

FRAGEN ZUM NACHDENKEN UND DISKUTIEREN

- Beschreiben Sie eine typische Autofahrt Ihrer Familie. Benutzt irgendjemand Kopfhörer? Sind Filme erlaubt? Gibt es Gespräche?

- Inwieweit hat sich Ihr Denken über den Umgang mit Bildschirmen geändert, seitdem Sie dieses Buch gelesen haben?

- Gab es etwas, was Sie für Ihre Familie für besonders wichtig und relevant halten?

- Welche Änderungen im Umgang mit Bildschirmen haben Sie gemacht oder planen Sie?

- Hat sich Ihr Kind gegen die Veränderungen gesträubt? Wenn ja, wie sind Sie damit umgegangen?

- Welche positiven Auswirkungen wird Ihre Familie gewinnen, wenn Sie sich an einen weisen Medienplan halten und ihn durchsetzen?

Soziale Entwicklung nach Alter und Phasen

KLEINKINDER

- sprechen in vollständigen Sätzen, bestehend aus drei bis fünf Wörtern
- können einfache Anweisungen befolgen
- haben Spaß daran, im Haushalt zu helfen
- spielen noch nicht gut mit anderen, teilen noch nicht bereitwillig
- beginnen damit, sich der Stimmung und Gefühle anderer bewusst zu sein

VORSCHULKINDER

- haben einen Wortschatz von ungefähr 1.500 Wörtern
- sprechen in relativ vollständigen Sätzen
- wechseln sich mit anderen ab, teilen und kooperieren
- können ihre Wut verbal zum Ausdruck bringen und nicht nur körperlich
- spielen gerne fantasievoll und verkleiden sich gerne
- ahmen Erwachsene nach und suchen Lob
- Freunde nehmen an Wichtigkeit zu

ERST- BIS DRITTKLÄSSLER

- werden sich persönlicher Gefühle bewusst und können Einfühlungsvermögen für andere zeigen
- tauschen sich im direkten Gegenüber aus, um zu verstehen, wie sich andere fühlen
- sind kooperativer und zärtlicher
- sind neugierig im Hinblick auf andere und wollen unbedingt Freunde finden
- können zwischen Bedürfnissen und Wünschen unterscheiden
- sind familienorientiert
- suchen Zustimmung von Eltern und Erwachsenen

VIERT- BIS SECHSTKLÄSSLER

- spielen bevorzugt mit anderen Kindern des gleichen Geschlechts
- neigen mehr zur Launenhaftigkeit
- werden von Gleichaltrigen beeinflusst
- haben ein starkes Gruppenzugehörigkeitsgefühl
- benutzen gerne Codesprache
- entwickeln Entscheidungsfähigkeiten
- brauchen Umgang mit engagierten Erwachsenen

Test | Hat Ihr Kind zu viel Bildschirmzeit?

Diese einfachen Fragen können Ihnen helfen festzustellen, ob sich die Bildschirmzeit negativ auf die seelische und körperliche Verfassung Ihres Kindes auswirkt. Antworten Sie auf jede Frage mit einer Punktzahl entsprechend der folgenden Skala:

> 0 = Trifft nie oder ganz selten zu
> 1 = Trifft gelegentlich zu
> 2 = Trifft gewöhnlich zu
> 3 = Trifft immer zu

- Ihr Kind wird wütend, wenn Sie es auffordern, die Medienzeit zu beenden und zum Essen zu kommen oder etwas anderes zu tun.
- Ihr Kind bettelt, dass Sie ein digitales Gerät wie z.B. einen iPod kaufen, selbst nachdem Sie das schon abgelehnt haben.
- Ihr Kind hat Probleme, seine Hausaufgaben fertig zu bekommen, weil es so viel fernsieht oder Videospiele spielt.
- Ihr Kind weigert sich, im Haushalt zu helfen, und beschäftigt sich stattdessen mit Bildschirmen.
- Ihr Kind fragt, ob es ein Videospiel spielen, im Internet surfen oder fernsehen darf, obwohl Sie bereits nein gesagt haben.
- Ihr Kind schafft es nicht, sich mindestens eine Stunde am Tag körperlich zu betätigen.
- Ihr Kind sieht den anderen im Haus nicht häufig in die Augen.
- Ihr Kind spielt lieber allein Videospiele, statt nach draußen zu gehen und sich mit Freunden zu treffen.
- Ihr Kind hat keinen Spaß an einer Aktivität ohne Bildschirm.
- Würden Sie einen Tag lang alle Bildschirmaktivitäten einschränken, wäre Ihr Kind reizbar und nörgelig.

AUSWERTUNG DER PUNKTZAHL:

10 oder weniger: Ihr Kind scheint nicht zu viel Bildschirmzeit zu haben. Es scheint in der Lage zu sein, sich zu zügeln und vernünftige Grenzen einzuhalten.

11-20: Ihr Kind verbringt möglicherweise zu viel Zeit vor Bildschirmen. Es wäre gut, wenn Sie auf die Bildschirmzeit achten und auf Anzeichen dafür, dass Ihrem Kind Bildschirme zu wichtig werden.

21-30: Ihr Kind ist möglicherweise abhängig von seiner Medienzeit. Es kann ratsam sein, sich von einem Berater oder Pastor beraten zu lassen oder von erfahrenen Eltern, die Sie respektieren.

Anmerkungen

EINLEITUNG: IHR ZUHAUSE ZURÜCKEROBERN

1 „KIM-Studie 2010 – Kinder + Medien, Computer + Internet", herausgegeben vom Medienpädagogischen Forschungsverbund Südwest, 70178 Stuttgart, http://www.mpfs.de/fileadmin/KIM-pdf10/KIM2010.pdf, Abruf 20.04.2015.

2 Andy Andrews: *The Noticer*, Thomas Nelson 2011, S. 111.

KAPITEL 1: BILDSCHIRMZEIT: ZU VIEL, ZU FRÜH?

3 „Geflimmer im Zimmer – Informationen, Anregungen und Tipps zum Umgang mit dem Fernsehen in der Familie", herausgegeben vom Bundesministerium für Familie, Senioren, Frauen und Jugend, 11018 Berlin, http://www.bmfsfj.de/RedaktionBMFSFJ/Broschuerenstelle/Pdf-Anlagen/Geflimmer-im-Zimmer,property=pdf,bereich=bmfsfj,sprache=de,rwb=true.pdf, Abruf 20.04.2015.

4 K. Nelson: „Structure and Strategy in Learning to Talk", *Monographs of the Society for Research in Child Development*, 38, Nr. 1-2 1973, S. 1-35; und D. L. Linebarger und D. Walker: „Infants' and Toddlers' Television Viewing and Language Outcomes", *American Behavioral Scientist*, 48, Nr. 5 2005, S. 624-45.

5 F. J. Zimmerman, D. A. Christakis und A. N. Meltzoff: „Television and DV/ Video Viewing in Children Younger than 2 Years", *Archives of Pediatric and Adolescent Medicine*, 161, Nr. 5 2007, S. 473-79.

6 E. A. Vandewater u.a.: „When the Television Is Always On", *American Behavioral Scientist*, 48, Nr. 5 2005, S. 562-77.

7 M. E. Schmidt u.a.: „The Effects of Background Television on the Toy Play Behavior of Very Young Children", *Child Development*, 79, Nr. 4 2008, S. 1137-51.

8 „Jugendliche verdaddeln jeden Tag mehr als 100 Minuten", http://www.t-online.de/eltern/jugendliche/id_69907188/computerspiele-jugendliche-verdaddeln-taeglich-eineinhalb-stunden.html, Abruf 20.04.2015.

9 Dr. Kathy Koch: „Parenting Tech-Savvy Children: Negative Effects of Digital Technology", Hearts at Home Konferenz 2013.

10 http://www.internet-abc.de/eltern/kinder-zeit-computer-bildschirm.php, Abruf 20.04.2015.

KAPITEL 2: DIE „1+"-METHODE FÜR BEZIEHUNGSFÄHIGE KINDER

11 National Center for Biotechnology Information, U.S. National Library of Medicine, Recherche am 1. Januar 2014, zitiert in „Attention Span Statistics", StatisticBrain.com.

KAPITEL 3: DIE 1+ DER ZUNEIGUNG

12 Mary Bellis: „The Invention of Television", About.com Inventors, www.inventors.about.com.

13 http://de.wikipedia.org/wiki/Geschichte_des_Fernsehens_in_Deutschland, Abruf 20.04.2015.

14 Shane Hipps: *Flickering Pixels*, Zondervan 2009, S. 183.

15 Gwenn Schurgin O'Keefe und Kathleen Clarke-Pearson für die American Academy of Pediatrics: „The Impact of Social Media on Children, Adolescents, and Families", Pediatrics Digest, 28. März 2011, www.pediatricsdigest.mobi/content.

16 Diane Swanbrow: „Empathy: College Students Don't Have as Much as They Used To", MichiganNews, University of Michigan, 27. Mai 2010, http://ns.umich.edu.

17 The American Academy of Pediatrics: „Media Education", Pediatrics, 27. September 2010, http://pediatrics.aapublications.org.

18 http://de.wikipedia.org/wiki/Sexting, Abruf 20.04.2015.

19 Jocelyn Green in einem E-Mail-Interview, 4. September 2013.

KAPITEL 4: DIE 1+ DER WERTSCHÄTZUNG

20 Shawn Achor: *The Happiness Advantage*, Crown Business 2010, S. 7.

21 Melinda Beck: „Thank You. No, Thank You: Grateful People Are Happier, Healthier Long after the Leftovers Are Gobbled Up", Wall Street Journal, 23. November 2010, http://online.wsj.com.

22 C. Nathan DeWall u.a.: „A Grateful Heart Is a Nonviolent Heart: Cross Sectional, Experience Sampling, Longitudinal, and Experimental Evidence", Social Psychological & Personality Science Bd. 3, Nr. 2, März 2012, S. 232-40, http://spp.sagepub.com.

23 Eun Kyung Kim: „Teen Uses Tweets to Compliment His Classmates", Today News, 8. Januar 2013, www.today.com.

KAPITEL 5: DIE 1+ DER BEHERRSCHUNG

24 American Academy of Pediatrics Council on Communications and Media: „Policy Statement: Media Education", Pediatrics, 1. November 2010, http://pediatrics.apublications.org.

25 „Cybermobbing – Gewalt unter Jugendlichen. Ergebnisse einer repräsentativen Forsa-Umfrage in NRW", http://www.bündnis-gegen-cybermobbing.de/fileadmin/pdf/studien/Techniker_Krankenkasse_2011.pdf, Abruf 20.04.2015.

KAPITEL 6: DIE 1+ DER ENTSCHULDIGUNG

26 Dieses Kapitel basiert auf *When Sorry Isn't Enough* von Gary Chapman und Jennifer Thomas, Moody 2013. Das Buch ist eine Neufassung des Buches *The Five Languages of Apology* (Dt.: *Die Fünf Sprachen des Verzeihens*) von Gary Chapman.

KAPITEL 7: DIE 1+ DER BETEILIGUNG

27 Statistic Brain: „Attention Span Statistics", 1. Januar 2014, www.statisticsbrain.com.

28 „JIM-Studie 2014 – Jugend, Information, (Multi-)Media", herausgegeben vom

Medienpädagogischen Forschungsverbund Südwest, 70178 Stuttgart; http://www.mpfs.de/fileadmin/JIM-pdf14/JIM-Studie_2014.pdf, Abruf 21.04.2015.

29 Kendra Cherry: „What's the Best Predictor of School Success?", About.com Psychology, 2. März 2009, http://psychology.about.com.

30 http://de.statista.com/statistik/daten/studie/39028/umfrage/wichtige-erziehungs-ziele-fuer-eltern/, Abruf 21.04.2015.

31 Nicholas Carr: *The Shallows: What the Internet Is Doing to Our Brains*, W. W. Norton 2011, S. 116. Dt.: *Wer bin ich, wenn ich online bin ... und was macht mein Gehirn solange? – Wie das Internet unser Denken verändert*, Karl Blessing Verlag.

32 Rutherford Elementary School: „Reading at Home", 11. Februar 2014, http://rutherford.jefferson.kyschools.us.

33 American Academy of Pediatrics: „Video Games Linked to Attention Problems in Children", Pressemitteilung vom 5. Juli 2010, www.aap.org.

34 Bob Sullivan und Hugh Thompson: „Brain Interrupted", New York Times, 3. Mai 2013, www.nytimes.com.

35 Christine Rosen: „The Myth of Multitasking", New Atlantis, Frühjahr 2008, www.thenewatlantis.com.

36 Ebd.

37 Ebd.

38 Statistic Brain: „Attention Span Statistics", 1. Januar 2014, www.statisticsbrain.com.

39 Bob Sullivan und Hugh Thompson: „Brain Interrupted", New York Times, 3. Mai 2013, www.nytimes.com.

40 Kenneth R. Ginsburg u.a. für die American Academy of Pediatrics: „The Importance of Play in Promoting Healthy Child Development and Maintaining Strong Parent-Child Bonds", Pediatrics, 1. Januar 2007, http:// pediatrics.aappublications.org.

41 Carr: *The Shallows*, S. 219.

KAPITEL 8: BILDSCHIRMZEIT UND SCHÜCHTERNHEIT

42 http://www.aerzteblatt.de/archiv/108602/Soziale-Phobien-Hohe-Praevalenz-bei-Jugendlichen, Abruf 21.04.2015.

43 Mayo-Klinik: „Children and TV: Limiting Your Child's Screen Time", E-Newsletter der Mayo-Klinik, 16. August 2013, www.mayoclinic.org.

44 Centers for Disease Control and Prevention: „Childhood Obesity Facts", 10. Juli 2013, www.cdc.gov.

KAPITEL 9: BILDSCHIRMZEIT UND DAS GEHIRN

45 Kurt W. Fischer, William T. Greenough, Daniel Siegel und Paul Thompson: „Inside the Teenage Brain", Frontline, WTTW Chicago 2002, www.pbs.org.

46 John Bruer, Mary Carskadon und Ellen Galinsky: „Inside the Teenage Brain", Frontline, WTTW Chicago 2002, www.pbs.org.

47 Carr: *The Shallows*, S. 121.

48 Matt Richtel: „Silicon Valley School Sticks to Basics, Shuns High-Tech Tools", New York Times, 23. Oktober 2011, www.boston.com.

49 Eun Kyung Kim: „Bill Gates: My Kids Get Cell Phone at Age 13", Today News, 30. Januar 2013.

50 Dr. Archibald D. Hart und Dr. Sylvia Hart Frejd: *The Digital Invasion: How Technology Is Shaping You and Your Relationships*, Baker 2013, S. 60. Dt.: *Digitale Invasion: Wie wir die Kontrolle über unser Leben zurückgewinnen*, SCM Hänssler.

51 Carr: *The Shallows*, S. 51.

52 Ebd., S. 77.

53 Hart und Frejd: *The Digital Invasion*, S. 63.

54 Jenn Savedge: „Is Your Child Addicted to Screens?", Mother Nature Network, 12. August 2013, www.thestar.com.

55 BBC News: „S. Korean Dies after Games Session", 10. August 2005, http://news.bbc.co.uk.

56 „Spielsucht – 14.000 süchtige Spieler in Deutschland", http://www.pcgames.de/Spielsucht-Thema-200904/News/14000-suechtige-Spieler-in-Deutschland-678911, Abruf 21.04.2015.

57 Kayt Sukel: „Playing Video Games May Make Specific Changes to the Brain", Dana Foundation News, 9. Januar 2012, www.dana.org.

58 Carr: *The Shallows*, S. 32.

59 Hart und Frejd: *The Digital Invasion*, S. 65.

60 R. Morgan Griffin: „Your Kid's Brain on Exercise", WebMD, 8. Mai 2013, www.webmd.com.

61 Benjamin Carson, Brainyquote.com.

KAPITEL 10: BILDSCHIRMZEIT UND DIE SPRACHEN DER LIEBE

62 Gary Chapman und Ross Campbell, *Die 5 Sprachen der Liebe für Kinder*, Marburg/Lahn, Verlag der Francke-Buchhandlung.

KAPITEL 11: BILDSCHIRMZEIT UND SICHERHEIT

63 Nanci Hellmich: „Death of a Florida Girl Is a Wake-up Call for Parents", USA Today, 16. Oktober 2013, www.usatoday.com.

64 „JIM-Studie 2012 – Jugend, Information, (Multi-)Media", herausgegeben vom Medienpädagogischen Forschungsverbund Südwest, 70178 Stuttgart, http://www.mpfs.de/fileadmin/JIM-pdf12/JIM2012_Endversion.pdf, Abruf 21.04.2015.

65 Peter Brust u.a.: „Growing Up Online", Frontline, 22. Januar 2008, www.pbs.org.

66 Ebd.

67 Ebd.

68 Britney Fitzgerald: „Facebook Age Requirement", Huffington Post, 30. November 2012.

69 Christoph Pahl, *Voll Porno – Warum echte Kerle Nein sagen*, Verlag der Francke-Buchhandlung 2010/2013, S. 14f.

70 „KIM-Studie 2010 – Kinder + Medien, Computer + Internet", herausgegeben vom Medienpädagogischen Forschungsverbund Südwest, 70178 Stuttgart, http://www.mpfs.de/fileadmin/KIM-pdf10/KIM2010.pdf, Abruf 20.04.2015.

KAPITEL 12: BILDSCHIRMZEIT UND ELTERLICHE AUTORITÄT

71 Asmus, Antje: „Alleinerziehende in Deutschland", http://www.berlin-institut. org/online-handbuchdemografie/bevoelkerungspolitik/deutschland/alleiner-ziehende-in-deutschland.html, Abruf 21.04.2015.

72 Mayo-Klinik: „Children and TV: Limiting Your Child's Screen Time", 16. August 2013, www.mayoclinic.com.

73 V. J. Rideout und E. Hamel: *The Media Family: Electronic Media in the Lives of Infants, Toddlers, Preschoolers, and Their Parents*, Kaiser Family Foundation 2006.

KAPITEL 14: BILDSCHIRMZEIT UND SIE

74 zitiert in Archibald Hart und Sylvia Hart Frejd: *Digital Invasion*, Baker 2013, S. 30.

75 James Fallows: „Linda Stone on Maintaining Focus in a Maddeningly Distractive World", Atlantic, 23. Mai 2013, www.theatlantic.com.

76 Dallas Theological Seminary: „Howard Hendricks Tribute", Februar 2013, www.dts.edu.

77 Beth Kassab: „Are You Addicted to Your Smartphone?", Orlando Sentinel, 25. November 2013, http://articles.orlandosentinel.com.

78 „63 Millionen Handy-Besitzer in Deutschland", http://www.bitkom.org/de/presse/78284_77178.aspx, Abruf 21.04.2015.

79 „63 Prozent in Deutschland nutzen ein Smartphone", http://www.golem.de/news/zuwachs-63-prozent-in-deutschland-nutzen-ein-smartphone-1503-113166.html, Abruf 21.04.2015.

80 Studie der Universität Bonn, http://www3.uni-bonn.de/Pressemitteilungen/009-2014, Abruf 21.04.2015.

81 „ARD/ZDF-Onlinestudie 2014", http://www.ard-zdf-onlinestudie.de, Abruf 21.04.2015.

82 William Powers: *Hamlet's BlackBerry: A Practical Philosophy for Building a Good Life in the Digital Age*, Harper 2010, S. 228-29, 230-31. Dt.: *Einfach abschalten: Gut leben in der digitalen Welt*, Goldmann Verlag.

83 Dan Ariely: „Ask Ariely: On Pointless Gaming, Topics and Teachers, and Getting Over It", Wall Street Journal, 23. November 2013, http://danariely.com.

SCHLUSS: ZWEI FAMILIEN – EINE GESCHICHTE

84 Dan Zevin: „A Ride in Dad's Traveling Think Tank", Wall Street Journal, 16. Juli 2012.

Weitere Buchtipps

Gary Chapman, Ross Campbell
Die 5 Sprachen der Liebe für Kinder
Wie Kinder Liebe ausdrücken und empfangen
ISBN 978-3-86827-437-0
224 Seiten, Paperback

Ihre ganze Liebe gilt Ihren Kindern. Aber sind Sie sich sicher, dass Ihre Kinder das auch spüren? Denn – was versteht Ihr Kind überhaupt unter Liebe? Lernen Sie mit diesem Bestseller die Muttersprache der Liebe, die Ihr Kind spricht, und es wird die Geborgenheit erfahren, die es zu einem liebesfähigen Menschen heranwachsen lässt. Lernen Sie, es wirklich zu verstehen – weil ein gesundes Familienklima so wichtig ist!

Gary Chapman
Die fünf Sprachen der Liebe für Familien
ISBN 978-3-86827-255-0
400 Seiten, kartoniert

So wird Ihr Familienleben stabiler, ausgeglichener und herzlicher! Bestseller-Autor Gary Chapman hat mit seinen Büchern schon vielen Menschen weitergeholfen. Übersichtlich und lebensnah zeigt er, worauf es ankommt, wenn Familienleben gelingen soll:

- eine auf das Wohl aller bedachte Haltung der Eltern
- Nähe zwischen Mann und Frau
- den Willen der Eltern, Maßstäbe zu setzen
- Kinder, die den Anweisungen ihrer Eltern vertrauen und sie achten
- Männer, die Verantwortung für die Familie übernehmen.

Konkrete Beispiele und alltagsnahe Übungen garantieren, dass es nicht nur beim „Wissen wie" bleibt, sondern dass Sie die Empfehlungen auch umsetzen können. Viele Tests für Paare und Eltern geben Ihnen zusätzliche Sicherheit und zeigen, in welcher Richtung Sie weiterkommen.

Ross Campbell
Kinder sind wie ein Spiegel
Ein Handbuch für Eltern,
die ihre Kinder richtig lieben wollen
ISBN 978-3-86827-238-3
durchgehend farbig illustriert
144 Seiten, Paperback

Kinder reflektieren alles, was wir ihnen schenken. Und wenn wir ihnen viel Liebe schenken, entwickeln sie sich fröhlich und gesund. Allerdings reicht es nicht, Liebe nur zu predigen – sie muss konkret werden. Wie das funktionieren kann, zeigt Ihnen dieses „Praxisbuch Liebe".

Illustrierte und überarbeitete Neuauflage des beliebten Erziehungsratgebers.

Ross Campbell
Teenager brauchen mehr Liebe
ISBN 978-3-86827-082-2
200 Seiten, kartoniert

Ein Rettungsring für alle Eltern, die mit Schwierigkeiten in der Erziehung ihrer Teenager kämpfen. Dr. Campbell schreibt praktisch, geistlich ausgereift, leicht zu lesen und mit der unbezahlbaren Gabe, gebeutelten Eltern Liebe, Glaube und Hoffnung für ihre Teenies zurückzugeben. Wer den heißen Draht zu seinem Teenager sucht, dem zeigt er, was es heißt,

- den jungen Menschen bedingungslos zu lieben,
- sich ihm ganz und gar zuzuwenden,
- konstruktiv mit seinen Aggressionen und dem eigenen Zorn umzugehen,
- richtig auf depressives Denken bei Jugendlichen einzugehen und
- ihm zu helfen, geistig und geistlich zu wachsen.

Ross Campbell
Bevor der Kragen platzt
Vom Umgang mit Aggression und Ärger
in der Erziehung
ISBN 978-3-86122-548-5
224 Seiten, kartoniert

Kennen Sie das?

Die Kinder bocken und Ihnen geht der Gaul durch.

Kann passieren, doch auf lange Sicht ist die Erziehung kein Rodeo – noch nie war es für Eltern so wichtig wie heute, mit den guten und den schlechten Seiten des Zorns umgehen zu können. Lassen Sie sich von Dr. Campbell ausbilden zum Jockey Ihrer Emotionen!

Gary Chapman
Gespräche der Liebe für Familien
ISBN 978-3-86122-609-3
110 Seiten, Spiralbindung

Grundlage für eine gesunde Familie ist das offene und vertiefende Gespräch. Der beste Einstieg dafür sind Fragen – bei den Mahlzeiten, am Abend, kurz vor dem Schlafengehen, während einer längeren Autofahrt, in den Ferien usw.
Gary Chapmans originelle Gedankenanstöße bringen den familiären Austausch mit buchstäblich spielerischer Leichtigkeit richtig in Schwung.

Martina Kessler, Volker Kessler
Erziehung – Ein Abenteuer für die ganze Familie
ISBN 978-3-86827-475-2
144 Seiten, gebunden

Das jüngste Kind ist gerade 18, die ältesten Kinder werden selbst zum ersten Mal Eltern. Ein guter Zeitpunkt, die Erziehungsversuche Revue passieren zu lassen. Was lief gut? Was hat nicht geklappt? Was war typisch für uns? An dieser kritischen Rückschau beteiligen sich alle: Die Eltern und die vier Kinder. Dabei geben sie wertvolle Tipps, auch im Hinblick auf die religiöse Erziehung. Wie kann man als Eltern beispielsweise damit umgehen, wenn die Kinder plötzlich nicht mehr mit in den Gottesdienst wollen?

Charakteristisch für das Leben der Familie Kessler ist der Dreiklang: Suchen nach Wahrheit – handeln in Verantwortung – leben mit Humor.

In diesem Buch erfahren Sie unter anderem, warum am Esstisch alle Fragen erlaubt waren, warum die Kinder Blechschäden selbst zahlen mussten und wie jeder lernte, über sich selbst zu lachen.

Pat Holt, Grace Ketterman
Mama, warum schreist du so?
Hilfen für genervte Mütter
ISBN 978-3-86827-118-8
128 Seiten, kartoniert

Wenn die Phonzahl nicht mehr reicht: Schreien kostet Kraft und Nerven und hinterlässt meistens ungute Gefühle bei Angeschrienen und Schreiern. Warum fällt es so schwer, neue Verhaltensmuster zu entwickeln?
Die Autorinnen nehmen Müttern ihre Skepsis und Angst vor neuen Wegen, auf denen sie Aufmerksamkeit und Gehorsam ihrer Kinder erreichen können. Denn eine liebevolle Erziehung ist durchaus möglich, wenn sie von Konsequenz begleitet wird.
Dieser praktische Ratgeber hilft, Nerven zu schonen.

Aus dem Inhaltsverzeichnis:

Ellen Banks Elwell
Ein kleines Stück vom Himmel sehen
365 Andachten für Mütter
ISBN 978-3-86827-534-6
380 Seiten, gebunden

Ein Andachtsbuch für Mütter mit ermutigenden Texten für jeden Tag. Genau richtig für kleine geistliche Oasenzeiten mitten im Alltag, in denen wir Gott begegnen können.

Ellen Elwell, selbst Mutter, greift wochenweise verschiedene Themen auf. Auf einen Bibelvers folgt jeweils eine praktische Auslegung und ein kurzes Gebet.
Ein wertvoller Begleiter, der Mütter bei ihren vielfältigen verantwortungsvollen Aufgaben stärkt, stützt, erfrischt, inspiriert und geistlich wachsen lässt.

Tobias Faix
Das ist Erpressung! Nein, Erziehung!
Vater-Tochter-Dialoge über den ganz normalen Wahnsinn des Familienalltags!
ISBN 978-3-86827-310-6
96 Seiten, gebunden

Kinder sind das Tollste auf der Welt, findet Tobias Faix, selbst Vater zweier Töchter, und so hat er Erlebnisse aus seinem Familienalltag gesammelt und aufgeschrieben. Daraus sind die Vater-Tochter-Dialoge geworden. Darin geht er zusammen mit seinen Töchtern Aimée und Lilly ganz ungeschminkt und ehrlich den „wirklich wichtigen" Fragen des Lebens auf den Grund:

• „Wer ist eigentlich der Boss in unserer Familie?"
• „Wenn ich gleichzeitig rülpsen und pupsen kann, bin ich dann multitasking?"
• „Warum gibt es an Erntedank keine Bananen?"
• „Wer hat eigentlich Gott geschaffen?"